한국의 폐사
―百濟故土의 寺址를 찾아

李在俊 著

한국문화사

이 책은 한국프레스센터의
언론인 연구저술지원금으로 출판되었습니다.

忠州市 可金面 塔坪里寺址 出土 瓦當.

만복사지의 石佛立像. 보물 43호로 지정되어 있다. 頭光안에 연꽃을 중심으로 줄기와 잎이 양각되어 있다.

普願寺址의 全景

槐山 靑川 도원리 절터

忠州市 可金面 塔坪里寺址 출토.

忠州市 上芼面 彌勒里寺址 出土.

槐山郡 靑川面 桃源里寺址 出土.

槐山郡 七星面 外沙里寺址 出土.

淸州市 壽洞 傳牧牛寺址 출토.

普願寺址 출토 연화문수막새.

槐山郡 七星面 外沙里寺址 出土.

丹陽郡 佳谷面 傳德泉寺址 出土. 金豊植 소장.

책 머리에

고대 한국은 불교국(佛敎國)이었다. 그래서 삼보(三寶)를 모신 가람 즉 사찰(寺刹)이 많았다. 그러나 고난의 천수백년 역사를 거치는 동안 수많은 절은 폐사되었다. 건물은 불타고 사리를 모셨던 탑은 무너졌다. 향화(香火)가 올려졌던 사역은 이름없는 경작지가 되어 잡초만 무성해졌다.

21년 전 필자는 충주 김생사지(金生寺址)를 첫 답사하면서 당시 사역에 흩어져 있던 화려한 와당(瓦當)들을 수습했던 감격을 지금도 잊을 수 없다. 당시 충북은 이 분야가 불모지였으며 조사 안한 유적이 많았던 것이다. 필자는 이때부터 충북의 산하에 있는 절터를 찾게 됐다. 이로부터 지금까지 필자는 원로 스승이시자 고고미술학계의 태두이신 황수영, 정영호 선생님의 지도를 받으면서 충북은 물론 충남 전북 경기 강원 경북 등지의 절터를 조사하게 된 것이다.

직업이 신문기자라 답사는 주로 토요일이나 일요일을 택해 이루어졌다. 그것도 또한 쉬운 일이 아니었다. 십수년 전만 해도 교통이 여의치 않아 70리 산간을 하루에 걸은 때도 있었고 산정(山頂)의 절터를 천신만고 끝에 찾다 허탕을 친 적도 한두번이 아니었다. 때로는 간첩으로 오인되어 경찰의 추격을 받는 등 웃지 못할 일이 벌어지기도 했다.

그러나 이름을 잃어버린 절터에서 백제 신라의 화려한 와당과 글씨가 새겨진 기와조각을 찾았을 때는 천하를 얻은 기분이었다. 연화문이 생생한 석등의 부재며, 탑조각, 때로는 아름다운 기와조각을 만나는 기쁨이 고난의 20년을 여기에 몰두하게 된 동기가 아닌가 싶다. 앞으로도 필자는 절터에 대한 답사를 계속할 계획이다.

이 책은 백제의 구토에 있는 절터만을 골라 답사한 내용을 담았다. 흥미로운 것은 통일신라 혹은 고려시대의 유적에서 백제부흥의 의지가 담겨있다는 것을 입증한 점이다. 그것은 비록 한 나라가 멸망했다 하더라도 민족의 의식은 식어지지 않는다는 것을 알려주는 것이어서 가슴에 와닿는다.

이 책이 나오기까지 지금은 병석에 누워 계시는 서원학회 이원근 박사님 그리고 20개 성상 애정으로 지도해 주신 한국교원대 정영호 박사님의 힘이 크셨음을 밝히지 않을 수 없다. 두 분의 은혜는 백골이 돼도 잊을 수가 없을 것이다.

또 필자에게 박수를 보내주셨던 고 건축가 김수근 선생님, 향토사 연구에 큰 관심과 용기를 북돋아 주셨던 충북도의회 차주원 의장님의 후의에도 감사를 드리고 싶다. 그리고 출판을 지원해준 한국프레스센터와 한국문화사 김진수 사장님, 충청일보 조성상 사장님을 비롯한 임직원 여러분에게도 감사를 드린다.

1995년 12월

이재준 識

추천사

　나는 저자와 20년간 동학(同學)의 길을 걸으면서 저자를 가리켜 항시「공부하는 기자」라고 지칭해 왔다. 저자는 남다른 열성과 노력으로 충청도의 산하를 답사, 수많은 유적을 발견 우리 고고학계에 큰 기여를 해왔기 때문이다. 나는 그의 부단한 학구적 자세와 문화유적에 대한 애정에 감동했고, 그가 새로운 유적을 제보했을 때는 아무리 바빠도 조사요청을 뿌리칠 수 없었다.
　저자가 가장 큰 관심과 노력을 기울인 것은 바로 전국에 걸쳐 있는 폐사(廢寺)였다. 지금은 없어진 절터를 답사 석조물과 기와조각을 조사 실측하고 또 사료(史料)를 찾아 규명하는 작업을 병행했다.
　이런 과정에서 저자는 십수년 전에 이미 고대부터 근세에 이르기까지 와당(瓦當)을 모은「충북의 기와」라는 역저(力著)를 냈다. 이 자료는 중원문화권을 설정하는 기초사료로 활용되었으며 미술사를 연구하는 학도들에게는 필독의 자료로 활용되고 있다.
　저자의 노력으로 일실 위기에 있던 많은 폐사유적이 찾아졌고 이는 학계에 보고 됐다. 또 절터에 대한 당국의 인식을 새롭게 하는 계기를 만들기도 했다. 대학에 종사하는 학자도 어려운 이를 신문기자가 해낸 것이다. 그가 지난 81년도 신문기자 최고 영예인 대한민국 신문상(新聞賞)을 수상한 것은 결코 우연한 일은 아니었다.
　백제의 옛땅에는 그 어느 곳보다 절터가 많으며 아직도 많은 문화재가 밭 가운데 뒹글고 있다. 최초로 금속활자본을 찍은 청주 흥덕사지(興德寺址)와 지난해 부여 능산리 폐사지에서 국보중의 국보인 용보(龍鳳) 향로가 찾아진 예처럼 전국에 산재한 절터 유적들은 모두 중요한 우리 민족의 값진 문화 유산이라고 하겠다.

이국장의 이 저서는 절터에 대한 중요성을 일깨운 생생한 보고서이자 새로운 고고미술(考古美術) 사료이며 발로 뛰어 땀으로 이룩한 명저(名著)가 아닐 수 없다.

그의 노고에 뜨거운 박수를 보낸다.

1995년 12월

한국교원대 박물관장
文博·국사편찬위원

鄭 永 鎬

차 례

책 머리에
추천사

中原 塔坪里寺址 …………………………………… 13
保寧 聖住寺址 ……………………………………… 26
萬福寺址 …………………………………………… 41
桃源里寺址 ………………………………………… 59
天護山 開泰寺址 …………………………………… 75
高麗의 大刹 普願寺址 ……………………………… 95
百濟의 山地가람 新耕里寺址 ……………………… 115
聖居山의 高麗聖蹟…天興寺址 …………………… 127
高麗 初期의 國刹, 崇善寺址 ……………………… 144
西原京 傳牧牛寺址 ………………………………… 162
彌勒里寺址 ………………………………………… 179
南漢江 上流의 德泉寺址 …………………………… 196
陰城의 巨刹 中洞里寺址 …………………………… 209
奉業寺址 …………………………………………… 227
高麗初의 大刹 文東里寺址 ………………………… 243
禪宗의 大道場 外沙里寺址 ………………………… 258
中原 金生寺址 ……………………………………… 276
옛 黃驪縣의 大刹 法泉寺址 ……………………… 291
傳品官寺址 ………………………………………… 308

□ 부록 (論文) 加耶寺址 小考 ………………………………… 321
　　　　　　　清州近郊寺址출토瓦當硏究(Ⅰ) ……………… 336

中原 塔坪里寺址
(충북 충주시 가금면 탑평리 소재)

절(寺)은 부처님을 모신 성역이다. 신성스러운 곳이기 때문에 깨끗하고 수려한 곳에 자리를 잡게 마련이다. 산자수명한 한국의 고을 고을 마다에는 절이 많았다.

佛敎가 가장 번성하였던 新羅의 서울을 보고 옛사람은 다음과 같이 지칭했다.

寺寺星張
塔塔雁行

즉「절들은 별같이 자리잡고 탑들은 기러기 날 듯이 솟아 있다」라는 내용이 된다. 이는 신라의 절들이 많았음을 나타낸 명구라고 하겠다.

낮은 계곡, 맑은 물이 흐르는 반반한 곳이면 부처님을 모시고 伽藍을 세운 이들이 우리 조상들이었다. 가람을 건설했던 이들은 구도자가 되었고 정성을 다하여 성역을 조성하였다.

扶餘博物館에 소장된 百濟의 砂宅智積碑에는 옛사람들이 가람을 영조한 정성스러운 마음이 잘 나타나 있다.

穿金以建珎堂
鑿玉以立寶塔

금을 깎아 법당을 세우고 옥을 다듬어 보탑을 세웠다라는 내용이다.

부처님을 모신 성역에서 제일 중시되었던 세 가지는 佛과 塔과 그리고 金堂이었다.

부처님과 부처님의 舍利를 모신 塔, 부처님을 봉안한 건물, 이 3寶야말로 성역의 중심이랄 수 있겠다. 옛사람들은 이 세 가지에 온갖 정성을 다하였다. 때로는 국경을 초월한 고대 합작예술까지 이루어지기도 했다.

慶州 佛國寺의 釋迦塔을 완성하였던 전설 속의 아사달은 百濟의 장인이다. 益山 彌勒寺 大塔을 완성하기 위해 서라벌에서 장인을 데려왔다는 등 전설은 옛 시대에 신앙과 예술을 위해서는 敵國의 장인도 개의치 않았다라는 사실을 설명하여 주는 것이라고 하겠다.

이러한 정성스러운 옛 장인들로 인해 우리는 훌륭한 문화유산을 갖게 된 것이다. 優美한 百濟의 蓮華文기와를, 신비스러운 新羅 南山의 石造藝術을, 神技에 미치는 聖德大王神鐘, 中原塔坪里 7層石塔을, 이루 헤아릴 수 없는 우수한 문화유산을 이어받게 된 것이다.

그러나 한가지 통한스러운 것은 누천년에 걸친 장구한 세월과 외세의 침입으로 인해 훌륭한 寺刹文化유산이 대부분 훼손되었거나 인멸되었다는 사실이다.

平原에 우람히 섰던 大雄殿, 계곡과 계곡을 있는 岩盤에 단아하게 건조되었던 石塔, 雄麗하게 세웠겼던 가람들이 수없이 재로만 남게 된 것이다.

천년 영화를 자랑했던 古文化國 부여, 서라벌에 들어서면 옛 宮城도 礎石만 남고 석조물만 산재해 있다. 고을마다 있었던 숱한 聖地는 잡초만 무성히 자라고 깨진 기와조각만 흩어져 있는 것이다.

이제 전설로만 남게 된 옛 求道者의 성지. 밭이랑 사이, 잡초만 우거진 들에 뒹구는 성역의 유산들을 그동안 우리는 버려온 것이 사실이었다. 깨진 기와조각을 주워 곱게 빻아 그릇을 닦고, 밭 가운데 있었던 이상스러웠던 석조물들을 헐값에 팔아왔던 것이다.

南漢江가에 우뚝 선 高句麗人의 意志

忠北 忠州시 可金면 塔坪里. 옛사람들은 이곳을 「탑들」이라 불렀다. 탑이 있다 해서 붙여진 이름이다.

뱃길로 서울서 하루가 되지 않는 南漢江변에 위치한 이 탑들은 中原지방에서 가장 오랜 된 廢寺址다.

江변의 넓은 들 중심에 잡석을 올려 쌓은 臺地를 만들고 가람을 건설하였

中原 塔坪里寺址 15

圖版 ① 忠北 忠州市 可金面에서 발견된 南韓 최초의 고구려 유적이 된 拓境碑

다. 한 눈에 三國시대에 유행하였던 가람의 입지임을 알 수 있게 해 준다.

이 절터가 위치한 中原은 역사적인 고장이 된다. 三國史記나 東國輿地勝覽 등 古文獻을 통해 보면 中原은 일찍이 百濟 高句麗의 영토였다가 후에 新羅의 中原京이 되었다고 기록하고 있다. 高句麗 때에 이곳의 이름은 國原城이었다는 것이다. 「國原」을 우리말로 표기하면 「나라들」이 된다. 그만큼 중시되었던 것 같다. 당시 高句麗의 首府 이름이 國內城이었으니까.

이 塔坪里 폐절터는 최근의 종합학술조사 결과 高句麗의 절터가 아니냐는 얘기가 강력히 등장하고 있다. 그것은 다음과 같은 理由에서다. 첫째 이곳에서 다수 보이는 유물 중 蓮華文기와가 高句麗系를 닮은 것들이고 두번째 이 寺址와 가까운 곳에서 高句麗碑石(圖版 ①, 79年 발견) 이 유존하기 때문이며 寺址의 주변 야산에서 많은 三國시대의 고분군 등이 조사되기 때문이라는 것이다.

다시 말하면 塔坪里 일대가 高句麗文化의 광역권이 아니겠느냐는 해석이다. 그래서 문화의 중심이 되니 가람이 조영될 수 있다는 의견이다.
　高句麗가 이 지역을 점령한 시기는 대략 5세기말인 長壽王~文咨王代이다. 고구려는 남하정책을 펴면서 新羅, 百濟의 지역을 공략하기 시작하였던 것이다.

　　…五月中 高麗大王相 新羅寐錦 世世爲願…

으로 시작하는 高句麗碑는 바로 당시 强大한 高句麗의 힘을 과시하는 중요한 유물이 된다 할 것이다.
　이 寺址는 扶餘에 있는 金剛寺터의 입지를 연상할 만큼 흡사하다. 寺址는 옆으로 강이 흐르고 또 주변에는 그리 큰 산도 보이지 않는게 특색이다.
　강을 건너면 들이 있고 강을 타고 배에서 내리면 사찰의 중간에 이를 수 있게 하였다. 부여에 있는 臨江寺址도 이같은 수로의 이점을 이용한 三國期 寺址다. 이를 보면 강변에 큰 가람을 세운 것은 삼국시대에 유행했다고 보아야겠다.
　이 사지의 初創은 高句麗지만 나라가 망한 후에도 法寶가 이어지고 香火가 그치지 않았다. 高句麗를 몰아낸 新羅는 이곳에 더 큰 불력을 기울였고 佛事를 기도하였던 것이다. 그것은 절터에 남은 우뚝선 국보 6호인 7層石塔이 증명하고 있다. 이 석탑은 신라 統一後에 조성된 석탑이기 때문이다.
　高句麗가 중시한 만큼 新羅도 이 지역을 중요시 했다. 三國史記 新羅本紀 眞興王條에 나오는 기록은 中原을 제2의 신라 首府로 생각했음이 나타나는 것이다.

　　18年 以國原爲小京 廢沙伐州云云

이고 또

　　19年 從貴戚子弟及六部豪民 以實國原 奈麻身得砲弩上之 置之城上

　이 기록은 眞興王 18年(557 A.D.)에 忠州(國原)를 小京으로 만들고 그 이듬해 2月에 귀족들의 자제와 六部의 부호한 백성들을 小京인 國原으로 옮겨 살게 했다는 내용이 된다.
 비록 高句麗가 세운 가람이었다 할 지라도 新羅人들은 그 法寶를 소중히 여겼던 셈이다. 이 같은 예는 이미 언급한 扶余 金剛寺址나 公州의 西穴寺址, 慶州의 皇龍寺址 등 우리나라의 주요 사찰이 모두 같다. 즉 나라가 망하였다 하더라도 그 법을 준수하고 가람을 존속시켜 신앙을 받들게 했던 것이다.
 탑평리寺址는 高麗代에 이르기까지 성세를 누린 것으로 추정되고 있다. 그것은 절터 주변에서 수습이 되는 高麗시대의 유물로 짐작이 단다.
 그러나 아쉬운 것은 절이름을 알 수 없다는 것이다. 전설에는 이 절에 신라의 명필 金生이 살았다는 얘기도 있으나 寺名의 규명 자료로서는 부족하다. 이 지역에서 찾아지는 지방자료에서도 이 절의 연혁이나 이름을 밝혀 줄 내용은 아직 나타나지 않고 있다.

교란된 伽藍터

 塔坪里寺址는 너무 교란되어 두번에 걸친 발굴조사가 이루어졌으나 初創期 당시의 가람 배치를 쉽게 알 수 없었다. 국보 7층석탑의 북편으로 金堂과 講堂이 자리 잡았을 것으로 추정만 된다.
 지난 76년도 金堂址로 추정이 되는 지점에서 單瓣 6葉의 高句麗系 연화문 수막새가 다수 수습이 되어 그 주변이 혹시 金堂址가 아닌가 보여졌다.
 이로 볼 때 이 寺址의 向은 정남형이었을 것으로 짐작이 간다.
 한 가지 재미난 점은 7층석탑을 중심으로 남향으로는 기와조각이 많이 발견되지 않는다는 사실이다. 이것은 탑의 남향으로 中門址를

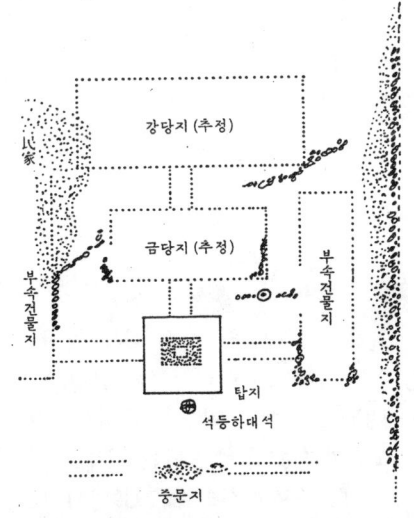

圖版 ② 塔坪里寺址의 가람배치 추정도

두었지 않았나 하는 생각이다(圖版 ②). 이 같은 가람의 배치양식은 扶余의 東南里寺址, 軍守里寺址 등에서 찾을 수 있다.

金堂址로 짐작이 가는 塔과 가까운 건물터는 지금 민가가 자리잡고 있으며 많은 양과 기와와 토기조각 등이 산란하여 있고, 講堂址로 보이는 건물터에서도 다수의 기와조각이 수습되고 있다. 지금은 遺址의 대부분이 경작지가 되었고 민가가 들어서 있어 金堂과 講堂의 규모를 알 수 없게 만들었다.

이곳에서 수습된 연화문기와는 크기가 다른 지역에서 보이는 기와보다는 大型이어서 건물의 크기가 상당했을 것으로만 짐작이 간다. 塔을 중심으로 左右에도 回廊이나 부속建物址의 흔적이 보인다. 이곳에서도 다수의 平瓦와 統一新羅代의 寶相華文기와가 수습되기 때문이다. 지금까지 언급한 탑평리寺址 가람 배치 양식을 종합해 보면 三國期에 유행하였던 堂塔式가람이었음이 확연해지는 것이다.

지금까지 高句麗의 廢寺址는 주로 平壤에서 조사가 이루어졌다. 일제시대에 平壤시내의 淸岩里寺址가 조사되었고 또 大同郡 上五里 절터와 平原郡 元立里 절터가 발굴되었다. 淸岩里 절터

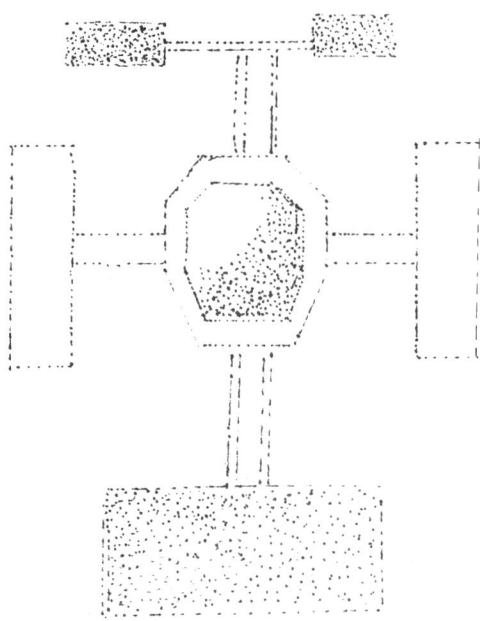

圖版 ③ 平壤 청암리 廢寺 가람배치도

는 넓은 臺地에 서남향을 한 가람이었고 8角의 큰 기단을 중심으로 하여 그 동서쪽과 북쪽에 8각 기단에 면한 세 개의 건물이 배치되고 8角 기단 남쪽에는 門址로 보이는 건물을 지었던 것이다(圖版 ③).

그리고 寺域의 주변에는 다수의 부속건물이 있었음이 확인되었다.

大同郡 上五里절터도 1939년에 발굴되었으며, 그 遺址 중심에 8角의 큰 基壇이 확인되었다.

塔坪里寺址도 중앙의 탑을 중심으로 東西에 건물을 짓고 북편으로 주요 건물을 배치한 것은 그 예가 같다 하겠다.

이 寺址가 형언할 수 없을 만큼 파괴된 것은 지난 70년대 초에 있었던 수해 때문이었다. 수해가 있기 전에는 寺址의 주변에 많은 민가 건물이 들어서 있었는데 강물이 범람, 다수가 떠내려 갔다. 수해 복구시에 절터의 중심부분을 도자로 밀어 많은 遺址가 파괴 교란되었던 것이다.

華麗한 中原文化

塔坪里寺址이 옛 문화를 알려주는 것은 현장에 遺存한 塔(圖版 ④)과 기와편들이다.

大刹에 있었을 것으로 짐작이 되는 많은 값진 문화재는 지금 현장에선 찾을 길이 없다.

문화를 교류시켰고 생명의 원천인 수원을 제공하여 주었던 南漢江이었지만 때로는 수마로 돌변한 한의 강이 되기도 했고 외세의 침입도 쉽게 끌어들인 저주의 江이기도 했던 것이다. 강변에 위치하여 그 廢墟의 度가 너무나 컸다. 강변에 자리잡았던 많은 가람들이

圖版 ④ 남한강변에 우뚝 선 국보 6호 7층석탑

深山에 있었던 寺刹보다 파괴된 예가 더 많았던 것은 아마 이같은 이유 때문이라고 하겠다.

이 寺址는 중앙부분에 하늘을 찌를 듯 우람히 서 있는 7층석탑은 中原지방의 상징이기도 하다. 이 탑의 명칭이 塔坪里 7층석탑으로 불리지 않고 「中

央塔」이라고 속칭되는 것도 이 때문이다. 中原, 즉 한반도의 중앙지점에 위치했다 해서 중앙탑이라는 것이다.

　이 石塔은 地盤을 高峻하게 올리고 그 위에 2층의 基壇을 써 塔身을 올린 新羅 일반형 석탑이다. 初創 당시의 遺址가 이 석탑보다 아래로 내려오는 것은 이 탑이 後代에 건립되었다는 것을 알려준다 하겠다.

　基壇은 數枚로 이루어졌으며 上·下층 기단 面에는 塔身을 받기 위한 角形괴임을 마련하였다.

　塔身部도 각부를 數枚로 結構, 上層으로 올라갈수록 遞減이 정연하여 高峻한 느낌을 준다. 각 층의 屋身에는 隅柱가 모각되었으며 撑柱는 보이지 않는다.

　屋蓋石층급 받침은 각 층이 모두 5단씩이며, 轉角의 反轉이 있어 중후하면서도 경쾌한 인상을 준다. 塔水面은 경사가 완만한 편이고 屋蓋石 상면에는 屋身괴임이 마련되어 있다.

　相輪部는 露盤을 2重으로 重疊하였으며 그 위에 覆鉢과 仰花를 올렸다.

　이 석탑은 日帝시대인 1917년에 해체되었고 그 당시 6층과 基壇밑에서 新羅시대와 高麗시대의 유품이 발견되어 거듭 된 重修가 있었던 사실을 알려 주었다. 이 당시 新羅 元聖王(785~798 在位)代의 건립으로 추정되었다.

　이 寺址의 또 대표적인 건물은 기와가 된다.

　기와는 7층석탑의 북쪽 遺址에서 다수 산란하며 한때 도자로 밀어 강변에서도 다수 수습이 된다. 이곳에서 수습되는 각종 기와는 이 寺址의 오랜 역사와 흥망을 알려준다는 점에서 매우 주목되고 있다.

　고구려는 처음 기와를 굽는 기술을 부여족으로부터 받아들였을 가능성이 크며 또 漢文化의 잔여세력이었던 낙랑의 영향을 받았던 것으로 짐작이 간다.

　이 시대는 기와에 杏實形의 蓮瓣, 그리고 火炎文, 獸面文 등을 사용하였으며 끝이 뾰족하고 날카로운 것이 특징이다. 그래서 백제기와의 소박, 우아함과 비교되며 신라기와의 화려함과 대조적이다.

　고구려기와의 또하나 특징은 적갈색 또는 황갈색의 것들이 많았다. 이는 백제와 신라와는 달리 그 燒成방법이 달랐던 것이다.

　塔坪里寺址에서는 적갈색 고구려系의 三國期 연화문수막새가 다수 찾아졌다.

　圖版 ⑤의 수막새는 이 寺址에서 발견된 기와 중 가장 잘 남은 모습이다.

圖版 ⑤ 塔坪里에서 출토가 된 蓮華文 수막새. 필자 소장.

돌기된 원형의 子房에 같은 크기의 蓮子를 7顆 배치하였다.

蓮子는 外區에 연결된 各蓮瓣을 상대로 1顆씩 정연하게 장식되었으며 蓮瓣과 各顆가 일직선을 이루어 均齊美를 더해주고 있다.

蓮瓣은 백제의 양식과는 달리 끝이 뾰족한데다 反轉이 되었고 瓣 중심을 양분하여 內曲되게 하여 凹凸을 강조하여 강한 인상을 주게 하였다. 이같은 수법은 厚肉한 瓣을 보다 강렬하게 나타내게 하기 위한 고구려의 의도라고 얘기할 수 있겠다.

蓮瓣 사이의 間瓣도 형식에 치우친 백제 와당과는 달리 寫實的으로 배치했으며 瓣端을 뾰죽하게 하여 더욱 날카로운 인상을 주고 있다.

이 기와에서는 비록 周緣이 조금 남아 있지만 素文帶이었음을 알려주며 드림새와의 각도 90도이었음이 나타나고 있다.

이 기와에서 한가지 재미나는 점은 드림새에 남아 있는 문양이다. 비록 조금 밖에 남지 않았지만 三國時代에 유행했던 線條文帶를 잘 보여주고 있다. 縱線으로 된 이 線文帶는 드림새의 윗부분 全面에 陽出된 것으로 믿어져 三國시대 平瓦에 유행했던 일면을 이해할 수 있겠다.

이 막새의 背面에는 베바탕을 대지 않고 올이 두꺼운 바탕(?)을 댄 흔적이 보여 삼베 등을 많이 이용하였던 고려, 조선조시대 기와와 대조를 이룬다.

이 기와의 크기는 現經 16.5cm, 子房經 4.2cm, 蓮瓣長 4cm, 幅 3.8cm, 周緣 幅 1.8cm, 厚 2cm이다.

圖版 ⑥의 수막새도 주건물지 주변에서 수습된 것으로 고구려 다음으로 이 땅을 차지한 신라인에 의한 소작으로 역사의 단면을 이해하는데 중요한 자료가 된다.

이 기와는 주연을 모두 결실하였으나 연꽃과 中房 등은 모두 잘 남아있다.

中房 안에는 역시 7顆의 蓮子를 배치했고 各 瓣과 일직선상을 이루어 정연하다.

연꽃은 살이 찌고 瓣內에는 線文을 陽出시켜 瓣을 區劃하여 古式을 따르려 한 인상을 주고 있다.

間瓣을 陽出시켰으나 形式에 흐른 감이 없지 않고 中房의 배치도 그 정성도가 고구려계의 수막새에 미치지 못하고 있다.

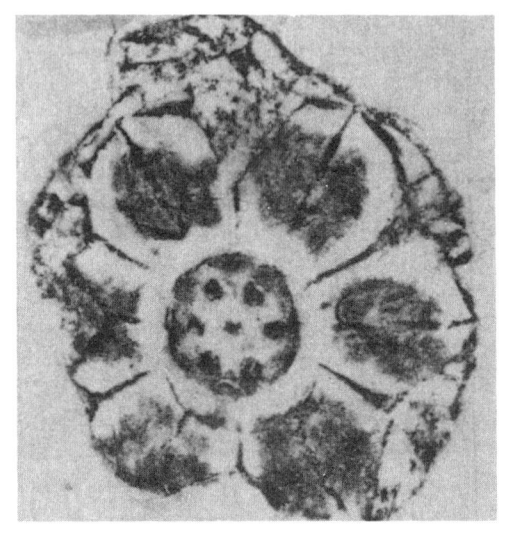

圖版 ⑥ 주건물지에서 수습된 연화문기와. 필자 소장.

이같은 예의 기와는 백제보다는 古代의 서라벌기와에서 많이 찾을 수 있어 新羅瓦匠의 소작으로 내다볼 수 있는 것이다.

막새의 背面에도 線條文이 있어 三國期로 추정된다.

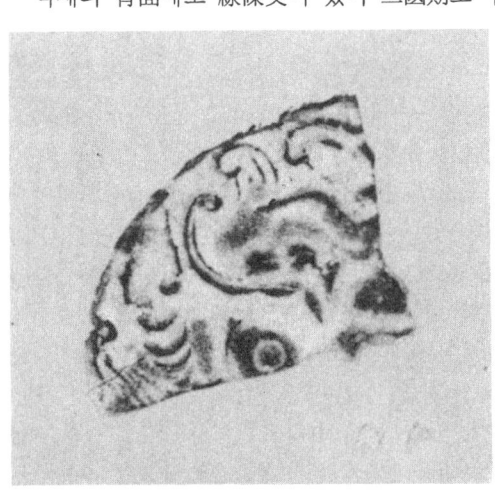

圖版 ⑦ 塔坪里寺址에서 수습이 된 鬼面. 필자 소장.

現經 15.5cm, 子房經 4.2cm, 蓮瓣長 4.5cm, 幅 3.5cm, 厚 2cm.

圖版 ⑦은 이 절터에서 나온 유일한 鬼面으로 그 용도는 잘 알 수가 없다. 건물에 사용되었던 재료는 틀림이 없으나 파손도가 심해 구별이 용이치 않다.

鬼面은 눈의 일부와 눈썹, 코, 그리고 수염과 뿔이 남았으나 거의 파손되었다. 눈은 튀어나왔으나 뿔의 릴리프도 강렬하지 않다. 눈썹과 寶髮은 褪化된 일면을 보여주고 있으며 수염도 약화되었다. 그러나 작은 鬼面으로서 주목되며 형태는 半圓 혹은 원형에 가까워 수막새일 경우에 鬼面을 쓴 드문 예가 되는 자료라 생각된다.

實測値 現經 7cm, 厚 1.5cm이다.

우리나라 古代寺址에서 삼국시대의 암막새가 나오지 않는 것은 기정사실로 되어 있다. 百濟寺址로 보이는 全北 益山 彌勒寺址 또는 益山 王宮里寺址에서 나온 忍冬唐草文막새를 三國時代의 것으로 보려는 견해도 있으나 전문가들 사이에 의견이 분분하다. 慶州나 扶余, 혹은 中原지방의 오래된 古寺址에서 암막새가 출토 안되는 것은 아니나 三國期로 시대를 올려볼 기와는 아직 발견되지 않고 있다. 塔坪里寺址에서는 다수의 시대를 달리한 암막새가 출토되어 수차에 걸친 重修가 이루어졌음이 나타나고 있다.

圖版 ⑧의 암막새는 역시 탑 주변 遺址에서 수습된 것으로서 統一新羅盛代에 유행하였던 唐草文기와다. 이 기와도 거의 파손되었으나 오른쪽 일부분을 남겨 형태를 짐작할 수 있다. 天地部에는 크기가 일정한 聯珠文帶를 돌렸고 그 가운데 內區에 細長한 唐文草을 陽刻하였다. 唐草文은 시대의 특징을 잘 보이고 있을 뿐 아니라 섬세하여 옛 신라인의 美意識을 짐작할 수 있겠다. 이와 同型의 기와들이 최근에 다수 수습되어 忠州 시립박물관에 소장되었다.

圖版 ⑧ 塔주변 遺址에서 수습된 唐草文 암막새. 筆者 소장

鬼面처럼 胎土에 모래가 많이 섞이고 硬質이다.

現經 8cm, 上下 6.2cm

圖版 ⑨ 金堂址 주변에서 수습된 宝相華文 수막새 片. 筆者 소장.

圖版 ⑨의 수막새는 金堂址로 추정이 되는 곳에서 수습한 것으로 이 寺址에서 가장 많이 발견이 된 寶相華文기와다. 역시 많이 파손이 되었으나 蓮瓣과 周緣의 일부가 남아 수막새임을 알려주고 있다.

자방은 缺失되어 알 수 없으며 그 주변으로 複瓣蓮華文 장식을 두르고 外區에 화려한 草文의 寶相華를 배치했다.

子房을 중심으로 돌린 複瓣蓮華文에는 忍冬을 새기도 寶相華의 중심에는 또하나의 花形을 새겼으며 寶相華瓣 사이에도 間瓣 장식을 만들었다.

周緣에는 聯珠文帶를 돌린 흔적을 보여 통식을 따르고 있다.

이같은 기와는 古都 慶州의 廢寺址에서 다수 보이는 것으로서 제2의 首府였던 中原의 중요성을 입증했던 新羅의 유물이라고 하겠다.

現經 10cm, 寶相華長 6cm, 周緣幅 1cm, 厚 2cm

圖版 ⑩의 암막새는 75년도에 講堂址로 추정되는 곳에서 수습된 것으로서 지금까지 설명한 암막새 중 가장 잘 남은 형태이다. 天地部에는 굵은 聯珠文帶를 돌렸고 깊이 內曲된 外區에는 굵은 장식이 陽刻되었다. 안의 장식은 草文보다는 雲文에 가까우며 太彫여서 시대의 흐름을 보여주고 있다.

기와가 반이상이 파손되어 중심부분을 알 수 없으며 右側의 모양도 알 수가 없다.

굵은 聯珠文과 內區에 陽出된 무늬로 보아 高麗代의 소작으로 보이며 태토가 경질이고 모래가 많

圖版 ⑩ 講堂址로 추정이 되는 곳에서 수습된 암막새. 筆者 소장.

이 섞인 것으로 짐작, 시대의 특징을 잘 보여주고 있다.
現經 11cm, 天地間 5cm, 厚 2.5cm

脚光받는 관광지

廢寺된 곳이나 지금은 면소재지인 可金面을 연결하는 대로가 뚫려 있어 옛 寺刹의 回廊址 옆을 관통하고 있다.

이곳에서 약 2km 남짓 거리에 高句麗碑石이 있으며 가까운 鳳凰里에는 三國時代의 磨崖佛像群이 자리잡고 있다. 한마디로 古代 유적의 寶庫를 이루고 있는 셈이다.

回廊址를 관통한 대로에는 항상 이곳을 찾는 학생, 외국인, 학자들로 인적이 그치지 않고 있다. 천년을 잠자던 신비스런 高句麗文化가 작은 촌락, 기적과 같은 곳에서 그 베일을 벗고 있기 때문이다.

南漢江 큰 물줄기를 굽어보며 천년을 숨쉬던 塔坪里 廢寺址. 이를 고스란히 보존할 책임이 우리에게 있다는 것은 누구도 부인하지 못할 것이다.

保寧 聖住寺址
(충남 보령시 미산면 성주리 소재)

廢墟된 寺域을 찾다.

百濟의 고도 扶余에서 大川이 가까운 서북쪽으로 한나절을 달렸을까. 먼지를 뒤집어 쓴 시외버스가 큰 기침을 컥컥거리며 保寧 땅에 당도한 것이 정오께. 해동으로 질척이는 도로 옆으로 「聖住」라는 페인트칠 간판이 쉽게 눈에 뜨인다.

헐벗은 야산 기슭에 다닥다닥 붙은 단간 규모의 수많은 슬레이트집들이 유명한 聖住炭田지대에 왔음을 알려주고 있다.

車에서 내리니 아직도 쌀쌀한 공기가 엄습한다. 예전에 온 길이지만 아낙을 불러 옛 聖住寺의 길을 물었다.

「예서 한 오리쯤 걸어야 할 겁니다.」

뜸한 시골버스를 이용하는 것 보다는 걸어가는 것이 시간을 버는 길이라는 것이다.

무연탄을 실어나르기 위해 개설한 도로를 따라 聖住寺 옛 터를 찾아 걸었다.

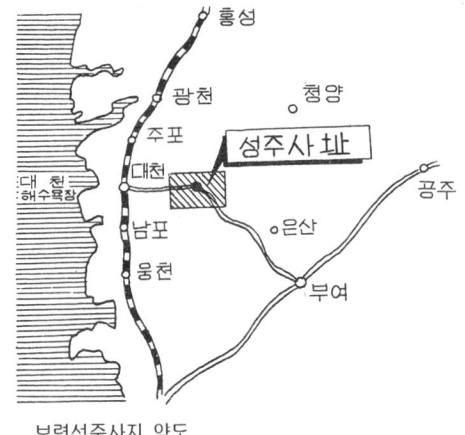

보령성주사지 약도

야산의 허리를 파 구멍을 뚫고 그곳에서 검은 黃金을 캐기 위한 작업들이 한창이었다. 때문에 신작로를 따라 흐르는 물빛이 푸른색이 아니다.

옛 聖者들의 발길을 이끌어 주던 계곡의 淸水가 검은 물빛으로 변한 것이다. 아름다웠던 계곡의 기이한 水石들도 모두 무연탄 빛으로 변한 것 같다.
　일찍이 숙종 때 문인이었던 靑華山人 李重煥이 忠南의 保寧땅을 가리켜 혀를 내두른 적이 있었다. 사천의 아름다움이 가장 훌륭해서였다.

　그는 擇里志에다

　　바다 가까운 곳은 학질과 염병이 많으며 산천이 비록 평평하고 넓으나 수려한 맛이 적은 편이다. 오직 保寧땅은 산천이 가장 훌륭하다 湖水와 산의 경치가 아름답고 활짝 틔어서 명승지라 부른다

라고 했던 것이다.
　靑華山人이 이곳 聖住寺에 들를 때만 해도 계곡의 물은 淸水 그것이었다. 그는 이곳을 답사하면서 또 다음과 같이 기록하였다.

　　남포 聖住山은 남쪽과 북쪽 두 산이 합쳐서 큰 골이 되었다. 산중이 평탄하여 시내와 산이 밝고 깨끗하며, 물과 돌이 맑고 시원스럽다. 산밖에는 검은 玉이 나는데 벼루를 만들면 기이한 물건이 된다.

　靑華山人은 이곳 聖住山에 이르는 길 계곡의 물이 맑고 시원스럽다고 했던 것이다.
　그 淸淨한 水石이 炭田지대가 되고부터 흑빛으로 변한 것이다.
　약 30분을 걸어 당도한 聖住寺터. 新羅 禪門九山의 하나였던 大道場 주위에는 수많은 슬레이트群 炭田村이 자리를 잡게 된 것이다. 한때 鑛夫들이 연탄을 캐기 위해 갱안으로 들어갔다 수난을 당하여 紙上에 크게 보도된 곳이 바로 이 聖住炭田지대이다.
　폐허가 된 聖住寺터 아랫마을에는 동네의 크기에 비해 많은 敎會가 자리를 잡고 있다. 옛날에는 大伽藍 聖住寺가 자리잡았던 곳에 敎會가 많이 건설되는 아이러니를 보이고 있다. 교회가 많이 건립되고 있는 것은, 바로 갱 안에서의 안녕을 비는 광부가족들의 소박한 염원의 소산이다. 그들은 갱 안으로 그들의 소중한 지아비를 보내고 그 무사함을 빌고 있는 것이다.

폐허된 사역 안에는 무수한 돌담과 옛 가람에 사용이 되었던 石材들이 방문객을 맞는다. 밭으로 변한 절터 곳곳에는 수없는 기와조각과 그릇의 파편들이 옛 영화를 알려주고 있다. 이따금 기와조각편 가운데서 수습이 되는 연꽃 무늬의 파편 때문에 낯선 방문객은 야릇한 흥분을 감출 수가 없다.

禪門九山의 하나였던 大伽藍 聖住寺(도판 ①) 寺域을 답사하면서 그 實體를 파악하여 보았다.

도판 ① 忠南 保寧市 嵋山面에 있는 大道場이었던 聖住寺址.

獻王太子가 세운 百濟의 烏合寺

聖住寺는 원래 百濟人들이 세운 가람이었다. 그들은 이 지역을 北岳이라고 했으며 일찍이 王命으로 聖住山에 큰 가람을 세웠던 것이다. 寺址에서 수습이 되어 國立扶余博物館에 옮겨진 金立之의 聖住寺碑文 첫머리에 이 사찰이 百濟의 獻王太子에 의해서 창건이 되었다는 사실을 기록하고 있다.

즉, -韓鼎足之代 百濟國 獻王太子-라 보이는 것이다.

헌왕태자는 百濟의 28代 王인「法王」으로서 바로 惠王(獻王)의 아들이 되는 셈이다.

法王은 三國史記에 보면 이름이 宣이었으며 또는 孝順이라고 불리었다. 王은 佛心이 어느 王보다 깊었는데 나라 안에서 살생을 금지시켰으며 민가에서 매를 놓아 기르는 것까지 못하게 하였다. 심지어 바닷가에 살고 있는 백성에게는 고기잡는 기구마저 태우게 하였다.

유명한 王興寺가 이때 창건이 되었으며 北岳의 이 절도 이때 세워진 것이다. 法王이 초창하여서는 이 절의 이름을 烏合寺라고 했다. 이러한 내용이 寫本一冊으로 남은 聖住寺事績(黃壽永 博士 소장)에 기록이 된다.

聖住禪院者 本隨陽帝大業十二年乙亥 百濟國二十八世 惠王子法王所
建烏合寺 戰勝冤魂願 昇佛界之願刹也

이 내용은 惠王의 아들인 法王이 오합사를 창건하였는데 전쟁에 승리한 원혼의 명복을 빌기 위해서였다는 것이다. 이 가람의 초창연대를 法王代로 본다면 599~600년경으로 추정된다 하겠다. 옛 문헌을 보면 오합사는 그리 많이 나오지 않는다. 三國史記, 三國遺事에 소략하게 기재되어 있다.

百濟가 멸망하기 직전 오합사에서 괴상한 일이 일어나 말이 울면서 수일 동안을 절을 돌다 죽었다는 기사(三國史記 卷二十八 義慈王 十五年條 夏四月 駹馬入北岳烏合寺 鳴匝佛字數日死)와 백제의 오합사로 또는 오합사라고 하며 붉은 큰 말이 나타나 밤낮으로 여섯번이나 사찰을 돌았다(三國遺事 卷一 太宗春秋公條 百濟烏合寺 亦云烏合寺 有大亦馬 晝夜時遶寺行道)는 내용이 전해지고 있는 것이다.

오합사는 百濟가 멸망한 후에도 法燈이 이어졌고 新羅下代가 되는 文聖王代(?~857)에 이르러 唐나라에서 돌아온 朗慧和尙을 맞아 크게 절을 이루게 된 것이다. 朗慧和尙의 法名은 無染이며 이가 바로 聖住山門의 개조가 되는 셈이다. 원래 無染은 호를 無住라 했으며 太宗 武烈王의 8代孫이었다. 無染은 13세 때 가출, 雪嶽山에서 중이 되었고 수년 동안 法性禪師에게 師事하였으며 이어 浮石寺의 釋澄에게 화엄경을 배웠다. 이어 入唐, 명승고적을 돌아다니며 수도, 이름이 널리 알려지게 되었다. 그는 唐 會昌 5년인 845 A.D.에 귀국하였으며 文聖王 9年 847년 11月 11日 烏合寺에 이르른 것이다 (聖住寺事績記).

王은 無染이 오합사에 이르러 자리를 잡자 王命으로 聖住禪院이라 賜名하고 그 산의 이름을 崇嚴山이라고 했다. 그리고 퇴락한 가람을 크게 중수, 國刹의 면모답게 새로이 치장했던 것이다.

이 聖住寺는 신라가 멸망한 후에도 香火가 그치지 않았다. 高麗初에는 나라를 잃은 敬順王 金傳가 官奴를 거느리고 이곳에서 살았다는 것이다(聖住寺事績記).

사적에 보면 金傳는 『大朗慧和尙은 同祖의 聖骨로서 聖住禪院은 선조가 세운 절이라고 하여 궁녀와 노비를 거느리고 이곳에 있었다』고 돼 있다. 金傳가 이곳에 살자 王建은 공주(金傳에게 시집보낸 딸 樂浪公主)이 있는 곳이므로 土田을 주고 三道를 食邑으로 하사하였다. 金傳는 종신토록 이곳에 있었으며 그의 陵과 靈祠가 山頂에 있다고 기록했다.

이 聖住寺는 高麗代에도 수차례 중수되었고 朝鮮 중엽에까지 존속되었다. 그것은 이 절터에서 나오는 다수의 고려·조선시대 기와조각으로 짐작할 수 있겠다.

웅장했던 伽藍

聖住寺地는 西南이 트인 聖住里 분지에 聖住川을 안고 넓게 자리잡고 있다. 聖住川은 이 가람을 건설하는 데 없어서는 안될 가장 중요한 수원이다. 寺址는 중심부 뒤로는 聖住山 분지에 聖住川을 안고 넓게 자리잡고 있다. 寺址는 중심부 뒤로는 聖住山이 자리잡아 東과 西는 넓은 대신 南北이 짧아 長方形의 寺址를 이루고 있다.

百濟시대에 初創된 烏合寺의 옛터는 신라 文聖王代의 대규모 중창으로 그 흔적을 더듬기는 매우 힘들게 돼 있다. 다만 이곳에서 수습이 된 瓦當출토지로 미루어 산기슭 가까이가 오합사의 주요건물지가 아니었나 추정된다.

주건물지(도판 ②)는 현재 민가가 위치하여 있으며 일부를 공터로 남겨 놓았으나 초석의 노출 등이 없어 그 규모를 파악하기란 매우 곤란하게 되어 있다. 이곳에서 初創年代의 연화문수막새가 수습된 바 있다. 이 건물지 앞으로 다수의 삼국시대 기와편이 흩어져 있으며 약 50m 거리에 신라시대에 조성해 놓은 金堂址와 塔群이 자리잡고 있다.

신라시대의 重創 가람배치는 中門·塔·金堂 등이 남북 일직선상에 놓여 單塔式 伽藍배치 형태를 보여주고 있다. 이 單塔式의 가람배치 형식은 三國

도판 ② 烏合寺의 주건물지로 보이는 臺地.

期에 유행한 것으로서 新羅 文聖王代에도 이 양식을 따른 셈이다.

 이 寺址는 金堂·講堂으로 추정되는 건물지, 千佛殿址 외의 건물지가 지난 74년도부터 여러 차례 이 일대를 발굴한 東國大 博物館에 의해 확인된 바 있다.

 聖住寺事蹟에는 중창 당시의 각종 건물규모가 상세히 기록이 되어 있다. 이 기록으로 보면 聖住寺가 얼마나 큰 雄大한 禪宗의 大道場이었나를 알 수 있게 해준다.

> 法堂5層重閣. 千佛殿9間. 海莊殿9間. 大雄寶殿5間. 定光如來殿5間. 內僧堂9間. 極樂殿3間. 文殊殿3間. 觀音殿3間. 普賢殿5間. 遮眼堂3間. 十王殿7間. 栴檀林9間. 香積殿10間. 住室7間. 井閣3間. 鐘閣東行廊15間. 東西南北間各3間. 鐘閣3間. 中行廊5百間破. 基階猶存. 水閣7間破. 庫舍50間破矣

 이 기록으로 본다면 金堂(法堂)은 5층의 重閣이며, 千佛殿址는 9間이고 大雄寶殿이 5間, 海莊殿이 9間이 된다는 얘기다. 여기에 井閣이나 鐘閣이 따로 건립되었고 애초 行廊과 庫舍도 수백 간이 넘는 大刹로 기록이 된 것이다.

74년도 東國大가 발굴하면서 實測한 寺址의 현사(도판 ③)에 의하면 이 寺址는 현재 南石橋의 동쪽끝 68m 지점에서 門이 열리고 여기서 남북으로 14.4m 지점에 中門址가 놓였으며 이곳에서 10m 거리에 石燈이, 14m 거리에 5層석탑이 있고 이 석탑에서 18.8m에 金堂址가 자리잡고 있다고 보고하고 있다.

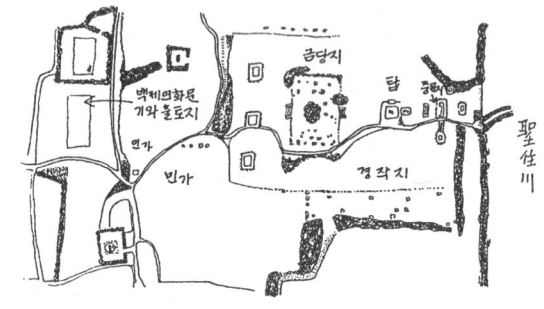

도판 ③ 聖住寺址 현상도

그리고 寺域은 東西가 200m, 南北이 142m에 이른다고 쓰고 있다.

이 가람은 金堂 뒤로 5層石塔보다 작은 3층의 우아한 石塔3基를 나란히 배치하여 다른 사찰의 塔配置와는 다른 양상을 보이고 있다. 이는 禪宗이 유행하던 시대의 敎理的인 변천 이유도 있었겠지만 聖住寺의 金堂을 웅려하고 장엄하게 치장하려 했던 의도적인 의미가 있었던 것이 아닌가 내다보여진다.

蓮華臺座만 남은 金堂址(도판 ④)

聖住寺터의 가장 중요한 건물의 하나였던 法堂은 간 곳이 없고 지금은 蓮華臺座만이 남아 있다. 이 臺座는 法堂 안에 모셔져 있던 불상이 웅려하였음을 알려주는 귀중한 유물이 된다.

臺座는 네모진 형태의 下臺石만 남아 있고 하대석 위에 조성되었던 竿石과 上臺石은 모두가 없어졌다.

이 유물은 위쪽 平面이 長方形이며 側面은 몰딩으로 竿石을 받치는 받침으로 볼 수 있다. 이 下臺石에 새겨진 覆蓮은 성주사의 중창 시기인 신라말에 유행하였던 單瓣複葉연화문으로서 시대적인 특징을 잘 보여주고 있다.

연꽃의 내부는 살이 찌고 反轉이 되어서 장식적인 일면을 가미하고 있는 것이다.

圖版 ④ 聖住寺址 法堂址에 남아 있는 연화대좌의 下臺石

연꽃과 연꽃 사이에 間瓣을 彫飾, 통식을 따르고 있다. 이 하대석은 현재 4片으로 갈라졌으며 틈이 10cm 정도 벌어져 그 안이 잡석과 흙으로 채워져 있는 실정이다.

이 하대석으로 보아 竿石과 上臺石은 모두 4각형이었을 것으로 추정이 되고 있다. 이같은 4각형 대좌는 신라말 고려초에 8각형 대좌 이후에 나타난 양식이다.

주민들의 말에 따르면 法堂에 모셔졌던 佛像은 鐵製佛像이었다는 것이다. 해방 이전까지만 하더라도 이곳에 있었으며 해방 초 聖住寺에서 10여리 떨어져 있는 庵子에 불상의 얼굴이 봉안되었으나 그후 행방을 모른다는 것이다.

이 金堂址에서 주목이 되는 것은 南面의 중앙부분과 北面이 계단으로 되어 있다는 점이다. 계단 좌우로는 隅石이 잘 남아 있으며 이것은 圓을 4등분한 四分圓形板石으로 되었고 그 끝에 獅子像을 1軀씩 배치하였다. 獅子는 앞다리를 세우고 포효하는 자세인데 頭髮과 가슴에 조각된 瓔珞 등이 사실적으로 표현되었다.

이 金堂의 규모는 74년도 東國大에서 발굴하는 과정에서 자세히 드러났으며 주초석의 배열 상태로 미루어 正面(東·西) 16m 側面이 11.9m로서 정면이 5間, 側面이 4間인 것으로 추정됐다.

도판 ⑤-A 三千佛殿址로 추정되는 건물지.

흙속에서 드러난 新羅의 微笑

聖住寺址에서 가장 주목이 되는 것은 三千佛殿址(도판 ⑤)이다. 三千佛이란「과거·현재·미래」의 三劫三千佛을 가리키는 것으로 大乘佛敎의 독특한 교리인 無限사상에서 나온 것이다. 즉 시간적으로 과거에 千佛이 있었고 현재에도 千佛이 있고 미래에도 千佛이 있을 것이라는 것이다. 三國시대나 統一신라시대에는 대찰에서 千佛을 조성한 예가 많았다.

聖住寺 사적기에는 이 절에서 三千佛이 조성되었다는 사실을 알려주고 있다.

즉 비로사나불대존상과 三千佛을 三千佛殿에 봉안했다(毘盧舍那佛一大尊像 三千佛相干三千佛殿云云)는 내용이 보이기 때문이다. 聖住寺의 三千佛은 文聖王의 願으로 이루어진 것이며 三千佛을 봉안한 곳을 三千佛殿이라고 불렀다.

이 건물지는 金堂址의 동쪽편에 남북으로 조성되어 있다. 크기는 正面 5間, 側面으로 3間의 규모.

건물지 주변에서는 옛부터 塑造佛이 다수 출토되어 扶余博物館 등지에서 수습하였으며 74년도 東國大의 발굴에서도 다수가 출토되어 널리 알려지게 되었다.

이곳에서 광명을 찾은 佛頭는 신라의 미소 바로 그것이었다. 물론 시대적으로 떨어지는 것도 없지 않으나 대부분 자비스럽고 원만한 모습을 지니고 있는 것들이다.

도판 ⑥의 佛頭는 74년도 東國大가 발굴할 당시 수습한 것으로 문성왕대 重創 당시의 것으로 추정된 것이다. 머리에는 아무런 장식이 없는 素髮이며 肉髻가 높고 끝이 뽀죽하게 표현되고 있다. 눈은 반쯤 뜨고 있으며 코(鼻樑)는 넓게 잡아 아래에서는 원만하게 표현하였다. 얼굴은 상하가 길고 이마는 넓게 만들었으며 볼은 살이 쪄 자비스럽고 원만한 상을 이루고 있다.

한가지 주목이 되는 것은 얼굴 표면에 白灰을 바르고 鍍金을 하여 조성했다는 점이다.

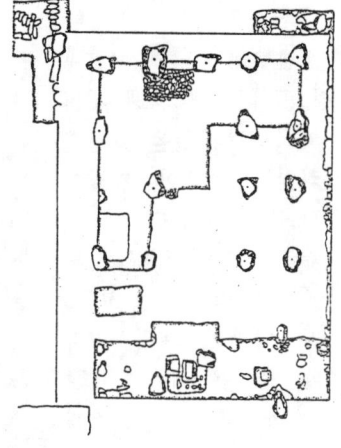

도판 ⑤-B 聖住寺址의 三千佛 발굴도 (74년도 東國大 聖住寺址 발굴 報告書).

흙은 다듬고 돌을 갈아 佛事를 이룩하였던 신라인들은 도금기술에서도 독보적인 능력을 보여주었다. 이 절터에서 출토된 塑造佛에 간혹 나타나는 도금은 흙으로 구운 佛像에도 금을 이용하였던 신라인들의 榮華로운 장식적 일면을 나타내고 있는 것이다.

三千佛殿도 耕作地가 되어서인지 숱한 기와 파편이 나뒹굴고 있다. 그러나 이 유지는 발굴 당시 가장 잘 보존이 되어 그 유구를 파악하는데 용이하였다.

이 건물지는 현재에 남아 있는 礎石으로 보아 정면이 5間, 측면이 3間 규모의 건물로 짐작되었다. 基壇上面의 길이는 南北(정면)이 42.2m, 측면이 17.8m.

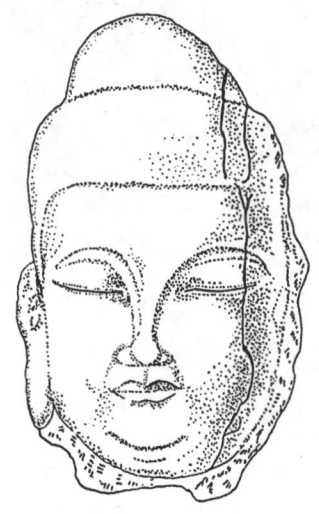

도판 ⑥ 聖住寺址의 三千佛殿址에서 수습된 塑造佛頭(東國大 박물관 소장).

수없는 遺物들

①石塔群

聖住寺址의 石塔 4基는 文聖王의 願에 의해 세워진 것으로 禪院을 개창한 신라인들의 혼이 깃들어 있다고 보아야겠다.

金堂 전면에 5層石塔(도판 ⑦), 그 뒤에 3層, 3塔 3基를 나란히 배치하였다 (이들 塔들은 모두 文化財로 지정이 되어 널리 소개되었다).

석탑은 모두 統一新羅末期 造塔으로 一般型이며 층급의 받침은 4단이고 옥개석 끝이 경쾌하게 反轉이 되어 시대적인 특징을 잘 나타내고 있다.

3층석탑의 初層屋身에는 門扉와 자물쇠가 조각되었으며 각층이 안정되고 典雅한 모습이다. 이들 石塔群은 모두 相輪部를 결실하고 있으며 유일하게 露盤만이 남아 있다. 5層석탑의 全高는 약 6m에 이른다.

도판 ⑦ 聖住寺址의 5층석탑. 통일신라말의 典雅한 수법을 잘 보여주고 있다.

②唯一한 石佛立像(도판 ⑧)

이 石佛立像은 講堂址로 추정되는 건물지의 동쪽 끝부분에 南向하여 서 있으며 그 옆에 민가가 자리잡고 있다.

현재 立像은 무릎까지 땅에 묻혀 있으며 안면을 시멘트로 後補하여 본래의 모습을 쉽게 알 수 없다. 머리는 장식이 없는 素髮이고 肉髻는 표현되지 않았으며 양쪽의 귀는 길게 표현되었으나 어깨 가까이 늘어지지는 않았다.

목에는 三道의 흔적이 뚜렷하며 通肩의 法衣는 어깨로부터 아래로 얇게, 그리고 부드럽게 흘렀다.

양쪽팔의 衣文은 계단식으로 표현, 주름을 잡았고 가슴으로부터의 의문은 V形으로 흘러 신라말 불상의 통식을 따르고 있다.

손의 모양은 왼손을 腹部에서 外掌하고 있으며 오른손은 아래로 내려 法衣를 잡고 있는 듯하다. 신체는 당당한 편은 아니나 신체 각부가 부드럽게 처리되었고 線이 가는 편이어서 理想的인 경향에서 탈피, 사실적인 모습을 보여주고 있다.

이 불상은 9세기경에 조성된 것으로 보인다.

도판 ⑧ 聖住寺址의 石佛立像.

③돌담 아래 뒹굴고 있는 幢竿支柱

절터의 동남 끝에 돌담이 있으며 여기에 寺刹의 표적이 되었던 幢竿의 표적이 되었던 幢竿支柱片이 3개 뒹굴고 있다. 주민들 말에 의하면 원래는 옆

밭둑에 세워졌다는 것이다. 이 石材는 주민들이 돌담을 쌓으면서 일부는 사용하였고 일부는 그대로 뒹굴고 있다.

　3片 중 하나는 臺座에 꽂아 놓았던 長方形의 축이 그대로 남아 있고 또하나는 거의 가운데 부분이 부러져 있다. 하나는 側面 중앙부분에 深 17cm의 長方形 구멍이 마련되어 있다.

　이 支柱는 별다른 장식이 없는 素文이다.

화려한 各種 기와

　聖住寺는 百濟의 烏合寺를 전신으로 하고 있기 때문에 절터 주변에서는 다수의 백제 연화문기와가 출토되고 있다. 百濟의 연화문기와는 중창 때의 金堂址, 혹은 千佛殿址, 講堂址 등에서 나오고 있으며 민가가 자리잡은 일대에서도 수습되고 있다.

　百濟의 연화문은 소박하면서도 살이 찌고 부드러우면서도 아름다운 것이 특징이다. 그들은 한결같이 8잎을 고집하였으며 둥근 원에 둥근 여덟잎의 꽃을 장식하였다. 百濟人들이 완성한 기와의 美는 바로 그들이 가지고 있었던 모나지 않고 후덕스러웠던 미의식, 그것이었던 것이다.

聖住寺에서 출토된 百濟의 연꽃기와는 전 시대를 대표할 수 있는 것들로 보아야겠다. 도판 ⑨의 기와는 아무런 장식이 없는 周緣에 큼직한 子房을 안에 배치하고 그 안에 정연한 6~7 顆의 蓮子를 조식하였다. 그리고 中房의 밖으로는 넓고 살이 찐 8瓣의 연화문을 넣고 그 사이로 周緣과 연결이 된 間瓣을 배치하였다.

　기와의 재료는 고운 흙이며 모래도 많이 섞이지 않아 여인의 살결처럼 부드럽다. 필자 소장의 이 기와는 드림새부분이 떨어져 나가 수기와 등 무

圖版 ⑨ 聖住寺址 출토 연화문 수막새(필자 소장).

늬는 알 수 없으나 막새부분은 완형이어서 전체를 파악할 수 있겠다.

이와 동형의 기와가 74년도 東國大에서 발굴할 당시 다수 수습이 되었으며 서까래 기와 등도 나와 이 절터가 百濟 烏合寺址였음을 기와로 증명한 바 있다.

도판 ⑩의 기와는 역시 同寺址에서 수습된 것이며 百濟 下代의 것으로 추정되는 주목이 되는 瓦當이다.

역시 주연은 무늬가 없으며

圖版 ⑩ 聖住寺址 건물지에서 나온 연화문 수막새. 百濟 下代의 것으로 추정되고 있다.

큰 子房 안에 정연히 큰 蓮子를 7顆 배치하였다. 연꽃은 8瓣이며 單瓣複葉의 형태를 띠고 있고 살이 찐 편이다. 연꽃의 끝은 ⌒形을 나타내 三國期末~통일신라시대에 유행한 수막새의 무늬를 닮고 있다. 間瓣은 ♀形으로 백제 전성기의 기와보다는 略化되었으며 태토는 곱고 연질이다.

이같은 형태의 기와가 統一신라~高麗代 全代를 통해 유행한 것은 매우 재미난 일면이라고 하겠다.

聖住寺址에서는 유일하게 도판 ⑪과 같은 鬼面이 수습되었는데 시대는 高麗代로 떨어지고 있다. 큰 코와 큰 이빨 등이 주목된다.

圖版 ⑪ 聖住寺址 건물지에서 나온 鬼面瓦

이밖에도 이 절터에서는 細瓣 연화문수막새, 唐草文암막새, 日暈文암막새, 雲文암막새 등이 다수 출토되어 法燈이 高麗, 朝鮮 시대에까지 이어졌음을 알려주고 있다.

이 寺址에서는 銘字瓦가 다수 출토되었는데 그중 「聖住寺千

佛當草」가 새겨진 平瓦가 주목된다. 이 기와는 樹枝文 아래에 長方形의 口廓을 만들고 그 안에 楷書로 글씨를 양각하였는데 聖住寺가 千佛殿 가람이었음을 증명하는 중요한 유물이라고 하겠다.

국립부여박물관에 소장중인 聖住寺址 출토 塑造佛頭. 통일신라 때의 것으로 추정되며 자비로운 미소가 주목된다. 이 佛頭는 千佛殿址에서 출토되어 부여박물관이 수습한 것이다.

萬福寺址

(전북 남원시 왕정리 위치)

南原小京의 땅

고전문학의 백미 춘향전으로 유명한 南原은 역사적으로도 매우 중요한 곳이다.

이곳은 원래 백제의 古龍郡이었다. 백제사람들은 일찍이 이곳에 문화의 씨앗을 뿌리고 城을 쌓아 외적을 방어하였다. 남원의 서쪽 교룡산에 축조된 蛟龍山城은 이 시대의 유적이다. 여지승람에 보면 둘레가 5천 717자, 높이 10자, 안에는 99개의 우물(井), 작은 시내(小溪) 하나가 있고 또 군창이 있다고 되어 있다. 이 성은 작은 규모가 아니어서 백제인들이 얼마나 중요시했나를 알 수 있겠다.

일찍이 姜希孟(1424~1483)은 다음과 같은 詩를 지어 교룡산성이 험한 요새였음을 알려주고 있다.

> 교룡산성이 백운(白雲)간에 솟았으니 한 줄기 길이 겨우 꾸불꾸불 통하였네.
> 마치 한 고을의 절험(絶險)을 자랑하는 듯
> 위급한 시절이면 여기 의지하여 오랑캐를 막아내도다.

백제가 이 곳을 중시한 것은 日本의 對 百濟 통로가 초기에 蟾津江 입구-谷城-南原-漢城으로 이어졌기 때문이다(全北道誌).

백제가 멸망한 후에는 南原에 小京이 설치되었다. 신라도 이 땅을 중요시한 것이다.

發掘로 새롭게 드러난 中門址, 木塔址, 法堂址 近景

　남원은 섬진강 유역에 웅거하여 남으로 谷城평야와 연해 있고 토질이 좋았다. 그리고 東으로는 운봉을 거쳐 경상도 咸陽으로 통하고 西로는 淳昌, 北으로는 任實, 全州에 직결되는 교통상의 요충이 되었기 때문이다. 남원이 도시문화의 길을 연 것은 이때로 보아야겠다.

　神文王은 小京을 설치한 후에 여러 고을의 백성들을 옮겨 살게 했다. 그때 남원에는 전 報德國의 고구려인들이 많았다. 이들은 小京城을 쌓고 가람을 건설, 고장의 문화를 꽃피웠던 것이다.

　남원소경은 高麗 太祖 23年(940)에 府로 고쳤고, 忠宣王 2년에는 帶方이라 했다가 뒤에 남원군으로 고쳤다. 그후 恭愍王 9년(1360)에 다시 府로 승격시켰으며, 朝鮮 太宗 13年(1413) 준례에 따라 都護府로 고치고, 세조때에는 鎭을 설치했다. 신라에 이어 高麗·朝鮮시대에도 남원은 중시된 곳이다.

　여기에서 한가지 그냥 지나치기 어려운 것은 고려 충선왕대에 설치되었던 「帶方」이란 이름이다. 여지승람에 보면 남원은 後漢 建安 중에 대방군이 되었고 曹魏 시대에는 南帶方이 되었으며 百濟 멸망 후에는 당나라가 劉仁軌를 명하여 대방주 刺史를 겸임토록 했다고 기록되고 있다.

後漢 建安이면 196~220년이 되므로 이를 믿기 어렵지만 이러한 선례의 기사가 三國遺事에 나타나 이것이 후대의 기록에 引用지 않았나 생각된다.
즉, 三國遺事 卷一, 紀異篇 南帶方條에

曹魏時 始置 帶方郡 今南原府故云 帶方之南海水千里 日瀚海 後漢建安
中 以馬韓南荒地爲帶方郡 倭韓遂屬是也

라 기록되었기 때문이다.
남원의 帶方 설치는, 통일신라 때 고구려 報德國 사람들이 많이 이주해 살았으므로 이러한 사실이 중국측의 帶方기사와 잘못 附會되었다는 설(鄭求福·南原 萬福寺址 제1차 발굴 略報)도 있다.
어쨌든 남원은 백제가 개척하여 신라에 의해 통일되어서는 新羅 5小京의 하나인 南原小京이 설치된 유서 깊은 땅이라고 하겠다.

高麗 文宗대 창건·壬亂 때 廢寺

萬福寺址는 南原里에 있다. 남원군청에서 서쪽으로 약 1km에 위치하며 절터의 북쪽에는 속칭 복음산(麒麟山)이 감싸고 있다. 이 산은 해발 285m의 낮은 산이나 德裕山에 이어지는 南原의 背山인 백제의 옛 터, 蛟龍山 줄기의 마지막 봉우리로 수려한 모습을 지니고 있다.
절터는 옛 남원소경성터(南原小京城址)로 추정되는 남원역(驛) 부근에서는 서쪽으로 얼마 되지않는 거리에 있다.
이 절의 창건연대는 고려 文宗代(1047~1082)라고 전하고 있다.
興地勝覽 卷三九 南原都護府 佛宇條에

萬福寺 在麒麟山… (中略) 高麗 文宗時創

이라 기록되고 있다.
文宗은 불교를 독실히 믿은 고려 11대왕으로 興王寺를 비롯 많은 사찰을 건립시킨 賢君이었다. 王은 아들 煦를 출가시켜 大覺國師(義天)가 되게 했으며, 儒學도 장려, 문운의 隆盛을 도모하기도 했다.

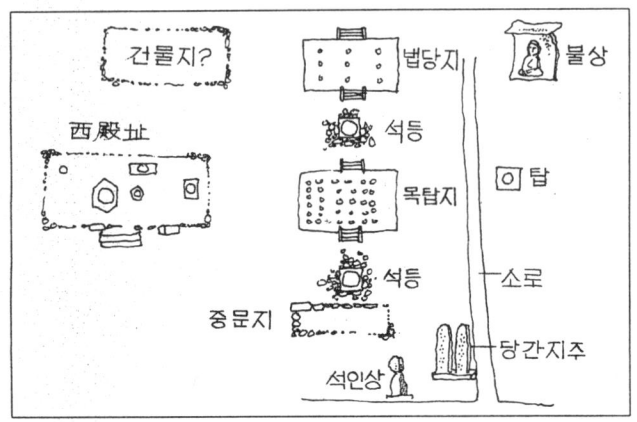

남원 만복사지 가람 배치도

　지금까지 寺址에서 조사된 유물로 보아 창건에 대한 여지승람의 기록은 신빙성이 있다고 보아야겠다. 그러나 世傳에는 신라때 道詵國師에 의해 세워졌다는 얘기(龍城誌上 佛宇條)도 없지는 않다.
　萬福寺는 고려대에 크게 번성하였음은 물론, 朝鮮시대에 와서도 대찰의 면모를 잃지 않았던 것 같다.
　역시 姜希孟의 詩에

　　　소나무와 계수나무 그늘이 짙어
　　　고을을 옹호하였으니
　　　절에서 울려 나오는 종과 경쇠 소리는
　　　달빛 속에 가득하도다.
　　　으름과 칡덩굴 덮인 오솔길은
　　　인간에게 부귀를 묻지 않네

라고 하였다.
　이 詩는 번성하였던 萬福寺의 모습을 읊은 것이라고 하겠다.
　梅月堂 金時習(1435·세종 17~1493·성종 24)이 쓴 金鰲新話에는 만복사가 당시 남원지방 연등회 사녀들의 기원도량이었음을 알려준다.

萬福寺址 45

金鰲新話 萬福寺樗蒲記에

南原有梁生者 早喪父母 未有妻室 獨居 萬福寺之東房… (中略) 明日卽 三月十四日也 州俗 燃燈於萬福寺祈福 士女騈集 各呈其志 日晚梵罷人稀…

이 기록도 당시에 萬福寺가 名刹이었음을 알려주는 내용이다.
萬福寺는 임진왜란 때 수난을 당하였다. 1597년 宣祖 30年 明나라군사와 倭軍간에 南原城전투가 벌어졌는데 이때 화를 입은 것이다. 당시 왜군은 성 밖에서 남원부성을 지키는 명나라 장수 楊元을 포위하고 있었는데 萬福寺의 四天王像을 수레에 싣고 와 공격용으로 이용하기도 했다.
燃藜室記述 卷十七 宣祖朝 楊元南原之敗條에

十四月… (中略) 西門賊以 輪車載來 萬福寺 四天王回示 城外大軍 益駭 元領千兵 開門出戰賊退追出云云

이라 기록된 것이다. 이 기록에는 당시 만복사의 건물이 소실되었는지의 여부는 나오지 않으나 다음의 기록에서 이 때 화를 입었음이 밝혀지고 있다.
조선 광해군 때 南原사람으로 奉常寺僉正을 지낸 文臣 梁慶遇(1568・宣祖 ~仁祖 16年)의 詩(龍城志上)에

천년 향화(香火)가 요사스런 기(氣)에 떨어졌으니
신라때 경영되던 것이 불타 흔적만이 남았구나.
주전(珠殿)은 공지(空地)에 돌아가 없고… (意譯)

이같은 萬福寺의 情況을 읊은 詩가 나오기 때문이다.
역시 龍城志에는 만복사가 정유재란 때 불타 없어졌다고 기록되어 이를 뒷받침하고 있다. 佛宇條에

世傳 道詵國師所建 丁酉再亂. 蕩盡 無餘云云

이라 나온다.

도판 ① 남원 萬福寺址의 西殿址. 正面 5간, 側面 4간으로 밝혀졌다.

폐허가 된 이 절은 그후 南原府使 鄭東高(1677~1680 재임)에 의해 重創이 되었으며 토착 승려에 의해 寺址가 지켜졌다.

지금까지의 여러 기록으로 미루어 萬福寺는 高麗 초기에 창건되어 고려 全代를 통해 法統이 이어졌으며 朝鮮 壬辰倭亂 이전까지 南原지방의 대찰로 기복도량이었음을 알 수 있겠다.

西殿東塔式 가람配置

萬福寺址는 기린산을 뒤로 한 背山臨水의 南望寺址이며 특수한 형태의 가람배치를 보여주고 있다. 先學 高裕燮 님은 萬福寺址가 「西殿 東塔式」이라고 했다. 즉 西쪽에 殿이 있고 東쪽에 塔을 세운 가람이라 한 것이다.

東國輿地勝覽 卷三九에 보면

> 萬福寺 在麒麟山 東有五層殿 西有二層殿 內有銅佛長 三十五尺 高麗文宗 時創

이라 되어 있다.

이 기록은 東쪽에 5층殿이 있고 서쪽에 2층殿이 있으며 그 안에 35尺이나 되는 동불상이 있다는 기록인데 高裕燮 님은 동쪽에 있는 5층전을 木造탑으로 본 것이다.

지난 79年부터 이 寺址는 全北大學校 博物館에 의해서 發掘되었는데 이같은 西殿東塔式의 가람배치 양식을 확인한 것이다.

현재까지 발굴되어 학계에 報告된 것은 西殿址・木塔址・法堂址・中門址 등인 것으로 알려지고 있다. 그러니까 幢竿에서 正北便으로 中門을 세우고 약간 東便으로 비낀 일직선상에 5層의 木塔殿, 法堂을 세웠으며 木塔과 일직선상 서편에 西殿을 건립한 가람이 되는 셈이다.

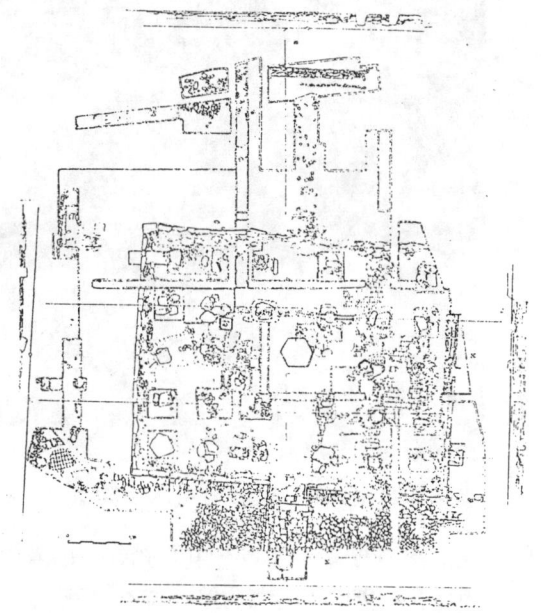

도판 ②. 만복사지 1차 발굴平面 實測圖(鄭求福, 발굴 略報에서)

龍城志에는 이 건물 외에도 많은 건물이 있었음을 알려주고 있다.

龍城志 上 佛宇條에

　　(前略) 以崔一殿 中有石佛 大雄殿 藥師殿 丈六殿 靈山殿 普應殿 千佛殿 羅漢殿 冥府殿等室云云

이라 기록되는 것이다.

이를 보면 萬福寺의 규모가 얼마나 컸었나를 짐작할 수 있겠다.

79년도에 발굴된 西殿址는 正面 5칸, 側面 4칸, 基壇은 24.7m×19m(남북)로 밝혀졌다. 그리고 2단의 基壇石 위에 면석과 撐柱石을 얹어 높이 1m 정

도판 ③ 81년 발굴로 드러난 만복사지 木塔址.

도의 築臺를 쌓았음이 밝혀졌다(鄭求福·南原萬福寺址 제1차 發掘略報·考文化 제18집·1980·大學博物館協 발간)(도판 ①).

이 西殿址 중심에는 寶物 31호로 지정되어 있는 石座(臺座)가 있는데 古記에 나오는 銅佛을 안치했던 대좌로 보인다.

대좌는 충남 夫餘 定林寺址에 있는 石座와 동일한 양식인데 많이 파손되어 보존상태가 양호한 편은 아니다.

도판 ④ 木塔址의 정면에 있는 석등의 하대석.

석좌의 주위로는 원형의 괴임을 陽出시킨 원형 주초석이 있는 것으로 보아 初創시기의 建物址로 보인다. 그러나 전면에서는 自然石을 磨石하지 않은 초석도 보여 조선시대에 와서 몇 번에 걸친 補修가 이루어지지 않았나 생각된다(도판 ②).

81년 발굴로 드러난 木塔址는 正面 5칸, 側面 5칸의 正方形에 가까운 건물지인데, 南·北에 층계가 마련되어 있다(도판 ③).
초석은 圓柱를 썼으며 화강암을 다듬어 基壇을 삼았다. 이 5層殿 木塔址에 대한 實測과 해석은 全北大學校 博物館의 다음 報告書에 期待를 해 본다.
木塔址 앞으로는 石燈의 下臺石이 있는데 地臺石과 한 돌로 되었으나 竿石과 上臺石 등은 모두 缺失되었다(도판 ④·⑤).
석등 하대석은 素文의 8瓣 伏

도판 ⑤ 木塔址의 뒤에 있는 석등의 하대석.

蓮이며 上面에는 竿石을 받기 위한 1단의 8角 괴임을 陽出시켰고 원형의 홈이 파져 있다.
이 石燈은 塔址의 正面과 後面에 일직선으로 배치되어 주목되며 조각양식으로 보아 高麗時代의 작품으로 추정된다. 實測値와 해석은 全北大學校 博物館의 발굴보고서에 기대해 본다.

全北大學校 博物館의 발굴로 드러난 木塔址 북편의 建物址는 정면 5간, 측면 5간 규모의 건물로 중심부에 불당을 안치하는데 사용되었을 것으로 보이는 연화대좌의 하대석이 노출되었다 (도판 ⑥).

도판 ⑥ 木塔址 뒤편 건물지에서 드러난 연화대좌 하대석. 불상을 안치했던 것으로 추정되고 있다.

이 대좌는 單葉 12瓣으로 素文인데 흡사 百濟시대의 연화문을 닮아 주목된다. 석등의 地臺石이 方形인데 반해 원형인 점에서 다르다고 하겠다.

화려한 遺物

萬福寺址는 高麗초기 대찰다운 면모를 아직도 지니고 있다. 寺址에는 寶物 43호로 지정된 石佛立象이 있으며 寶物 32호로 지정된 5層石塔이 유존하여 있다. 이들 유물들은 湖南지방에서 크게 일어났던 高麗시대 大刹의 유물을 이해하는데 중요한 자료라 하겠다.

①佛像(도판 ⑦)

光背와 佛身을 한 돌(一石)로 만든 우수한 佛像으로 萬福寺의 초창시기에 만들어진 것으로 보인다. 머리는 장식이 없는 素髮이고 頭頂에는 육계가 큼직하다.

相好는 갸름하나 살이 쪄 있고 원만상이다. 미간에는 白毫가 큼직하며 올라간 눈썹, 半開한 긴 눈 등에서 시대적인 특징을 찾을 수 있다. 양 귀(耳)는 길게 표현되어 양 어깨에 닿았고 목에는 굵은 三道가 완연하여 자비가 넘친다. 法衣는 通肩이며 옷깃이 흉부 아래로 처져 비만한 가슴이 노출되고 있다. 의문은 가슴에서 어깨에 다시 올라가 걸쳐졌으며 腹部에서는 평행 반원형이 되고 두 다리에서는 각각 타원형이 되었다.

手印은 두 손이 모두 마멸되어 알 수 없으나 왼손은 하체에 대고 내렸으며 오른손은 수평으로 들고 있다.

光背는 舟形擧身光으로 2조의 융기선으로 頭光과 身光을 구분하였다. 두광에는 單葉複瓣연화문을 중심으로 太彫의 줄기와 잎을 조각하여 화려함을 더해주고 있다(도판 ⑧).

身光과 頭光 밖으로는 역시 太彫의 火焰文이 있으며 그 속에 化佛이 좌우 2軀씩 4軀가 표현되었다.

化佛은 모두 坐像이며 수인은 禪定印을 결하고 여기에도 頭光과 身光을 표현했다. 한가지 재미나는 것은 右側하단의 化佛이 거신광줄기에서 갈라져 나온 草文 위에 앉았다는 점이다.

이 불상은 光背의 상단이 절단되었고 무릎 이하가 매몰되어 臺座부분은 이해할 수 없다.

實測値 全高 2m5cm, 頭高 50cm, 胸幅 48cm, 肉髻高 7cm, 顏幅 26cm, 肩幅 70cm, 光背幅 1m85cm, 厚 11cm.

萬福寺址 51

도판 ⑦과 ⑧. 만복사지의 石佛立像. 보물 43호로 지정되어 있다. 頭光 안에 연꽃을 중심으로 줄기와 잎이 양각되어 있다.

②石塔(도판 ⑨)

寺址 동편, 석불입상과 나란히 南北으로 위치하며 高麗中代 이후의 것으로 보인다. 이 石塔은 일찍이 선학이신 高裕燮님도 지적했듯이 木塔이 소실된 후에 建立된 것이다.

이 석탑은 1枚의 지대석 위에 1층의 기단을 세우고 그 위에 塔身을 올렸다. 기단석도 일매석이며, 각면에는 넓은 기둥모양인 隅柱를 모각하였다. 그러나 北面 기단 面石에는 마멸이 심해 隅柱의 표현이 나타나지 않고 있다.

기단甲石도 1枚石이며 上面에는 괴임이 마련되지 않은 것이 다른 塔과 비교된다.

초층層身도 일매석이며 각면에 隅柱의 표현이 있으나 다른 彫刻은 없다. 초층옥신은 기단석보다 高峻하여 균형을 잃게 했다.

초층 옥개석도 1매석으로 이루어졌고 轉角의 反轉은 약간 있으나 純重한 감을 준다.

초층 옥개석의 층급받침은 淺刻 2단을 이루고 있어 시대의 下限을 얘기해 주고 있다.

도판 ⑨. 보물 32호로 지정된 만복사지 5층탑.

초층옥개석 상면에는 1단의 괴임이 있고 그 위에 2층의 옥신석을 받게 했으나 그 사이에 方形의 板石괴임이 또 있어 단조로운 一般형식을 탈피, 장식성을 가미하고 있다.

이같이 옥개석과 옥신사이에 板石괴임을 마련한 것은 高麗初부터 유행하였는데 江陵 神福寺址 3層石塔, 서울 弘濟洞 5層石塔 등에서 유례를 찾을 수 있다. 2층의 옥신석 각면에도 隅柱의 모각이 보이나 체감이 급격히 줄었으며 그위에 2층의 옥개석을 받고 있다. 현재 층수는 4층만을 남기고 있으며 5층의 옥신, 개석과 相輪部를 결실하고 있다.

實側値地臺石 207×203cm, 基壇石 150×150cm, 기단면석 隅柱幅 36cm, 기단高 95cm, 甲石 183×183cm, 初層屋身 107×107cm, 高 128cm.

③신비의 石人像(도판 ⑩)

도판 ⑩. 당간지주 옆에 서 있는 신비의 석인상.

寺址 남쪽 幢竿支柱 옆에 있으며 南西쪽을 바라보고 있다. 지난 80年度 발굴시 下體部分이 드러난 바 있으며 하체에도 조각이 있어 주목되었다. 얼굴의 形은 新羅石人像을 닮고 있으나 그 용도에 대해서는 이설이 많다. 즉 이를 幢竿으로 보는 견해도 있고 혹은 寺를 守護해 주는 將像으로 보는 의견도 있기 때문이다. 머리에는 상투가 크며 눈은 튀어나와 위로 치켜 떠올리고 있음에 반해 코와 입의 표현은 부드럽게 하였다. 현재는 腹部 이하가 모두 매몰되어 있다.

④당간지주(도판 ⑪)

寺址입부 석인상 바로 옆

에 있으며 寶物 30호로 지정돼 있다. 화강암으로 조성한 전형적인 석조지주로 현대 지대석은 매몰되어 있으며 지난 80年度에 발굴된 바 있다.

석주의 外面에는 아무런 조식이 없으나 南面에는 잘 다듬은 흔적을 보이고 있다.

지주의 內面 머리부분에는 長方形의 홈을 파서 幢竿을 고정하는 杆을 꽂았던 곳으로 보이며 그 아래에도 이를 고정시켰던 원형의 구멍이 나있다.

外面에 장식이 없는 幢竿支柱는 충북 괴산군 七星외사리寺址, 慶州 望德寺址 등에서 보이는데 이 幢竿支柱도 萬福寺址의 初創시기의 것으로 추정되고 있다.

도판 ⑪. 보물 30호로 지정된 당간지주.

각종 기와류

79·80·81年度, 3차례에 걸친 발굴로 寺址에서는 다수의 瓦當類가 수습되었다. 기와 중에는 高麗초기 創建年代에 사용되었던 연화문 수막새도 있으며 壬辰倭亂 이후의 것도 보여 천년을 두고 법통을 이어온 國刹의 면모를 입증시켰다.

도판 ⑫의 기와는 고려때의 기와로는 보기 드문 아름다움을 지닌 수막새이다.

돌기된 子房을 중심으로 그 밖에 정연한 蓮子를 배치하였다. 子房 안에 연자를 배치했던 三國期~統一新羅의 양식을 이탈하고 있다.

子房 주위로는 單瓣複葉의 연판이 배치되었으며 연꽃은 약간 突起되었으나 圖式化에 치우친 느낌이다. 주연은 돌기되지 않은 반면 線文으로 표현하고 그 안에 역시 정연한 聯珠文을 돌려 통식을 따르고 있다.

이와 동형의 기와가 忠北 중원의 淨土寺址, 충주의 安臨洞 古寺

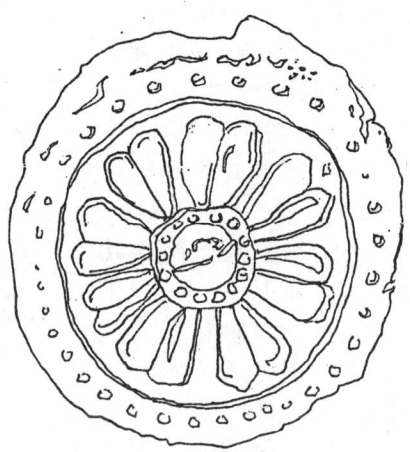

도판 ⑫. 연화문수막새(徑 16.5cm, 두께 2cm, 전북대학교 박물관 소장).

址 등에서 찾아졌으며 시대는 高麗중기 이후의 것으로 보인다.

도판 ⑬의 기와는 萬福寺址에서 발굴된 가장 주목되는 기와로 흡사 高句麗기와를 연상시키는 연화문 수막새이다. 子房에는 蓮子 대신 梵字를 양출시켰고 그 주위로 끝이 뾰족한 單葉 8瓣의 연꽃을 배치하였다.

연꽃은 突起되었으며 날카롭고 주위를 線文帶로 싸 장식성을 가미하였다.

연화문 주위로는 다시 1條의 線文을 돌렸으며, 周緣을 만들어 鋸齒文을 정연하게 조식했다. 거치문은 3重으로 되어 있으나 주연이 突起되지 않아 시대가 떨어짐을 보여준다. 三國期 瓦當을

도판 ⑬. 연화문수막새(徑 16cm, 두께 2cm. 전북대 박물관 소장).

모방했으나 子房에 고려대에 流行하였던 梵字를 넣고 周緣에 鋸齒文을 장식한 것으로 보아 시대가 高麗중반을 넘지는 않을 것으로 推定된다.

도판 ⑭의 기와는 時代가 떨어지는 것으로 역시 高句麗 기와를 연상할 만

큼 재미난 기와이다.

子房은 突起되었으며 蓮子는 표현되지 않았다. 子房 주위는 다른 기와와 마찬가지로 線文으로 싸고 주위에 끝이 뾰족한 연필을 배치했다.

연판도 子房만큼 突起되었으며 연판 사이에는 忍冬형태의 間瓣을 조식했다.

연판은 끝이 뾰족한 대신 크기가 정연하지 않아 시대가 떨어짐을 보여준다. 연판 주의로는 聯珠文을 배치하였고 주연은 素文이다.

도판 ⑭. 연화문수막새(徑 17cm, 두께 2cm. 전북대 박물관 소장).

주연에 연주문을 장식하지 않은 예는 三國時代 연화문 기와에서 많이 찾을 수 있는데 이는 재미난 일면이라고 하겠다.

이와 同形의 기와가 高麗全代에는 많이 유행하였으며 萬福寺址도 그 예를 보여주는 것이라고 하겠다. 高麗下代의 것으로 추정된다.

도판 ⑮. 梵字文수막새(徑 17cm, 두께 2cm. 전북대 박물관 소장).

도판 ⑮의 기와는 역시 高麗下代의 것으로 추정되는 기와로 이 시대에 많이 사용되었던 梵字文수막새이다.

子房과 蓮瓣이 모두 생략되었으며 큰 同心圓의 線文 안에는 큰 梵字가 陽出되었다.

주연은 약화되었고 外區에 크고 정연한 聯珠文을 배치하였다. 이러한 기와도 高麗下代~朝鮮時代에 많이 유행하였는데 조선시대에 이르러서는 外區에 연주문까지 생략되고 만다.

이같이 기와의 종류가 다양한 것은 萬福寺址가 수차에 걸쳐 重修되었다는 것을 알려주는 것이라 하겠다.

 이밖에 이 寺址에서는 도판 ⑯에서 보이는 鴟尾片, 鬼目文수막새 唐草文 암막새 등이 발굴되었으며 朝鮮時代의 것으로「嘉靖四十年」銘瓦가 찾아지기도 했다. 嘉靖 40年은 朝鮮 明宗 16年(1561 A.D.)가 되는 해이다. 이 시대에 큰 重修가 이루어졌음을 알려주는 기와라고 하겠다.

 이 寺址에서는 오래전에 도판 ⑰과 같은 기와가 수습되기도 했다. 이 기와는 寺址 南便 부근에서 찾아진 것으로「梵門」이라 正書陽出된 것인데 혹시 中門址의 옥개면을 덮었던 기와가 아닌가 내다 보인다.

 글씨는 楷書이며 品格은 떨어지고 있는데「梵字」는 큰 대신「門」字는 작은 것이 재미있다. 색깔은 회흑색이며 모래가 많이 섞인 경질이다.
10×7.5cm, 字徑 5.5~3cm

도판 ⑯. 寺址에서 발견된 각종 기와류(전북대 박물관 소장).

南原人의 祈福도량

 萬福寺址는 高麗 文宗代 창건된 西殿東塔式가람임이 발굴조사로써 더욱 確實視되었다.

 이 절은 南原小京에 살던 예술을 사랑했던 南原人들의 祈福道場으로서 천여년 향화가 그치지 않은 大伽藍이었다. 抑佛崇儒가 강조되던 朝鮮時代에 들어서서도 南原 기린산하에 우뚝 버티어 문화의 고장을 지켰었다. 그러나 문헌과 발굴을 통해 본 결과 壬辰倭亂의 兵火에 소실되었음이 밝혀졌다. 壬亂 당시 얼마나 많은 우리의 값진 문화유산이 소실되었나는 이를 통해서도 공감할 수 있다.

도판 ⑰. 寺址 南便 부근에서 출토된 「梵門」銘 평기와(筆者 소장).

桃源里寺址

(충북 괴산군 청천면 도원리 소재)

옛 살수의 땅

충청북도 청천(靑川)땅은 옛날 살매현이라고 불렸다. 「청천」을 우리말로 살수(薩水), 혹은 살매로 부른 때문이다.

지금은 화양동 계곡과 가까워 괴산에 속했지만 예전에는 백제의 고토 청주에 소속된 고을이었다. 청주에서는 동쪽으로 약 60리 길. 옛 관원들이 말을 달려 한나절이 족히 걸렸을 거리이다. 청천은 속리산을 경계로 경상도 聞慶땅과 접하고 있다. 속리산 험준한 계곡이 자연적인 경계가 되는 셈이다.

三國이 서로 갈리어 전쟁을 치를 때 부딪친 곳이 바로 靑川땅이 된다. 신라는 문경에서 나와 청주를 공략하려 했고 고구려는 청주 娘臂城을 근거로 신라의 영토를 범하려 했기 때문이다. 「살수」는 그래서 전장의 「내」요, 숙명의 「들」이 되기도 했다.

신라와 고구려가 이 땅을 차지하려고 싸웠던 때가 5세기 말이다.

494 A.D. 고구려의 文咨王은 7월에 군사를 일으켜 살수(薩水)를 공격했다. 신라는 고구려 군사와 대항하여 살수의 들에서 접전을 벌였는데 그만 패하고 말았다.

고구려는 이때 강성하였기 때문이다. 신라는 패하여 문경 犬牙城으로 후퇴하고 승리한 고구려군은 이곳을 포위하게까지 되었다.

신라는 전세가 불리해지자 百濟에 원병을 청했다. 당시 신라와 백제는 혼인동맹을 맺고 있었던 처지였기 때문에 당연한 귀결이었다. 신라의 炤智王은 연전에 백제 東城王에게 伊湌 比智의 딸을 시집보낸 바 있었다.

백제는 신라의 요청에 따라 원병 3천명을 파견하였다. 양국이 힘을 합쳐 고구려에 대항하므로 고구려는 犬牙城의 포위를 풀었던 것이다(三國史記 卷第十九 高句麗本紀第七 文咨王條에 -三年 秋七月 我軍与新羅人戰於薩水之原 羅人敗保 犬牙城 我兵圍之 百濟遺兵三千援新羅 我兵引退云云).

신라와 고구려가 이처럼 살수의 들에서 부딪친 것은 이 땅이 전략적으로 매우 중요한 곳이었기 때문이다.

청천에서 서북으로 60리 길에 청주가 있으며 가까운 이웃에 槐山이 있고 백제의 영토인 文義(지금의 大淸댐)와 가깝기 그지없다. 청천을 확보해야 이곳의 거점을 공고히 할 수 있었던 것이다. 고구려는 살수를 확보한 후에 살매현을 설치하지 않았나 하는 생각이 든다. 맑은 살수 가까이 성을 쌓고 또는 가람(伽藍)을 조영하였을지 모른다.

6세기 후반 고구려의 세력이 약화된 후 살수는 신라의 영역이 되었으며, 이때 청주, 괴산, 청안 등도 수중에 들어오지 않았나 짐작된다. 신라는 살수를 점한 후에도 이곳의 이름을 바꾸지 않았다. 그리고 명산과 대천(大川) 가까이에는 절(寺)을 짓고 문화의 기틀을 다졌다. 살수 가까운 반듯한 대지에 옛 가람터가 많은 것은 이같은 사실을 알려주고 있다.

도원리寺址의 秋景

이곳은 高麗가 개국한 이후 지금의 이름인 「靑川」으로 표기되었고, 淸州에 속하게 된 것이다.

槐山郡 靑川面 桃源里에 옛 절터가 있다. 이 寺址는 옛 문헌은 물론 전국

桃源里寺址 61

유적목록에도 언급되지 않은 寺址로서 십여년 전에 李元根 박사(西原學會 長), 筆者 등에 의해 발견되어 학계에 알려진 곳이다.
 寺名은 전하지 않으나 大刹址로서 유지 안에는 여러 석조물이 산재, 옛날 의 영화를 알려주고 있다. 절터의 대부분이 耕作地가 되어 많은 瓦當이 수습 되었으며 그중 일부가 필자에 의해 소장되고 있다.

잃어버린 역사

이 寺址는 이름은 물론 創廢의 역사를 알지 못한다. 古文獻에 일체 언급이 없을 뿐 아니라 寺蹟碑 등도 남아 있지 않기 때문이다. 다만 현장에 있는 여러 석조유물, 기와류를 통해 시대를 추정할 수밖에 없다.
 東國輿地勝覽 淸州牧 山川條에는 매우 재미있는 기록이 보인다. 즉,

> 검단산. 청천현에 있다. 고을 동쪽 64리 떨어진 곳에 있으며 백제의 중 검단이 살던 곳이므로 그렇게 이름지어졌다(儉丹山 在靑川縣 距州六十四里 百濟僧 儉丹所居故名 云云).

이 기록은 청천현에 있는 검단산에 백제의 중(僧)이 살았으며 그 이름이 여기에 비롯되었다는 전설을 알려주는 내용이라 하겠다.
 桃源里 절터에서 감단산까지는 약 4리 정도가 되므로 이 기록은 매우 주목된다. 이 전설의 진부에 대해선 정확하지 않다 하더라도 이미 오래 전부터 청천땅이 聖職者들의 求道場이 되었음을 알려주는 얘기라 하겠다.
 이곳에서 출토되는 기와로 미루어 初創은 統一新羅시대 이전에 이루어지지 않았나 추정된다. 寺址의 중심부에서 수습된 도판 ①의 기와는 초창연대의 것으로 보이며, 통일신라 대 이전에 절이 조영되었음을 알려주는 자료이다.
 이 기와는 선이 굵지 않은 線條文평기와이다. 이같은 기와는 三國時代부터 유행하였던 것으로 선이 굵은 百濟의 것과는 비교되나 신라의 오래된 절 터에서 많이 수습되고 있다.
 統一신라 대에도 이 절은 중시된 것 같으며 그후 高麗 때에도 번영을 누린 것으로 짐작된다.
 절터 곳곳에는 다수의 統一신라, 高麗시대의 蓮華文기와가 산란하고 있으며

이는 이때에 많은 重創이 이루어졌음을 알려준다 하겠다.

기와 중에는 朝鮮時代의 것은 보이지 않아 香火가 高麗下代~朝鮮初期 이전에 꺼졌지 않나 생각된다. 조선초기에 만들어진 동국여지승람의 佛宇條에도 언급이 없어 그 이전에 이미 廢寺되었음을 알 수 있겠다.

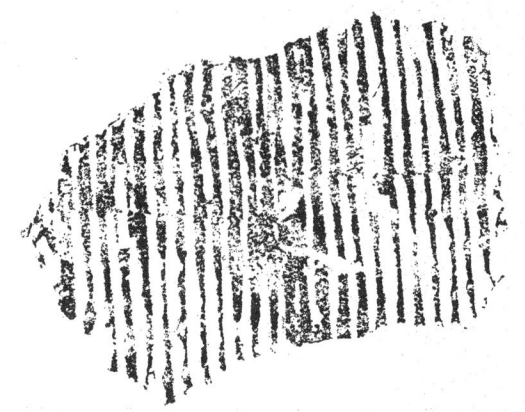

도판 ①. 桃源里寺址에서 수습한 線條文평기와.

南向한 伽藍

桃源里寺址는 서편으로 靑川을 끼고 正南을 向한 절터이다. 글자대로 武陵桃源과 같은 아름다운 자연 속에 자리잡고 있다.

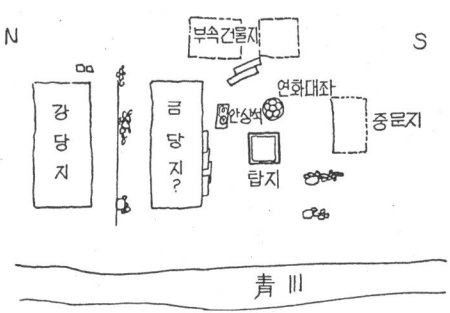

도판 ②. 桃源里寺址의 가람배치 추정도.

도원리 마을의 중심이 되는 南達鉉 씨(지금은 作故)의 古家에서 北便으로 높은 臺地가 마련되어 있고, 고가 앞으로 넓은 耕作地를 이루고 있는데, 이곳 南北 일직선상에 堂塔이 조영되었을 것으로 내다보인다(도판 ②).

南氏의 고가 주변에는 옛 가람 건설에 사용되었던 長大石, 石塔의 地臺石, 주초석 등이 산란하여 이 사찰의 金堂址로 추정되고 있으며 北便의 넓은 대지는 講堂址로, 고가 앞의 耕作地는 塔과 中門址로 추정되고 있다.

이 절의 부속 건물은 南氏의 고가에서 東便으로 약 20~30m 지점에 자리잡았을 것으로 내다보인다. 이 같이 江에 연한 가람배치 형식은 부여의 臨江寺址, 金剛寺址, 중원의 塔坪里寺址, 淨土寺址 등에서 찾을 수 있겠다.

①金堂址

이미 오래 전부터 집이 들어서 遺址가 많이 교란되어 있으며, 지난 80年度에도 상수도 공사를 하면서 地下에서 다수의 長大石 등이 노출되었다. 초석이 일정한 곳에 없어 金堂의 규모를 밝힐 수 없으나 주변에 산란한 석재로 미루어 매우 웅장한 건물이었을 것으로 짐작되고 있다. 초석은 方形의 자연석을 약간 다듬어 낮은 괴임을 陽出시킨 것으로 高麗시대 절터에서 많이 보는 예이다.

②講堂址

南氏의 고가 北便의 넓은 耕作地에 많은 瓦片이 산란한데 이곳이 강당지로 추정된다. 지난 77年도 人蔘을 심기 위해 유지를 밀어 다수의 연화문기와, 塼 등이 出土되었다. 이때 地下에 매몰되었던 초석, 長大石 등이 파헤쳐져 서쪽 언덕에 방치되었다.

이같은 이유로 이 건물지도 규모를 파악할 수 없다. 주민들 말에 따르면 당시 이 건물지에서는 꽃무늬가 새겨진 벽돌(塼)이 다수 출토되었다는 것이다. 이로 미루어 강당建物은 매우 美麗한 塼 등으로 치장되지 않았나 생각된다. 지금도 유지의 주변에는 많은 양의 와편, 塼의 파편이 산란, 옛 번영을 말해주고 있다.

이 건물지는 平地보다 높아 眼下에 금당지, 여러 부속건물지를 내려다 보고 있어 절이 존속하였을 당시에는 雄壯하고 아름다운 모습이었을 것이다.

③塔址

南達鉉 씨의 고가에서 남쪽으로 약 7~8m 전방에 있으며 平地보다는 약간 높은 곳으로 되어 있다. 塔은 현재 결실되었으며 老香木 아래 정방형의 地臺石만이 남아있다. 탑지를 평지보다 약간 높게 한 것은 예배의 대상이 되기 때문에 神聖한 곳에 안치하려 했던 의도로 해석된다 하겠다. 지대석의 크기로 보아 석탑의 규모는 작았을 것으로 추정되며, 가람의 크기로 미루어 본래의 塔은 아니었을 것으로 내다 보인다. 사세가 약하되었을 당시의 작으로

보는 것이 타당할 것이다.
 이 지대석은 화강함 한 돌로 되어 있는데 상면 一段의 괴임을 몰딩으로 처리하였다. 크기는 151cm×151cm, 높이 25cm.

④中門址
 塔址에서 약 10여m 전면 경작지에 와편이 산란한데 이곳이 中門址가 아닌가 내다보이고 있다. 유지의 전부가 지하에 매몰되어 규모를 파악할 수 없으며 초석의 확인도 어렵다. 주변에 산란하는 기와 중에는 막새편도 수습되어 미려하였던 건물이었음을 알려준다.
 옛 불자들은 靑川 어귀에 닻을 내리고 무릉도원, 桃源里 梵王宮을 찾을 때면 꼭 이 門을 지나쳐야 했을 것이다. 北便에 雄麗하게 자리잡은 法堂과 講堂의 모습에는 저절로 머리가 숙여졌을 것이 틀림없다 하겠다.

절터에 남은 石造遺物

 이 절터는 너무 무참히 파괴되었기 때문에 얼마되지 않는 石造物도 제 짝이 찾기 힘들게 되어 있다. 연화대좌의 하대석은 뜰의 디딤돌로, 長大石은 단계석으로 이용되었다.

①연화대좌 하대석(도판 ③)
 金堂址로 추정되는 南氏의 고가 앞에 있으며 화강암 한 돌로 조정된 8각 연화대좌의 하대석이다.
 伏蓮은 單葉, 8瓣이며 瓣端에 귀꽃을 장식하였다. 상면에는 2段의 8각 괴임을 높게 만들어 중대석(竿石)을 받게 했는데 중대석 이상은 모두 결실되어 알 수 없다. 이 석조물은 佛像을 안치했던 대좌의 하대석으로 조식이 또한 사실적이어서 주목된다.
 實測値는 徑 97cm, 괴임 高 5cm, 蓮瓣 幅 22cm.

②眼象石
 역시 古家 앞 金堂址로 추정되는 곳에 있으며 절반이 倒置되어 지하에 매몰되어 있다.

桃源里寺址　65

도판 ③. 잡초 속에서 찾아진 연화대좌의 하대석. 고려 초기의 것으로 보인다.

지표상으로는 眼象이 2구 노출되어 있으며 內區에 三山形의 장식이 보인다. 안상의 표현이 치졸하고 淺刻이어서 시대가 조금은 떨어지는 것 같다.

이 유물은 石塔의 기단부에 사용되지 않았나 생각되며 주변을 발굴할 경우 다른 部材를 더 찾을 수 있지 않을까 생각된다.

③연화대좌 하대석
金堂址로 추정되는 南氏의 집 뜰 디딤돌로 사용되고 있으며 절반이 떨어져 나갔다. 8角의 伏蓮 下臺石으로 高麗時代의 것

도판 ④. 남씨의 古家 문밖에서 찾아진 연화대좌의 하대석.

으로 보인다.

伏蓮은 모두 素文이며 연판의 끝은 反曲되지 않았다.

이 하대석은 짝이 南氏의 고가 門밖 건물지에서 발견되었으며 대부분 기와에 매몰되었다(도판 ④).

實測値는 長徑 70cm. 短徑 35cm. 높이 22cm이다.

④「桃源」銘 石柱(도판 ⑤)

南氏의 古家 문밖에 세워져 있으며 건물에 사용됐던 石材를 이용, 「桃源」이란 글씨를 陰刻해 놓았다. 글씨는 楷書 흘림체이나 寺域이 廢寺한 朝鮮시대의 後作이 아닌가 내다 보인다.

이와 같은 크기의 「武陵原」이란 石柱가 절터의 서편 靑川 강변에 세워져 있었으나 지난 80년도 수해 때 떠내려 갔다는 것이다.

마을 이름이 「桃原里」인 점을 감안, 옛 사람들이 여기로 이같은 표지를 만들었다고 보면 어떨까?

이 「桃源」銘 돌 지주는 高 95cm, 폭 40cm, 두께 17cm이다. 字徑 35×30cm.

도판 ⑤. 古家 앞에 세워져 있는 「桃源」銘 석주.

화려한 각종 기와류

도원리 寺址에서는 大刹址다움게 많은 기와가 수습된 바 있다. 이는 寺勢가 한창 번창하였을 때 많은 重創이 이루어졌음을 알려주는 것이라고 하겠다. 기와는 대부분 高麗時代의 것들로서 이 시대에 가장 큰 번성이 이루어졌을 암시한다 하겠다.

한가지 주목되는 것은 蓮華文 기와 중에서 百濟기와의 양식을 닮은 유물이 많이 보인다는 점이다. 가까운 儉丹山에 백제의 僧「검단」이 살았다는 전설을 감안하면 재미있는 현상이라고 하겠다. 이 곳은 百濟의 고토, 文義, 청주, 昧谷과 가까웁다.

또 하나의 특징은 瓣端의 끝이 뾰족한 高句麗 양식을 이은 기와도 간혹 보인다는 점이다.「살수」가 한때 高句麗의 영토였던 것을 생각하면 그냥 지나칠 수 없는 현상이다. 도원리 寺址에서 보이는 여러 형태의 기와무늬는 앞으로 學界의 보다 확대된 考察을 기대해 본다.

도판 ⑥. 桃源里 寺址에서 찾아진 素文의 주연을 가지고 있는 연화문수막새.

도판 ⑥의 기와는 지난 76年께 서원학회 鄭찬경씨에 의해 수습된 것(拙稿·청주 근교 出土 瓦當. 81·西原學報)으로 이 절터에서 나온 기와 중 가장 주목되는 연화문 수막새이다.

기와는 거의 파손되었으나 周緣과 2개의 蓮瓣이 남아 전체의 모습을 짐작할 수 있다.

주연은 素文이며 연판은 陰刻으로 표현, 통식을 이탈하고 있다. 間瓣도 없으며 子房은 모두 없어져 파악할 수 없다.

이 기와는 內區의 깊이가 다른 기와보다 깊으며 周緣이 素文인 점, 胎土가 곱고 軟質이어서 時代를 高麗 초기 이전으로 올려볼 수 있겠다.

現徑 10cm, 蓮瓣長 4cm. 周緣幅 1.2cm. 厚 1.2cm.

도판 ⑦의 기와는 절터 북편 강

도판 ⑦. 강당지 부근에서 수습된 연화문 수막새. 蓮瓣이 주목된다.

당지 부근에서 수습된 것으로 蓮瓣이 百濟기와의 양식을 닮았다.

이 기와도 거의 파손되어 주연의 일부와 2개의 연판을 남기고 있으며 자방은 알 수 없다.

연판은 單葉이며, 끝이 ω形을 이루고 있고 약간 反轉된 모습을 보이고 있다. 연판 사이에는 間瓣을 배치, 전형적인 삼국시대 막새의 유형을 따랐다.

주연에는 聯珠文帶를 돌렸으며 胎土는 고무나 모래가 보이고 있다. 이 기와에서 연주

도판 ⑧. 桃源里 寺址에서 발견된 가장 完形의 연화문 기와

문대가 보이는 것은 시대가 三國期 이후로 떨어짐을 알려주고 있는데 고식을 가장 충실히 모방한 점에서 주목된다 하겠다.

現徑 12cm, 蓮瓣長 3cm. 幅 2.5cm. 周緣幅 1cm. 聯珠徑 0.5cm. 厚 1.7cm.

도판 ⑧의 기와는 이 寺址에서 출토된 연화문 기와 중 가장 完形에 가까운 수막새로서 △形의 연판이 注目된다.

子房은 돌기되어 있으며 蓮子 대신 8葉의 花文을 장식, 선문으로 싸고 있고 그 주위로 또다시 線文帶를 돌려 장식성을 가미하고 있다.

線文帶 주위로는 鋸齒文帶를 돌려 섬세함을 돋보이게 하고 있다.

子房 주위로는 8瓣의 연화문을 장식하였으며 연판 사이에 異形의 間瓣을 배치하였다.

周緣은 좁으나 커다란 聯珠을 정연히 배치, 통식을 따르고 있다. 이와 같은 기와의 例는 그리 흔하지 않아 기와 연구에 좋은 자료라고 하겠다.

胎土는 고무나 모래가 섞인 硬質로서 역시 高麗時代의 작품이 아닌가 추정된다.

現徑 11.5cm, 子房徑 2.5cm, 周緣幅 1cm, 聯珠徑 0.5cm, 蓮瓣長 2.5cm, 厚 1.5cm.

도판 ⑨의 기와는 金堂址 부근에서 수습된 것으로서 半破됐으나 전체의

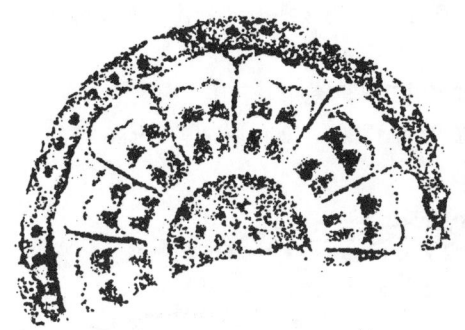

도판 ⑨. 금당지 부근에서 수습된 重瓣 연화문 기와.   도판 ⑩. 강당지 부근에서 수습된 연화문 수막새.

모습을 파악할 수 있는 수막새이다. 子房은 돌기되어 있고 작고 많은 蓮子가 배치되어 있다. 蓮瓣은 현재 8瓣을 남기고 있으며 重瓣으로 고려시대에 유행하였던 양식을 보여주고 있다.

周緣은 좁으나 정연한 聯珠文을 돌렸다. 이와 비슷한 기와가 忠北 槐山郡 七星面 外沙里寺址에서 다수 보여 이 시대 충북 일원의 古寺에서 유행하였음을 알려주고 있다.

도판 ⑪. 子房의 일부가 남은 연화문 기와.

現徑 13cm, 子房徑 2.7cm, 蓮瓣長 3cm, 厚 1.8cm.

도판 ⑩의 기와는 講堂址 부근에서 수습된 것으로 전체의 모습은 잘 남아 있으나 부식으로 2개의 蓮瓣만을 보여주고 있다.

연판은 작으나 厚肉하며 끝은 뾰족하고 판 사이에 忍冬장식과 같은 間瓣을 배치하였다. 子房은 부식으로 알 수 없으나 연판이 細瓣에 가깝고 작아 전체의 모습에 비해 컸을 것으로 짐작되며 周緣에는 정연한 聯珠文帶가 나타나고 있다.

이 기와는 다른 기와에 비해 軟質이고 색깔은 회색이다.

現徑 15cm, 蓮瓣長 3cm, 蓮瓣幅 2cm, 周緣幅 1cm, 聯珠徑 0.5cm.

도판 ⑫. 강당지 부근에서 수습된 새무늬 암막새.

도판 ⑪의 기와는 도판 ⑩의 기와와 同形이나 子房의 일부와 연판이 조금은 더 남아 소개한다.

子房은 2條의 線文으로 되어 있고 안에는 蓮子의 배치가 확인되며 그 주위로 끝이 뾰족한 蓮瓣을 배치하였다.

연판은 厚肉한 편이고 사이에는 間瓣이 보이나 形式에 치우친 감이 없지 않다.

突起된 周緣은 넓으며 큰 聯珠文을 정연히 배치, 일반 양식을 잘 계승하고 있다. 胎土는 거칠고 모래가 많이 섞

도판 ⑬. 중문지 부근에서 찾아진 鬼目 암막새.

인 경질이어서 時代가 高麗下代로 떨어짐을 알려주고 있다.

現徑 12cm, 蓮瓣長 3.5cm, 子房徑 3cm, 周緣幅 1.5cm, 蓮子房 1.5cm, 厚 2cm.

도판 ⑫의 기와는 역시 講堂址 부근에서 수습된 것으로 慶州 都城을 제외

한 지방 가람지에서 보기 드문 암막새가 된다.

이 기와는 중앙에 나비를 중심으로 좌우에 새, 꽃무늬를 대칭이 되게 배치한 것으로 慶州에서 유행하였던 鳳凰무늬 막새의 변형된 일례라고 하겠다.

꽃과 나비, 새가 무한한 창공을 나는 것을 표현한 예는 그리 흔하

도판 ⑭. 강당지 부근에서 수습된 암막새.

지 않아 기와 연구에 좋은 자료라고 하겠다. 天地部에는 연주문대가 보이지 않으나 胎土가 거칠고 경질이며 두께가 두꺼워 高麗時代의 작품이 아닌가 추정된다.

現徑 20cm, 上下幅 4.5cm, 새의 크기 5cm, 厚 3cm.

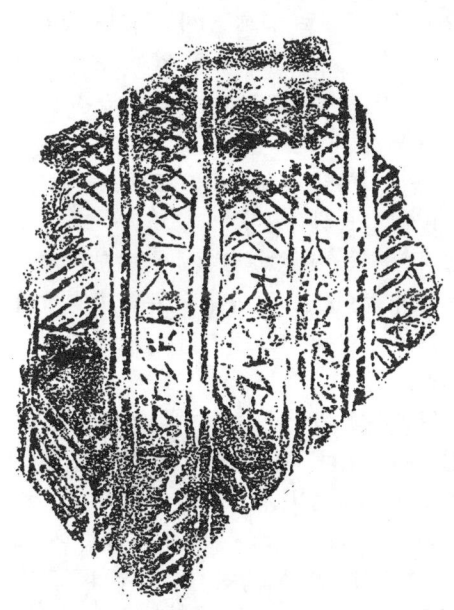

도판 ⑮. 금당지 부근에서 찾아진 「大工」銘 기와.

目文徑 2.5cm, 厚 2cm.

도판 ⑬의 기와는 中門址 부근에서 수습된 암막새로 이곳에서 찾아진 鬼目文 암막새 중 유일한 것이다. 天地部는 돌기되었으나 聯珠文이 없는 素文이고, 鬼目文은 2條의 선문으로 싸 유행을 따르고 있다. 이 鬼目文 수·암막새는 高麗시대에 한때 유행했던 것으로 이 시대 桃源里 절의 번화가 이루어졌음을 알려주고 있다.

이곳에서 그리 멀리 떨어지지 않은 槐山 外沙里 寺址에서도 이와 同形의 기와가 많이 수습되고 있다. 경질이고 모래가 많이 섞였다.

現徑 18.5cm, 上下幅 8cm, 鬼

도판 ⑭의 기와는 講堂址 아래에서 수습된 것으로 많이 파손되었으나 일부의 무늬가 잘 남아 있다.

연꽃이라기 보다는 蓮줄기와 잎에 가까우며 天地部는 아무런 장식이 없는 素文을 이루고 있다. 태토는 거칠고 흑색에 가까워 고려 하대의 기와가 아닌가 보여진다.

現徑 8cm, 上下幅 6cm.

이 寺址에서는 銘文기와가 수점 조사되었으나 寺名과 연대를 밝혀 줄 만한 유물은 나오지 않았다.

도판 ⑮의 기와는 金堂址 부근에서 수습한 것이다.

도판 ⑯. 금당지 부근에서 출토된 「師」字銘 평기와.

上部에는 빗살무늬가 施文되었으며 그 아래로 口廓을 마련하고－大工山平(?)－이라는 글씨가 左書로 陽刻되어 있다. 글씨가 分明치 않아 뜻이 통하지 않으나 가람을 중건할 당시 기와를 맡은 匠人의 이름이 아닌가 내다 보인다. 「大匠」이라는 글씨의 기와가 이 시대의 寺址에서는 많이 보이는데 그 한 例가 아닌가 생각된다.

도판 ⑯의 기와는 金堂址 근방에서 수습된 것으로 「師」字銘이 보이는 平瓦이다. 상부는 樹枝文이 나타나고 그 아래에 線文으로 口廓을 만들어 글씨를 正書, 陽出하였다.

글씨는 현재 「師」字만이 보이는데 그 하단은 결실되어 알 수가 없다. 樹枝文이 太彫이고 글씨는 正書인 점에서 高麗代의 평와로 보인다.

도판 ⑰. 「〇匠〇」이란 銘文이 찍힌 평기와.

도판 ⑰의 기와는 金堂址 부근에서 수습한 것으로 거의 파손되었으나 樹枝文의 일부와 「〇匠〇」이란 글씨가 陽出된 것이 보인다. 이 기와는 「大匠」이 찍힌 일부가 아닌가 생각되며 당시 기와를 구울 때 匠人의 이름이 중시되었음을 알려주는 자료가 되겠다.

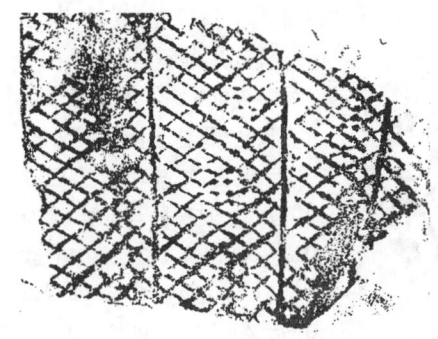

도판 ⑱-A.

이밖에도 이 寺址에서는 도판 ⑱ A·B·C와 같은 평기와가 수습되어 수백여년간 절이 존속해 오면서 영욕을 같이 했음을 알려주고 있다.

이 유물들은 지붕의 기와골에 들어가는 하찮은 기와라도 아름다운 풀무늬와 꽃무늬를 장식하려 했던 옛 桃源人들의 멋을 입증해 주는 자료라고 하겠다. 작은 돌, 작은 기와 조각에도 아름다움을 시문하려 했던 옛 사람들은 진정한 藝人들이었던 것이다.

散在한 石材, 保存조치 시급

桃源里 寺址는 三國이 서로 차지하여려는 살수(靑川)가에 위치해 있으면서 統一新羅 이전부터 佛子의 성역이 되었음을 알 수 있겠다.

이 절터는 高麗代에 이르러 더욱 중시되었고 수백년을 존속해 오면서 수차에 걸쳐 중수되었던 것이다.

三國期부터 유행하였던 單塔式 가람배치를 이루고

도판 ⑱-B.

있고 講堂을 金堂보다 높은 대지에 마련한 특수한 양식을 보여주고 있다.

살수가 文義·淸州 등 百濟의 옛 故土와 가까운 관계로 이곳에서 나타나는 기와 무늬의 형태가 百濟的인 요소를 보이는 것은 주목된다 할 것이다. 이같은 예는 忠南 일부지역, 全北·全南지방에서 散見되는 高麗탑파 중에서

도판 ⑱-C.

백제적인 요소를 많이 찾을 수 있는 것과 같다.

　이 寺址는 大刹址였으나 古文獻은 물론 전국 유적 목록 등에도 누락되어 최근까지 그 파괴도가 극심한 실정이다. 매년 경작으로 이미 講堂址는 유구가 모두 파헤쳐졌고 金堂址도 많이 교란되었다. 石材들은 하나 둘 外地로 반출될 위험마저 안고 있다. 천재지변으로 인한 파괴와 유실도 없지 않다. 석탑의 地臺石, 연화대좌의 下臺石, 기타 長大石 등 옛 유물은 보존조치를 취하는 것이 바람직할 것이다. 가능하다면 아직 露出되지 않은 金堂址의 일부, 中門址 등은 발굴, 규모를 밝혔으면 한다.

天護山 開泰寺址
(충남 논산군 연산면 천호리 소재)

百濟人의 恨 서린 黃山

충청남도 連山 땅은 옛 百濟人들의 한이 서린 곳이다. 이곳을 옛사람들은 놀뫼(黃山)라고 했다. 백제 말, 나라의 운명이 풍전등화의 위기에 처했을 때 階伯 장군이 진을 쳤던 곳이 바로 이 놀뫼였다. 백제인들은 비록 적은 군사들이었지만 新羅를 방어하기 위해 이 들에서 마지막 일전을 결하려 했을까. 수도 扶余를 막는 군사적 요충이며 마지막 보루였기 때문이다. 이곳의 패전은 곧 나라의 멸망을 가져오는 것이었다.
5千의 百濟 정병은 10배가 넘는 5萬명의 신라 군사들과 필사의 접전을 벌였다. 처음 신라는 죽음을 각오로 대항하는 백제군을 이길 수 없었다. 고기에 보면 4차례나 신라가 패하였다고 되어 있다. 그러나 수적으로 열세였던 백제군은 끝내 이 싸움에서 패하고 말았다. 이로써 百濟는 멸망하고 만 것이다.
百濟人들의 恨은 오래도록 이 땅에 점철이 되었던 것 같다.
後三國時代, 백제를 다시 일으키려 했던 이곳 사람들은 王建이 거느린 高麗와 다시 싸우게 되었다. 피로 물들었던 놀뫼들에서 또다시 숙명적인 전쟁을 치르지 않으면 안되었던 것이다. 그러나 민족의 재통일을 꾀하려 했던 英主 王建의 군대 앞에서 백제의 후예들은 또한번 패전하였다.
놀뫼, 황산은 이로 보면 百濟人들에겐 숙명적인 한의 들인지 모른다.
황산이 지금의 이름인「연산」으로 고쳐 불리게 된 것은 高麗 初期. 신라는 百濟를 멸하고도 黃等也山郡을 그래도 황산이라고 불렀다.
고려는 이곳을 연산이라 고치고 매우 중시하였다. 넓은 황산벌을 지킨 병

백제인에겐 恨의 땅 黃山. 이곳에 고려 太祖는 王命으로 개태사를 창건하였다. 寺址에서 바라본 黃山(天護山)의 雄姿.

풍과도 같은 黃山을 「天護山」이라고 바꾸기도 했다. 그리고 국력을 기울여 가람을 조영하고 나라의 안녕을 빌었던 것이다.

論山郡 連山面 天護里에 있는 開泰寺址는 바로 高麗가 후백제를 토평하고 國泰民安을 기원했던 기념비적인 國刹址가 된다.

이 寺址는 大田에서 버스로 비포장도인 地方道를 따라가면 약 1시간 거리에 자리잡고 있으며 湖南線 廣石驛에서는 도보로 10분의 거리에 위치해 있다. 寺址는 거의 민가가 들어차 있으나 旧址의 일부에 근년에 開泰寺가 다시 중건되었고 香火를 올리고 있다.

이 사지는 오래전부터 학계의 주목을 받았으나 寺址에 있는 3軀의 佛像이 文化財로 지정된 외에는 寺址 전반이 소개된 바가 없었다.

王命에 의해 建立된 國刹

開泰寺는 태조 王建이 후백제를 멸망시킨 936 A.D.(太祖 19年)에 공사를 시작하여 5년 후인 941 A.D.에 완공한 高麗 제일의 국찰이다. 전승을 기념하고, 불력으로 나라의 안녕을 도모하기 위해 세웠다고 할 수 있겠다.

高麗史卷二 太祖十九年條에

겨울 12월 丁酉에 대광(大匡) 배현경이 세상을 떠나고 이해 광흥, 현성, 미륵, 내천왕 등의 사찰을 창건하였으며 또 개태사를 연산에 창건하였다(冬十二月 丁酉 大匡 裵玄慶 卒 是歲 創 廣興 現聖 彌勒 內天王等 寺 又創開泰寺於連山).

라 기록되어 이 때에 절이 착공되었음을 알려주고

同二十三年條에

겨울 12월에 개태사가 이룩됨에 낙성화엄법회를 열고 친히 원문을 지었다(冬十二月 開泰寺成 設落成華嚴法會 親製疏文).

라고 나와 工役이 만 4年 걸린 후 절이 完成되었음을 알려준다.

太祖는 개태사를 창건하면서 친히 원문(願文)을 지었다. 이것이 바로 개태사가 당시에 많이 창건되었던 가람과 다른 점이다.

생민들이 백가지 근심을 만나니 많은 고통을 이겨낼 수가 없습니다. 군사는 경내에 얽히어서 재난이 진한(辰韓)을 시끄럽게 하니, 사람들은 의탁해 살 길이 없고, 옥(屋)들은 온전한 담이 없습니다. (중략) 병신년 가을에 백제(후백제)의 군사와 대진하여 한번 부르짖으니 흉악한 무리가 무너졌고 두번째 북을 울리니 역적의 무리가 얼음녹듯 소멸되어 개선의 노래가 하늘에 떠 있고 환호의 소리가 땅을 뒤흔들었습니다. 모(某·왕건 자신을 가리킴)는 간사한 자를 누르고 악한 자를 제거하며, 약한 자를 구제하고 기울어진 것은 붙들어 일으키는데 있으므로, 털끝만큼도 침범하지 않고 풀 한 잎새도 다치지 않았습니다. 부처님의 붙들어 주심에 보답하고 산신령님의 도와주심을 갚으려고 특별히 맡은 관사(官司)에 명하여 불당을 창건하고는 이에 산의 이름을 천호(天護)라 하고, 절의 이름을 개태(開泰)라고 하나이다. 원하옵건대 부처님의 위엄으로 덮어주고 보호하시며, 하느님의 힘으로 붙들어 주옵소서….

이 기록을 보면 太祖가 후백제군을 격파한 후 이를 기념하며, 佛力으로 이 지역의 生民을 보호하려는 의지에서 개태사를 창건하였음을 알 수 있겠다.

개태사는 이후 역대 王들의 비호를 받았음은 물론 太祖의 영정을 봉안한 절로 중시되었다.

태조의 영정이 봉안되었다는 기록은 高麗史 卷四十 恭愍王十二年條에

十二年 봄 정월 왕이 청주에 있었다. 삼사우사 이인복을 보내어 개태사 태조의 영전에 나아가 서울에 돌아가는 점을 치니 길하였다(十二年 春 正月壬寅朔, 王 在淸州 遺三司右使 李仁復 詣開泰寺 太祖眞殿 卜遷都 吉云云).

라 보이는 것이다.

역시 輿地勝覽 佛宇條에도

개태사. 천호산에 있는데 고려 태조의 진전이 있다(開泰寺 在天護山 有 高麗太祖 眞殿云云).

라 기록되고 있다.

고려의 왕들은 이곳에 간혹 제사를 지내기도 했다. 다음의 기록이 이것을 알려준다.

高麗史 第四六 恭讓王三年條에

신묘에 좌대언 이첨을 연산 개태사에 보내어 태조의 진전(眞殿)에 제사를 지내고 옷 일습과 옥대를 바쳤다(辛卯 遺左代言 李詹于連山開泰寺 桀太祖眞殿 獻衣一襲玉帶一腰云云).

라 보이는 것이다. 왕은 신하를 보내어 태조의 영정 앞에 경건히 제사를 지내고 특별히 귀한 寶物을 하사한 것으로 되어 있다.

개태사는 이렇듯 高麗 왕실의 비호 속에서 華嚴宗律을 계승한 호국사찰로 오랫동안 번영을 누렸다. 절의 연혁에 보면 고려 高宗 21年(1234)에는 僧統 天其大師가 주지로 있으면서 均如大師의 저술인 華嚴古歸章圓通抄를 발견, 강화도 장경각판에 편입시켰다고 되어 있다.

역시 절의 연혁을 기록한 글에 보면 3千名의 대중을 위한 供飯大鼎(큰 솥)이 있을 정도로 대찰이었다는 것이다.

개태사는 高麗 末期 잇단 왜구의 침입으로 수난을 겪었다. 禑王(1364~1398)代에는 특히 많이 침입을 받았는데 사역이 크게 손상되었다.

처음 왜구가 개태사에 쳐들어온 것은 禑王 2年(1376)이었다. 이해 7월 왜구는 전라도로 들어와 부여, 공주를 차례로 함락시키고는 개태사를 공격하였다. 당시 楊廣道의 원수 朴仁桂는 왜적과 싸우다 전사하기도 했다. 왜적은 개태사를 점거한 후 많은 승려들을 무참히 도륙하였던 것이다.

高麗史 卷四十六 辛禑二年條에

(前略) 七月 倭賊二十余艘 寇全羅道元帥營 …(中略)… 賊 又寇石城 趣連山縣 開泰寺 仁桂迎戰 墮馬被殺 賊 屠開泰寺 云云.

라 보이는 것이다.

禑王 9年(1383) 2차 침입을 받았다. 왜구들은 왜적 1천여명으로 쳐들어와 충북의 옥천, 보은 등 고을을 함락시킨 후 개태사로 들어와 계룡산에 웅거하였던 것이다. 당시 고려 조정에서는 文達漢, 王安德 등을 보내 왜적을 토벌하였다.

高麗史節要 卷之三十二 辛禑九年條에

(前略) 倭賊千余 陷 沃州 報令等縣 遂入開泰寺 據鷄龍山 文達漢 王安德 都興 進攻之 賊棄馬登山云云.

라 기록되어 왜구가 개태사에 다시 침입하였음을 알 수 있겠다. 이로부터 5년 후가 되는 1388년(辛禑 14年)에 왜적은 또다시 이곳에 쳐들어왔다. 이 때도 왜구는 고려의 해안을 계속 괴롭히고 있었다.

高麗史節要 卷之三十三 辛禑十四年條에

> (前略) 倭 寇巨濟 鎭撫 韓元哲 獲漁船一艘 斬十八級 …(中略)… 倭 寇連山 開泰寺 云云

라 기록되는 것이다.

개태사의 왜구 침입은 14년 사이에 세번이나 이루어졌음을 알 수 있겠다. 古記에는 禑王 2年 개태사를 屠戮하였다는 정도로 보이나 이 때에 寺刹의 많은 문화재가 왜적에 의해 소실되었거나 약탈당하지 않았나 생각된다. 이 절은 朝鮮初期에 廢寺되었다.

高麗末 잇단 왜구의 침입으로 寺域이 훼손된 데다 조선초 李成桂에 의한 억불정책은 開泰寺의 廢寺를 재촉한 요인이 된 것이다.

그러나 輿地勝覽, 連山縣 佛宇條에는

> 개태사, 천호산에 있는데 고려 태조의 진전(眞殿)이 있다.

라는 기록이 있어 이 책이 刊行된 成宗代(1457~1494)까지는 그 命脈이 존속된 것을 알 수 있겠다.

개태사는 高麗 太祖의 命에 의해 세워진 國刹로 개국과 더불어 創建되었다. 高麗와 함께 운명을 같이 한 伽藍이었음을 알 수 있겠다.

正南向한 가람配置

開泰寺는 흡사 병풍을 두른 것과 같은 황산(天護山)의 북쪽 약간 낮은 지맥을 背山으로 하고 正南向한 가람이었다. 寺址 앞으로는 작은 溪流가 흐르고, 西便으로는 論山, 扶余로 통하는 旧道가 관통하고 있다.

주요 건물들은 높은 축대를 쌓은 대지 위에 세웠으며 원래 황산의 계곡, 튼 가람 앞으로 많은 암자가 자리 잡았을 것으로 생각된다.

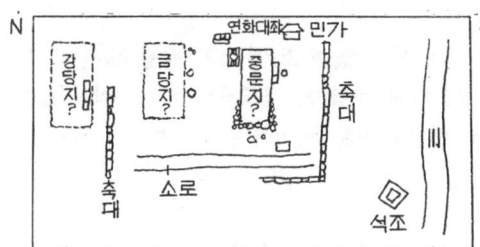

가장 중요한 건물지는 天護山 朴海龍 씨 집 앞 築臺 위에 있는 일대의 耕作地에 있으며 이곳에 金堂, 講堂, 影殿, 中門 등이 있었을 것으로 추정된다(도판 ①).

도판 ①. 개태사지 가람배치 추정도.

①中門址(도판 ②)

朴해룡 씨 집과 접한 西便의 경작지로 추정되며 礎石과 長大石 등이 노출되어 쉽게 建物址임을 알 수 있다.

長大石은 가지런히 露出되었으나 초석은 많이 교란되어 건물규모를 파악하기는 어렵다. 그러나 원형의 柱座가 새겨진 礎石과 큰 方形의 초석이 드러나 中門 정도의 建物址였음을 알 수 있겠다.

이 建物址를 中門址로 보는 이유는 築臺와 가깝고 法堂址보다는 규모가 작기 때문인데 이곳에 산재한 유지 중에서 가장 잘 보존되어 있다.

도판 ②. 중문지로 보이는 建物址. 초석과 長大石이 노출되어 있다.

長大石은 144cm×35cm의 크기로 앞에 노출되었으며 단계석이 있어 층계가 이루어졌음을 알 수 있겠다.

建物址 東北便에 있는 초석은 심방석이 있는 2段彫出의 원형주좌인데 건물의 中心 초석이다. 統一신라, 고려대에 유행하였던 2段彫出의 양식을 보여주고 있다. 크기는 130cm×68cm, 원형주좌徑 68cm이다.

②金堂址(도판 ③)

中門址 북편에 있는 넓은 경작지로 추정되며 다듬지 않은 礎石들이 建物址 아래로 굴러 떨어져 있다. 遺址는 약 6백坪 규모가 되며 주변에서는 다수의 瓦片이 산란하고 있다. 그러나 경작지를 이루어 長大石 등이 地下에 매몰, 규모를 알 수가 없다. 建物址 아래에 굴러 떨어진 초석은 자연석을 잘 다듬지 않은 것으로 中門址로 추정되는 건물지 주변에 흩어진 초석과 同形이다. 이 유지 주변에 산란한 기와는 거의 고려성대의 것들이다.

도판 ③. 金堂址로 보이는 建物址. 경작지가 되어 규모를 알 수 없다.

③講堂址(도판 ④)

金堂址로 추정되는 建物址에서 북쪽으로 약 15cm 정도 축대가 마련되어 있으며 이곳에 건물지가 나타나고 있다. 中門址, 金堂址로 추정되는 遺址와는 正北에 위치, 강당지로 추정된다.

유지의 서쪽 일부가 노출되어 長大石의 面石이 보이고 있는데 주변에서 고려성대의 평기와 조각들이 많이 산란한다. 長大石은 잘 다듬었으며 面石에는 아무런 조각이 없다.

강당지로 보이는 건물지에서 북쪽, 東便에 크고 작은 건물지가 나타나고 있는데 開泰寺의 부속 建物址로 보인다. 그러나 유지의 거의가 경작지가 되었고 매몰되어 규모를 밝힐 수가 없다.

도판 ④. 강당지로 추정되는 건물지에 드러난 長大石의 面石.

유물

고려 초기 國力에 의해 이루어진 大刹이었으나 왜국의 잇단 침입, 朝鮮시대 억불책의 영향으로 폐허가 된 寺址에는 유물들이 많이 일실되었다. 중요 건물지 주변에는 파괴된 蓮華文座臺의 하대석 조각과 초석만이 뒹굴고, 주변의 부속 寺址에만이 석조 유물들이 남아 있다.

①金銅大塔(도판 ⑤)

서울 湖岩콜렉션이 소장한 高麗 초기의 금동제탑인데 開泰寺址 출토로 전해지고 있다. 이 탑은 2층기단 위에 세워진 多層塔의 형식으로 아래 기단에는 眼象을, 위에 기단에는 斜十字文과 연꽃을 장식하고 앞과 뒤에 계단을 만들었다. 초층의 屋身에는 앞, 뒷면에 문과 창상을 만들고 위에는 포작을 모각하였고 주위에는 난간을 돌렸다.

지붕은 밑에 서까래, 위에는 기와골을 세밀하게 표현, 2층 이상의 옥신 4面에는 밑에 난간, 위에 공포를 모각하였다.

난간 위에는 光背가 있는 여래좌상을 조각하였는데 상층에 올라가면서 줄어들었다.

도판 ⑤. 개태사지 출토로 전해지고 있는 서울 湖岩콜렉션 소장의 金銅大塔.

난간에는 新羅 때에 유행하던 細長한 唐草文이 조각되어 더욱 화려함을 보여주고 있다. 층마다 지붕에는 합각 추녀끝에 寶珠와 龍頭를 장식하고 밑에는 風鐸을 달았으며 정상인 相輪部에는 노반, 복발, 앙화, 寶珠를 올려 놓았다.

전체의 높이는 1.55m이며 地臺의 幅은 63cm이다.

②5層石塔(도판 ⑥)

天護里 開泰寺旧址에 있던 것을 근년에 신개태사를 중건하면서 옮겨온 것으로 기단은 없어졌고 塔身部만 남아 있다. 지대석은 시멘트로 後補하였고 초층 屋身도 일부를 보수하였다.

초층 옥개석은 층급받침이 4段이며 둔중한 落水面은 완만한 편이다.

2층의 옥신석은 한돌로 되어 있고 각 면에는 기둥모양이 조각되어 있다. 2층 옥개석은 층급받침이 4단이며 초층 옥개석보다 轉角의 反轉이 더 경쾌함을 보여주고 있다. 3층의 옥신석은 2층에 비해 체감이 급격히 줄었으며 역시 각 면에 기둥모양이 조각되었다.

4층 옥개석은 층급받침이 3단이 되었으며 5층에서는 淺刻을 보여서 약식화한 느낌이다. 相輪部는 거의 결실되어 있고 寶珠만 남기고 있다.

이 5층석탑은 統一新羅 일반형 石塔의 양식을 계승한 것으로 開泰寺 創建시 旧址에 조성되었던 大塔이며 중요한 자료가 되겠다. 上層에 올라 갈수록

옥개석의 전각이 경쾌하게 反轉되고 있다는 점에서 다른 塔과 비교된다 하겠다.」

초층옥신석 91×91cm, 초층옥개석 176×176cm, 높이 50cm, 2층옥신석 86×86cm, 隅柱幅 13cm.

③蓮華石片(도판 ⑦)

中門址로 추정되는 건물지 동북편 耕作地에 있으며 일부만 남아 있다. 현재의 상태로 보아 伏蓮下臺石이 아닌가 추정된다.

地臺石과 伏蓮石이 한 돌로 되어 있고 伏蓮은 單葉複瓣인데 厚肉하고 정제되어 있다. 間瓣도 배치하였으며 백제 때부터 유행하여 온 素朴하고 아름다운 연꽃의 양식을 잘 계승하고 있다.

도판 ⑥. 개태사지에서 신개태사로 옮겨온 5층석탑.

이 유물은 석등의 하대석이 아니면 연화대좌의 하대석으로 보이는데 開泰寺의 初創代 유물로 짐작된다.

94×36cm, 지대석 높이 18cm.

④石槽

개태사旧址 축대에서 남쪽으로 약 50m 전방 개울가에 있으며 보존 상태는 좋은 편이다. 민가의 담에 가리고 나무를 쌓아 놓아 일부를 확인할 수 없으나 각 면의 손상도는 나타나지 않고 있다.

도판 ⑦. 中門址로 보이는 建物址 부근에 방치된 石造 연화 대좌편.

거대한 화강암 한 돌을 다듬어 조성하였고 외면에는 素文으로 장식이 없다. 이 유물도 개태사 창건 당시에 조성된 것으로 추정되며 나무를 제거하고 주변을 정화, 보존해야겠다.

⑤佛像

개태사 旧址에서 남쪽으로 약 200m 전방에 자리잡은 신개태사 法堂에는 寶物 219호로 지정되어 있는 3軀의 佛像이 있다. 이 불상들은 개태사 초창 당시의 작품으로 추정되고 있다.

Ⓐ主尊佛(도판 ⑧)

方形의 연화대좌 위에 바로 선 石造立像으로 光背가 없을 뿐 완전하다.

머리는 螺髮에 肉髻가 큼직하며 이마는 넓고 白毫가 크게 마련되어 있다. 얼굴은 둥근 편이며 눈은 半開하였고 입가에 미소가 감돌아 원만한 相好를 이루고 있다. 양쪽의 귀는 길게 늘어져 양 어깨 가까이 닿고 있으며 목에는 三道의 표현이 역력하여 자비스럽다. 어깨와 가슴이 훤히 露出되었다. 왼팔에 걸친 法衣는 주름을 이루었으나 아래로 흐른 의문의 彫刻은 힘이 없어 고려 초기 시대적인 일면을 나타낸다.

左手는 허리에 대고 右手는 어깨 가까이 들어 外掌하였다. 이 불상은 全體의 균형에 비해 양손이 지나치게 크게 표현되어 있다.

方形의 伏蓮 대좌는 한 돌로 되어 있으며 역시 方形의 2단 괴임을 마련하여 石佛을 받고 있다. 伏蓮은 素文의 單瓣연화문인데 百濟 때 유행하였던 연꽃의 양식을 잘 계승하고 있다. 연꽃은 1辺에 7瓣씩 모두 28瓣을 조식하였는데 4隅에는 장식을 突出시켜 단조로움을 피하고 있다. 이 불상은 全高가 4m 15cm이며 伏蓮臺座의 크기는 2m 20cm×2m 20cm이다.

天護山 開泰寺址 87

도판 ⑧. 개태사의 主尊石佛. 손이 유난히 크다

88 한국의 廢寺

도판 ⑨. 脇侍佛. 彫刻수법이 신라양식을 잘 계승하고 있다.

Ⓑ 右脇侍佛(도판 ⑨)

도판 ⑩. 左脇侍佛. 보존 상태가 가장 完全하다.

8角의 伏蓮 연화대좌 위에 바로 선 脇侍보살상이며 頭部는 결실되어 近年에 다시 조성한 것이다. 上體는 裸形에 가까우며 天衣가 비교적 두껍게 걸려 어깨와 팔을 거쳐 밑으로 늘어졌고 허리 아래에는 매듭의 표현이 나타나고 있다.

팔에는 팔찌가 표현되어 있으며 양발 옆으로 흐른 천의에는 唐草文에 가까운 조각이 있어 화려함을 더해주고 있다. 그러나 발에 이르러서는 彫刻수법이 퇴화되었으며 左足은 파손된 것을 근년에 보수한 것이다.

8角의 대좌에는 素文의 單瓣 伏蓮을 모두 16瓣 돌렸으며 2단의 괴임을 陽出시켜 불상을 받도록 되어 있다. 伏蓮은 모두 厚肉한 전형적인 百濟연화문의 양식을 계승하고 있어 百濟의 영토였던 이 지방의 지역적인 특성이 잘 나타나고 있다.

이 불상은 脇侍像으로 각부의 彫刻이 화려한 듯하나 조각수법이 퇴화되어 있고 身體의 표현도 굴곡이 적어 시대적인 일면을 보여주고 있다. 어깨까지의 높이는 2m 20cm, 하폭은 1m 20cm이고 연화대좌는 徑 2m 20cm이다.

ⓒ左脇侍佛(도판 ⑩)

원형의 伏蓮대좌 위에 바로 선 石佛立像으로 光背는 없으나 3軀의 佛像 중 보존상태가 가장 좋은 편이다. 머리는 螺髮이며 肉髻가 큼직히 마련되어 있고 寶髮은 길어 어깨를 덮고 있다. 이마는 넓으며 백호가 크게 표현되어 있는데 눈은 半開해 있다. 입가에는 미소가 어리나 主尊佛에 나타나는 자비보다는 약간 결여된 인상이며 상호는 원만하나 조금 경직된 분위기를 나타내고 있다.

양귀는 길어 어깨 가까이 닿고 있으며 목에는 三道의 표현이 잘 보이고 있다. 어깨는 당당하며 法衣는 左肩偏袒으로 왼쪽 어깨에 걸쳐 아래로 흘러내렸다.

手印은 左手는 허리에 대고 上掌하였고 右手는 오른쪽 胸前에 대고 손가락을 모아 外掌하였다. 아래로 흐른 法衣는 太彫를 이루어 두껍게 표현되었으며

도판 ⑪. 사지 동북편 용화사에 옮겨진 개태사의 石造보살坐像.

허리 아래에는 매듭의 표현이 나타나고 있다. 裳衣 아래에는 앞발이 露出되고 있는데 形式에 치우친 감이 없지 않다.

ⓓ石造보살坐像(도판 ⑪)

開泰寺旧址에서 東北便으로 약 3~4백m 산중복에 근년에 세운 용화사가 있으며 寮舍안에 石佛坐像을 봉안하고 있다. 이 石佛좌상은 원래 新開泰寺를 세울 당시 出土된 것이라 하는데 오래전 현재의 장소로 옮겨졌다는 것이 사찰측의 얘기이다.

頭部를 결실하고 있으며(사진에 보이는 것은 後補) 오른팔 일부도 떨어져 나가 保存 상태가 좋은 편은 아니다.

三道의 표현은 확인이 안되며 法衣은 通肩이다. 어깨는 당당한 편으로 균형을 이루었으나 허리가 잘록하고 의문이 太彫여서 시대가 떨어짐을 보여주고 있다.

앉은 자세는 오른쪽 무릎은 꿇없고 왼쪽 무릎은 세웠으며 두 손은 왼쪽 팔을 세운 왼쪽 무릎에 고이면서 胸前 앞에 들어 마주잡고 있다.

허리에는 매듭이 있으며 허리 아래의 의문은 역시 太彫여서 사실적인 표현이 결여되고 있다. 시대는 신개태사에 遺存한 石佛立像보다 떨어지는 것 같다.

전체의 높이는 78cm, 어깨폭 50cm, 가슴폭 37cm.

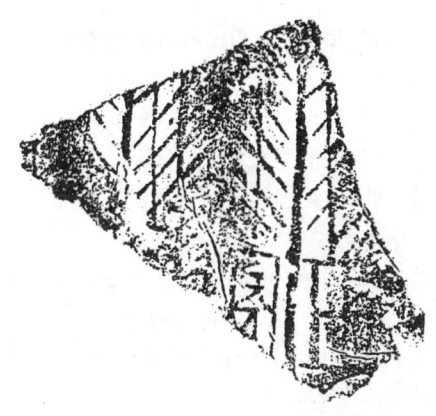

도판 ⑫. 부속 건물지에서 수습된 「天」字銘 평기와.

⑥기와류

開泰寺는 國刹이었으므로 많은 瓦當類가 출토될 것으로 기대되고 있으나 지금까지 연화문기와가 조사된 것은 없다. 寺址의 주요 건물지 주변에서는 다수의 평기와가 산란, 수습되고 있다.

도판 ⑫의 평기와는 金堂址 북편 부속 건물지 부근에서 수습된 것으로 「天護山」을 나타내는 「天」字銘 기와가 된다.

정연한 樹枝文 아래 口廓을 陽出하고 그 안에 「天」銘을 楷書로 正書 양각했다.

도판 ⑬. 신개태사 법당 부근에서 수습된 평기와.

「天」銘 아래의 글씨는 알 수 없으며 다른 글씨는 나타나지 않고 있다. 이 평기와는 樹枝文이 細長하고 글씨가 작은 점, 기와의 胎土가 곱고 경질이 아닌 軟質인 점에서 初創代의 것이 아닌가 내다보여진다.

크기 15cm, 글씨크기 1.5×1.5cm, 두께 1.8cm.

도판 ⑬의 기와는 新開泰寺 법당 부근에서 수습한 것으로 평기와에 연꽃무늬를 장식한 예를 보여주고 있다.

연꽃은 2條의 線文으로 큰 口廓을 만들고 그 안에 역시 線文의 연꽃을 陽出하였으며 연꽃 사이에는 줄기를 표현, 장식을 가미하고 있다. 이같은 예의 기와는 고려대 전성했던 址에서 많이 보이고 있는 것으로 한때 유행했던 것을 알려준다 하겠다.

이 기와는 胎土는 거칠고 모래가 많이 섞인 결질로서 시대는 高麗中期 이후로 떨어지겠다. 현 크기 6cm, 두께 2cm.

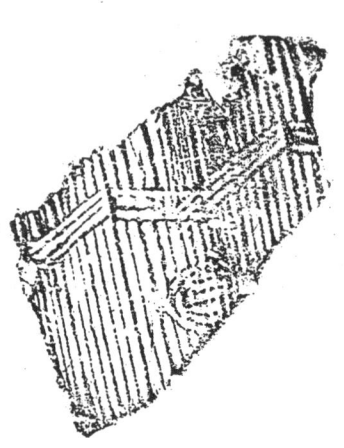

도판 ⑭. 時代가 조금은 올라가는 線條文 평기와.

여러 건물지에서는 도판 ⑭, ⑮과 같은 時代가 조금은 上代로 올라가는 평기와도 나오고 있으며 도판 ⑯, ⑰와 같이 典型的인 고려 양식인 樹枝文평기와도 많이 수습되고 있다. 이 樹枝文기와는 다른 지역의 가람건설에 사용되었던 太彫의 樹枝文에 비해선 細長한 무늬를 보이고 있어 특징을 이루고 있다.

도판 ⑱의 평기와는 신개태사 法堂 부근에서 수습한 것으로 麗末~鮮初

도판 ⑮. 時代가 조금은 올라가는 線條文 평기와.

의 소작으로 보이고 있다. 이 기와는 균정한 樹枝文 아래 원형의 線文을 양각하고 그 안에 蓮꽃을 배치한 것으로 이 시대에 가람이 존속하였음을 알려준다 하겠다.

胎土는 거칠고 모래가 섞인 경질이며 색깔도 흑색에 가깝다. 크기 10cm, 두께 2cm, 연꽃 크기 6cm.

寺址의 保存대책 切實

天護山 개태사는 高麗 태조 왕건이 후백제를 정벌하고 기념비적으로 건립한 국찰이라고 하겠다. 이 절은 4년간 공역 끝에 완성이 되었고 태조가 創建願文을 쓸 정도로 중요시했다. 왕이 직접 僧들을 모아 落成法會를 연 것은 이를 알려준다.

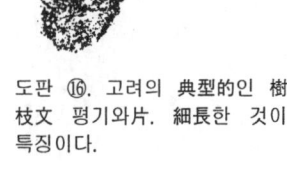

도판 ⑯. 고려의 典型的인 樹枝文 평기와片. 細長한 것이 특징이다.

이 寺址가 무엇보다 중요한 것은 고구려의 홍성을 회복하려 했던 英主 王建 太祖의 영정을 봉안한 眞殿이 있었다는 점이다. 이로써 역대 王들의 비호를 받았음이 고기에 나타나고 있다.

高麗末 禑王代 왜구의 3차례에 걸친 침입으로 開泰寺는 많은 건물이 불탔고, 사역에 유존했던 문화재들이 약탈당하는 수난을 겪었다. 왜구의 세번에 걸친 침입의 표적이 되었던 것은 그만큼 중요시 되었던 寺刹이었기 때문이다.

번영이 극에 달했던 寺刹이었지만 朝鮮이 開國한 뒤에는 抑佛로 인해 쇠약해지기 시작하였고 이어 廢寺가 되었다. 古址는 수백년동안 폐허가 되어 내려오게 된 것이다.

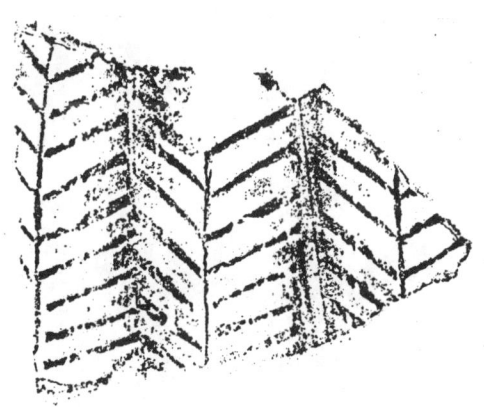

도판 ⑰. 고려의 典型的인 樹枝文 평기와片. 細長한 것이 특징이다.

그러나 거대한 石築, 중요 建物址의 초석, 石造 유물 등은 아직도 이 가람이 高麗의 國刹이었음을 얘기해 주고 있다. 더구나 다행스러운 것은 중요 건물이 들어서 있던 일대의 遺址들이 크게 교란되지 않았다는 점이다.

이 寺址는 고려의 開國의지로 이루어진 國刹이며 문헌적으로도 뚜렷하므로 잘 보존되어야겠다. 중요 건물지의 보존과 실체를 파악하기 위한 발굴作業도 시급한 실정이다. 그리고 보다 확대된 연구를 통해 寺址의 전반을 규명하는 작업이 학계에서는 뒷받침되어야겠다.

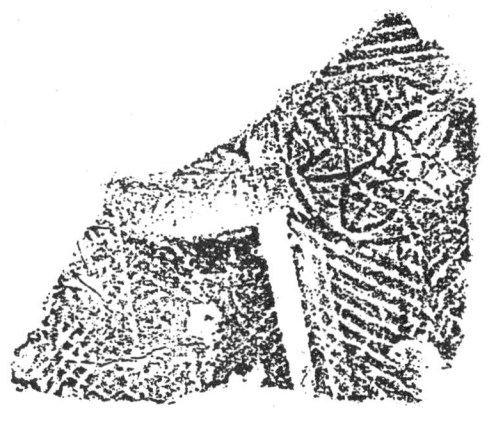

도판 ⑱. 麗末~鮮初에 제작된 것으로 보이는 평기와. 樹枝文도 퇴화한 모습을 보이고 있다.

高麗의 大刹 普願寺址
(충남 서산시 운산면 용현리 소재)

百濟때의 基郡

충남 瑞山은 뱃길로 漢陽과 가깝지만 육로로는 머나먼 길이다.
禮山서 버스로 삽교천 들인 합덕 합덕(唐津)까지 2시간이며 唐津에서 서산이 또 가깝지 않은 길이다. 한 시간 남짓 더 가야 한다. 아직도 비포장인 이 길은 忠南에서 가장 오지라고 해도 과언이 아닐 것이다.
瑞山과 禮山, 또 唐津을 경계한 산이 유명한 伽倻山이다. 이 가야산 줄기는 경기도 가까운 북쪽에 가깝게까지 지맥을 뻗고 있다.
擇里志를 쓴 李重煥도 가야산이 公州에서 2백리 길이라고 했다.

> 공주에서 서북편으로 2백리쯤 되는 곳에 伽倻山이 있다. 서쪽은 큰 바다이고 북쪽은 경기도 바닷가 고을과 큰 못 하나를 사이에 두고 마주했는데 곧 西海가 쑥 들어온 곳이다

라고 적고 있다.
가야산 동쪽은 禮山으로, 신라 때 유명한 伽倻寺터가 있고 서쪽 瑞山군 雲山에는 普願寺터가 있다. 두 가람터는 가야산에서 가장 큰 불적이라고 하겠다.
瑞山은 원래 百濟 때 基郡이라고 했다. 신라 景德王 대 富城郡이라고 이름을 바꾸었는데 이는 옛부터 富者가 많고 豪族이 많은데 기인한 것 같다.
瑞山에 대대로 부자가 많은 것은 수로라 용이하여 물산이 풍부하였고 또 들이 넓었기 때문이다. 후대에 와서 擇里志도 이곳이 부유한 동네라고 혀를 두르고 말았다.

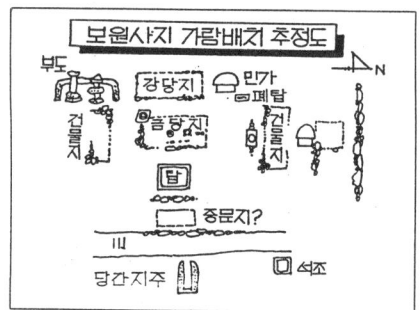

보원사지 가람배치 추정도

그후 고려 때에는 한때 瑞州牧이 되었고, 뒤에 瑞寧府가 되었으며, 朝鮮 太宗 때 와서야 지금의 이름으로 고친 것이다. 그러니까 瑞山의 군명은 基郡-富城-瑞寧-瑞州-瑞山으로 바뀌어졌음을 알 수 있겠다.

가야산 줄기의 하나인 象王山은 서산군 동쪽 30리 지점인 海美땅 경계에 자리잡고 있다. 象王은 바로 부처(佛)를 가리킨 것으로, 불적이 많은 산임을 얘기하는 것이다.

이 상왕산 西계곡이 雲山면 龍賢里가 된다. 이곳은 바로 佛蹟의 寶庫.

운산은 百濟의 基郡 때부터 이미 불교가 성했다. 용현리 고란사에는 國寶 제84호로 지정된 유명한 磨崖三尊佛像이 있다. 거대한 암벽을 깎아 그곳에 3軀의 불상을 조각하였는데 百濟의 슬기로움을 대표하는 작품이다.

입가에 감도는 은은한 미소가 소박하고 천하지 않은 百濟의 자애로운 정신과 아름다움을 잘 보여주고 있다. 이 고란사에서 약 1km 미만의 거리에 高麗 때 大刹터인 普願寺址가 있다. 이 절터가 있는 산을 象王山이라고 한 것은 이 때문이 아닐까.

이 普願寺터를 중심으로 주변에는 숱한 庵子址가 산재하여 그야말로 佛蹟의 寶庫를 이루는 것이다. 이 寺址에 대해선 아직 보고서가 없는 것으로 알고 있다. 5層石塔, 法印國師寶乘塔·碑 등이 寶物로 지정되어 알려졌을 뿐, 寺址의 개관이 널리 소개된 적이 없다.

高麗初期의 重創

普願寺는 전해 내려오는 얘기에 따르면 百濟 때 창건된 것이라고 한다. 그러나 이를 뒷받침할 기록은 없다. 다만 이 절터에서 北쪽으로 약 1km 남짓 거리에 百濟 후기의 소작으로 추정되는 磨崖三尊佛이 있다. 이 마애불상과 普願寺址의 창건을 연결시킬 수는 없지만 이 일대가 百濟 때부터 신성한 곳이었음을 알 수 있겠다.

普願寺는 현장에 남아 있는 유물로 보아 신라 때에도 法燈이 있었던 것 같으며 高麗초기에 크게 重創이 이루어졌음을 알 수 있겠다.
　이 절은 高麗 光宗과 인연이 깊었던 法印國師(900년 신라 孝恭王 4년~975년 고려 光宗 26년)가 만년에 이곳에 있다 입적함으로써 더 유명해졌다. 그래서 光宗 직후에도 普願寺는 국중의 거찰로 존속하였던 것 같다.

　즉 高麗史卷六 世家 卷第六 端宗二年條에

…辛卯에 制하기를 무릇 네 아들(4子)을 둔 사람은 一子의 出家(僧이 되는 일)를 허락하니 靈通, 嵩法, 普願, 桐華 등 寺의 戒壇에서 所業의 經律을 시험토록 하라…

라는 기록이 보이기 때문이다.
　이 내용을 보면 法印國師가 입적한 975년보다 61년 후인 A.D. 1036년에 桐華寺 등과 함께 국중의 가람으로 중시되었음을 알 수 있겠다.
　普願寺가 光宗 이전에도 거찰이었음은 다음의 기록에서 또 찾을 수 있다.

　이 寺址에 있는 法印國師寶乘塔碑文에

大師乃言之昔吾在. 普願寺奉持三本華嚴經□以□夜經行云云.

이라는 내용이 나온다. 이는 法印國師가 입적하기 전 普願寺에 일시 住持로 있었음을 알려주는 기록이라고 하겠다.
　普願寺가 高麗 全代를 통해 흥성하였음을 寺址에 남아 있는 많은 이 시대의 유물로 짐작할 수 있겠다. 그러나 高麗史에는 端宗 2年條에만 언급이 있을 뿐 기록을 찾을 수 없다.
　이 절은 朝鮮중기까지 법등이 이어졌다.

　東國輿地勝覽 卷十九 瑞山郡 佛宇條에

開心寺 文殊寺 普賢寺俱在象王山 雲岩寺在八峯山 普願寺在象王山 浮石寺

在都飛山

이라고 나와 억불이 강조되었던 朝鮮시대에도 존속이 되었음을 알 수 있겠다.

이 寺刹의 廢寺下限을 조선중기로 보는 것은 壬辰倭亂때 소실로 추정되기 때문이다. 사역에서는 많은 임진란 이전 조선시대의 瓦片이 수습되어 이를 알려주고 있다.

普願寺의 역사를 고찰하면서 알 수 있는 것은 비록 百濟代 창건되었다 하더라도 高麗代에 주목되었고 國中의 巨刹도 흥성하였다고 하는 점이다. 특히 光宗의 총애를 받은 王師인 法印國師가 住持로 있으면서 이곳에서 열반한 것은 그것을 입증한다고 하겠다. 普願寺도 민족문화의 결정기라 할 수 있는 高麗初, 國力의 소산이라고 하겠다.

東向한 多塔伽藍

普願寺는 禪門九山의 하나인 聖住山門(保寧)과 연결지어 생각할 수 있겠다. 聖住山門에 속한 도량으로 볼 수 있다는 얘기이다. 이는 보원사가 聖住禪院이 있었던 保寧 땅과 그리 멀지 않은 거리이기 때문이다.

法印國師寶乘塔碑에는 당시 聖住禪院과 밀접했음을 알 수 있는 기록이 보인다.

> …忽一夜 三寶前有一僧 問曰 僧來奚自乃曰聖住院 住持五百僧隨緣赴感 經過此地 遺云云

어느날 밤 三寶 앞으로 중이 나타나 묻는데 자기는 聖住寺에서 온 중으로 주지와 5백명 승려가 佛經에 감동, 이곳으로 보낸 것(意譯)이라는 내용이 된다. 이를 보면 당시 聖住禪院과 관련이 있음을 알 수 있겠다.

普願寺의 가람 배치도 이러한 영향 때문인지 같은 유형에 속한다. 즉, 塔 서쪽에 金堂을 배치하고 그 뒤에 작은 탑을 두고 약간 높은 臺地에 講堂을 배치하는 형식을 취하고 있다.

이는 高麗초기에 유례가 많은 一塔式 가람의 변형이라고 하겠다. 聖住禪

院의 5층석탑과 金堂址 뒤에 유존한 3基의 三層石塔 등은 普願寺址에 남은 5層石塔, 民家에 방치된 石塔의 部材 등으로 미루어 같은 형식을 취한 가람 였음을 알 수 있게 해준다.

　普願寺는 塔을 중심으로 東·西 일직선상에 中門·塔·金堂, 講堂을 배치하고 탑의 좌·우 南과 北에 부속 건물을 배치하고 있다. 이같은 형식은 절이 없어졌을 때로 추정되는 朝鮮中期까지 그대로 내려왔을 것으로 보이는데 金堂 뒤에 있었을 것으로 보이는 작은 塔들이 이 시대까지 존속되었는지는 알 수 없다. 한가지 주목되는 것은 寺址의 북쪽, 약 2백m 지점 경작지에서도 다수의 古瓦가 수습되어 이곳에도 건물이 있었음을 알려준다.

㉮金堂址(도판 ①)

도판 ①. 普願寺址의 金堂址

　5층석탑의 서쪽 돌무더기와 礎石 등이 산란한 곳으로 추정되는데 유지가 교란되어 당초의 규모를 정확히는 알 수 없다. 이 遺址는 治石한 석재와 잡석을 사용, 1단의 層을 만들어 건물을 지었는데 이같은 형식은 聖住寺址 金堂址에서도 찾을 수 있다.

　礎石은 원형柱座로서 비록 산란하였으나 전면 초석은 원래의 위치인 것으로 보여지고 초석간의 거리는 5m20cm 가량 된다.

　초석은 67×65cm 크기의 方形 화강암에 柱座의 圓徑은 43cm이다.

이같은 크기로 미루어 金堂의 규모는 장엄미려하였을 것으로 보인다. 이 金堂址 주변에 산란한 초석과 長大石은 보존조치가 시급한 실정이다.

㈏ 講堂址(도판 ②)

도판 ②. 講堂址로 추정되는 遺址.

金堂址에서 약 17m 西便 뒤에 築臺를 마련, 臺地를 만든 곳으로 추정되며 지금은 경작지로 되었으나 다수의 와편이 산란하고 있다.

축대는 治石한 석재를 사용하지 않고 크고 작은 돌을 이용하였는데 약 2백평 정도가 된다. 이 遺址는 西便 산에서 내려오는 토사로 매몰되어 그 건물규모를 알 수 없다. 그리고 초석 등도 노출되지 않았다.

㈐ 中門址

5층석탑의 東 약 10여m에 기와편이 산란한 곳이 있는데 이곳을 中門址로 내다볼 수 있다. 규모는 알 수 없으나 주변에 다수의 와편과 石材가 뒹굴고 있다. 원래는 이 中門址의 좌우, 南과 北으로 회랑이 연결되고 다시 西쪽으로 꺾여 法堂인 金堂과 연결되었지 않았을까.

그러나 후대와 다수의 遺址나 가람배치가 변형되어 정확한 것을 알 수 없다. 이는 보다 확대된 조사나 발굴작업에 의한 硏究에 기대할 수밖에 없다고 생각한다.

高麗의 大刹 普願寺址　101

㉣ **부속건물지** Ⓐ

金堂址로 추정도는 遺址의 남·북에 돌무더기가 완연한 두 개의 건물지가 확인되고 있으나 創建 당시의 것은 아니고 朝鮮시대에 이루어진 것으로 보인다.

礎石은 확인되지 않으나 高麗, 朝鮮시대의 기와편이 산란하여 遺址임을 알 수 있다.

㉤ **부속건물지** Ⓑ

5層石塔에서 北便으로 약 2백m 지점에 賈富老 씨의 농가가 자리잡고 있으며 주변에서 統一新羅末~高麗初期의 기와가 산란하고 있다.

普願寺 경내의 부속건물지로서 조선시대의 와편은 찾아지지 않아 그 이전에 없어진 것이 아닌가 내다 보인다. 民家가 들어서고 경작지가 되어 遺址의 규모를 알 수 없으나, 주변에서 수습된 연화문막새, 화려한 草文이

도판 ③. 普願寺址 5층석탑.

조식된 평기와로 보아
매우 웅려한 건물이었을
것으로 추정된다. 이 건
물지도 보존조치가 절실
하다.

유물

普願寺址에는 巨刹址
답게 많은 石造유물이
남아 있다. 石造遺物들

도판 ④. 상층 기단에 陽刻된 神將(南向面).

은 대부분 高麗초기에 이루어진 것으로 이 시대 重創된 伽藍임을 알려준다.
百濟 때 創建되었다는 설이 있으나 아직 이 시대의 유물은 수습되지 않았다.

Ⓐ5層石塔(도판 ③)

寶物 104호로 지정된 高麗초기의 巨塔으로 前代의 양식을 잘 계승한 수작
이다. 2층의 기단 위에 5層의 塔身을 올려놓았는데 相輪을 제외하고는 잘 보
존되어 있다.

지대석은 수매로 구성되었으며 하층 기단은 2柱의 撑柱로써 구분하고 각
區마다 獅子像을 새겼다. 상층은 4枚의 판석으로 조립되었고, 탱주와 隅柱

도판 ⑤. 상층 기단에 陽刻된 神將(東向面).

가 모각되었는데 各 面
에는 8部神將을 양각했
다(도판 ④, ⑤). 8部神
將은 일부가 마멸되었
으나 前代의 조각 수법
을 잘 계승하고 있다.

上臺甲石 상면에는 塔
身을 받기 위한 角形 2枚
의 판석을 얹었다. 초층
屋室은 4枚石으로 조립
했는데 각 면에 隅柱와

그 중앙에 門扉를 모각하였다.
 초층 屋蓋石은 2매로 결구되었으며, 층급받침은 4단이나 淺刻괴임이 마련되어 2층의 옥신을 받치고 있다. 2층 이상의 옥신은 모두 1매석이나 2층 옥개석은 2매석으로 되어 있고 2층 이상 옥개석은 1매석이다.
 첨아는 완만한 曲線을 이루며 轉角의 反轉도 경쾌한 편이다. 相輪은 노반과 鐵竿을 남기고 있으나 나머지는 모두 缺失되었다. 이 석탑은 기단부가 신라의 양식을, 塔身의 옥개석은 얇고 넓어서 百濟塔系를 따른 것으로 각 부의 手法이 치밀하고 기단과 塔身이 조화된 作品이다. 全高는 약 9m 가량 된다.

 ⑧法印國師寶乘塔
 (도판 ⑥)
 講堂址로 추정되는 南便에 있으며 塔碑와 함께 나란히 保存되고 있다. 이 浮屠는 寶物 106號로 지정되어 있다.
 신라의 典型인 八角圓堂型을 기본으로 한 浮屠로서 8角의 地臺石 위에 건립되었다.
 기단은 上·中·下臺로 구성되었으며 하

도판 ⑥. 法印國師 寶乘塔.

대석에는 각 면에 眼象을 1區씩 음각하고, 그 안에 獅子像을 1座씩 양각하였다.

8각의 中臺石 괴임은 太彫의 流麗한 雲紋(?)이 새겨졌는데 8角의 모서리에 귀꽃을 장식하였다.

中臺石은 높게 마련되어 있으나, 8面에는 아무런 장식이 없는 素文이어서 시대적인 일면을 나타내고 있다. 上臺石은 아래에 3단의 角形받침 3단을 刻出하였고, 側面에는 單葉의 16瓣 仰蓮을 돌렸다. 上臺石 상면에는 2층의 난간괴임대를 마련, 塔身을 받고 있다. 하층의 난간괴임 각 면에는 草文을 장식, 화려함을 더욱 돋보이게 했다. 屋身石은 각 면에 隅柱가 모각되고 각 면에 보살상, 門扉, 四天王像이 조각되어 있다.

옥개석은 기단부・탑신 각 부재에 비해 매우 광대하며 많은 부분이 파손되어 있다.

옥개석 下面에는 3단의 각형 받침이 있고 첨아에 모각된 서까래는 角形 二重椽으로 前代의 양식을 잘 계승하고 있다. 옥개석 上面에는 8面의 合角에 굵직한 隅棟을 표시하였고 落水面에는 기왓골이 모각되지 않았다.

옥개석 추녀의 各 邊은 曲線이 완만하며 反轉이 심한 隅角에는 넓고 큼직한 귀꽃을 장식하였다.

도판 ⑦. 法印國師 寶乘塔碑文. 縱線을 긋고 그 안에 楷書를 陽刻했다.

옥개석 정상에는 몇 개의 돌로 조성한 伏蓮臺石을 올려놓아 相輪部를 받고 있으며 현재는 노반, 복발 등이 남아 있다.
　寶乘塔碑文에 大平興國 3年(高麗 景宗 2년)의 銘文이 있어 A.D. 978년에 세워졌음을 알 수 있겠다.

ⓒ 法印國師寶乘塔碑
(도판 ⑦)

　法印國師塔과 나란히 안치되어 있으며 寶物 106호로 지정되어 있다. 法印國師의 행적을 기록한 塔碑이며, 龜趺·螭首 등에서 고려시대의 作風을 찾을 수 있겠다.
　龜趺는 한 돌로 되어 있으며 상면에 碑身을 박기 위한 괴임을 마련했다. 龜頭는 작은 편이며 귀가 짧으나, 두 눈이 튀어 나오고 如意珠를 물고 있어 忠州 浮土寺에 있는 法鏡大師碑의 龜頭를 연상시키고 있다.
　龜趺의 등에는 龜甲文을 조각했는데 龜甲文 내 花文은 前代의 양식을 잘 계승하고 있다. 碑身에는 縱線을 긋고 그 안에 字

도판 ⑧. 普願寺址의 幢竿支柱

徑 2.5×2.5cm 크기로 글씨를 楷書로 陰刻했다(碑文은 朝鮮金石摠監 p.223 참조). 螭首는 下面에 單葉의 仰蓮을 돌이고 甲石形의 上面에 조각했는데 雲文 가운데 4頭의 龍이 交哮하는 모습이다. 前面에 方形의 龕室口廓을 만들고 그 안에 「伽倻山普願寺故國師刹贈諡法印三重大師之碑」라고 題額하고 있다.

碑身의 높이 2m40cm, 幅 1m16.5cm, 두께 29cm.

Ⓓ 幢竿支柱(도판 ⑧)

寶物 제103호로 지정되었으며 寺址 입구에 서 있다. 花崗岩으로 만든 高柱이며 幢竿은 결실되었다. 支柱 外側 3面을 中央에 刻形을 縱으로 파 단조로운 表面에 변화를 주고 있다. 外側 양면은 또 縱行 隆起線을 표현했다.

도판 ⑨. 幢竿支柱의 竿臺.

幢竿을 세웠던 竿臺는 2段彫出의 원형 座로서 竿을 세우기 위한 圓孔이 깊게 파져 있다(도판 ⑨). 이 竿臺는 東側面에 파손이 있으나 잘 보존된 예이다. 신라말~고려 초기에 세워진 幢竿支柱는 外面이 거의 素文으로 흐른 예가 많은데 이 支柱는 이 寺刹이 갖는 치밀한 석조문화의 한 특성을 또 말해준 다고 하겠다.

Ⓔ 石槽(도판 ⑩)

普願寺址의 개울을 건너기 전 북쪽 金仲培 씨(새마을 지도자) 집 근처 耕作地에 있으며 철책으로 보존하고 있다. 長方形의 거대한 화강암을 다듬어 조성하였으며 底部에 물을 빼는 구멍이 있다.

石槽의 內·外表面에는 아무런 조식이 없고 일부에 균열이 갔다. 길이 3m45cm, 높이 1m74cm, 深 56cm.

Ⓕ廢塔部材(도판 ⑪, ⑫)

講堂址로 추정되는 遺址와 접한 河榮國 씨(農業) 집 바깥 마당에 있으며 볏집을 올려놓는 臺石(?)으로 사용하고 있다. 기단 하대석, 상대석, 면석, 옥개석 등이 산란한데 본래의 위치는 아닌 것으로 보인다. 이 石塔은 普願寺址가 5層석탑을 金堂 앞에 안치하고

도판 ⑩. 普願寺址의 石槽

그 주위에 여러 基의 石塔을 배치했다는 것을 알려준다고 하겠다. 이같은 예는 保寧 聖住寺址에서 찾을 수 있겠다.

廢塔의 기단 하대석은 甲石과 한 돌이며 1m34cm×1m34cm의 크기인데

도판 ⑪. 寺址에서 조사된 廢塔

각 면에는 3구의 眼象을 음각했다. 하대석 바로 옆에는 상층기단 면석이 도괴되어 있는데 隅柱와 撐柱가 모각되었다. 河榮國 씨 집 장독대에 이 기단 면석과 같은 크기의 面石이 있어 이 석탑의 부재가 아닌가 생각된다. 이를 보면 이 석탑의 기단은 2層이었음을 알 수 있겠다.

하대석 아래에는 3개의 屋蓋石이 도괴되어 있으며 거의 地下에 반이상이 매몰되었다. 옥개석은 5층석탑과 같이 넓고 첨아는 완만한 곡선을 이루고 있으나 층급받침은 4단으로 淺刻이다. 이는 5층석탑의 면모를 模作한 인상을 주고 있다.

이 廢塔은 주변을 발굴할 경우, 결실된 部材를 찾을 수 있을 것으로 보여

복원해야 할 것이다. 시대는 高麗初期의 것으로 보인다.

ⓖ 石燈部材(도판 ⑬, ⑭)

도판 ⑫. 廢塔 기단 하대석의 眼象

5층석탑을 보존키 위해 가설한 철책 안에 수점의 석조물이 있는데 그 중 2点이 石燈의 部材이다. 石燈部材는 下臺石과 屋蓋石을 남기고 있으나, 竿石, 上臺石, 火舍石 등은 모두 결실되어 있다.

하대석은 67×67cm의 正方形의 돌을 지대석으로 삼고 그 위에 伏蓮을 조각한 것으로 蓮瓣은 單葉複瓣으로 모두 8瓣이다. 하대석 상면에는 竿柱石을 받기 위한 8角의 괴임이 陽出되었는데 그 중앙에 徑 20cm의 홈이 파여 있다.

伏蓮은 정제되었으나 릴리프가 강하지 않는 등 나약해져 시대의 下限을 얘기해준다.

옥개석은 8角이며 隅棟이 표현되고 落水面은 급경사를 이루고 있다. 옥개석 상면에도 草文의 장식과 相輪을 받기 위한 8角의 괴임이 마련되어 있다.

도판 ⑬. 5층석탑 주변에 있는 石燈臺石

ⓗ 蓮華臺石 ①(도판 ⑮)

法印國師寶乘塔과 碑 사이에 伏蓮臺石이 하나 遺存하며, 시대는 塔碑 조성

3연대보다는 뒤떨어질 것으로 보인다. 이 伏蓮 하대석은 佛像을 안치했던 臺座의 일부재가 아닌가 생각된다. 蓮瓣은 單葉 8瓣으로서 瓣끝은 ♡形을 이루고 있다. 上面에는 2단의 圓形 괴임을 마련했는데 竿石을 받기 위해서 彫出시킨 듯하다. 徑 88cm, 높이 30cm, 圓座徑 36cm이다.

①蓮華臺石 ②(도판 ⑯)

도판 ⑭. 석등의 屋蓋石.

5층석탑의 기단 東向面 철책 안에 반쯤 비스듬히 누운 석조물이 남아 있다. 원래의 위치는 이곳이 아니며 石造物을 보존키 위해 이곳으로 옮긴 듯하다.

1辺이 80cm인 이 方形의 대석은 2面을 제외하곤 모두 파손되었으나, 寶相華에 가까운 草文의 장식이 섬세하여 인상적이다. 원래는 4辺에 모두 12瓣의 연꽃을 장식했던 것 같다.

대석의 上面에는 높고 낮은 3단의 각형괴임을 마련, 中臺石, 혹은 竿石을 받치게 되어 있다. 方形의 괴임은 56×49.5cm로

도판 ⑮. 法印國師塔碑 사이에 있는 연화대석.

서 불상을 안치했을 때 사용되었던 臺座의 하대석이 아닌가 생각된다.

ⓙ기타 石造物(도판 ⑰, ⑱)

도판 ⑯. 方形의 연화대석. 宝相華文이 인상적이다.

이 寺址에는 民家 곳곳에 다수의 石材들이 산란한데 도판 ⑰, ⑱가 주목된다. 도판 ⑰은 5층석탑 철책 안에 보존되고 있으며 金堂의 계단석에 사용되었던 石造物로 보이고, 도판 ⑱는 河榮國 씨의 大門에 층계석으로 사용되고 있으나 그 용도는 불분명하다.

도판 ⑱의 石造物은 太彫의 唐草文을 장식, 조각한 것으로서 이를 사용했던 건물의 장엄함을 엿볼 수 있게 하는 유물이 된다. 조각이 섬세하다기보다는 굵고 힘이 있어 高麗中期 이후의 작품이 아닌가 추정된다. 70×1m10cm.

이밖에도 普願寺址에는 여러 점의 石造物·佛像(고란사에 移轉)이 있으나 언급할 만한 것이 되지 못하므로 생략하기로 한다. 특히 수년전 石塔을 해체 수리할 당시 유물들이 발견되었으나 추후 소개하기로 한다.

ⓚ각종 기와류

普願寺址에서는 統一新羅末~朝鮮시대에 이르기까지 각종 기와가 다수 수습되고 있다. 이는 法燈이 천여년 연면히 이어졌음을 알려주는 것이다. 현지조사에서 몇 점의 蓮華文수막새와 銘文 기와가 수습되어 이를 소개하고자 한다.

도판 ⑲의 기와는 金堂址 등 주요 건물지가 아닌

도판 ⑰. 唐草文이 화려하게 조각된 石造物.

高麗의 大刹 普願寺址 111

도판 ⑱. 民家의 층계석으로 사용되고 있는 石材.

賈씨의 소유, 밭 부속건물지 주변에서 수습한 것으로 賈씨에 의해 筆者에게 전해진 것이다.

큰 花形의 子房에 5顆의 蓮子가 보이며 中心 蓮子 안에는 작은 同心圓을 장식했다.

子房 주위로는 다시 陰刻의 同心圓을 배치하고 주위는 굵은 線文帶를 돌려 장식성을 가미하고 있다.

外區에는 연화문을 배치했는데 연판 안에는 樹枝文과 같은 장식을 더했다. 연판은 현재 기와가 半破되어 4葉만을 남기고 있으나 원래는 8瓣이었던 것 같다.

연판과 연판 사이에는 間瓣을 배치했는데 역시 장식을 가미했다. 周緣은 결

도판 ⑲. 부속건물지에서 수습된 연화문수막새.

실되어 알 수 없고 聯珠文이 있었는지도 이해하기 어렵다.

이 기와는 花形의 子房, 연판의 장식, 胎土로 보아 高麗代의 기와로 추정되는데 忠南지역에서 출토된 異形의 수막새로 기와연구에 좋은 자료

가 되겠다.

現徑 13.5cm, 子房徑 3.5cm, 蓮瓣 길이 3.5cm, 두께 1.8cm, 胎土는 곱고 모래가 섞였다. 색깔은 회흑색.

112 한국의 廢寺

도판 ⑳. 普願寺址출토 암막새.

도판 ⑳의 기와는 普願寺址의 행정관리인 정장옥 씨가 수습 보관하고 있는 암막새로 寶相華文을 양출한 예이고 도판 ㉑의 기와는 고려 때 유행하였던 鬼目文 암막새이다. 이 鬼目文 기와는 河氏의 앞마당 기와더미에서 발견한 것으로 天部에 그중의 周緣을 갖고 있는 것이 주목된다.

도판 ㉒ 기와는 賈씨의 부석건물지에서 수습한 것으로 평기와에 화려한 蓮華文을 장식한 귀중한 예이다. 上段에 세장한 樹枝文을 배치하고 그 아래 2條의 線을 陽出시켜 口廓을 만든 다음 연꽃을 장식하였다.

子房은 陰刻하였으나 同心圓 안에 4顆의 蓮子가 마련되었고 그 주위로 素文의 22瓣연꽃을 배치하였다. 연꽃 주위로는 또다시 線文帶를 돌려 정식을 가미했다.

평기와에 蓮꽃을 장식하는 경우는 많으나 이처럼 子房과 格式을 갖춘 蓮華文을 갖춘 예는 그리 흔하지 않다.

現徑 11cm, 蓮華文徑 5.2cm, 子房徑 1.5cm, 두께 2cm, 색깔은 모래가 많이 섞인 회청색 硬質이다.

도판 ㉓의 기와는 「普願」銘 기와로 역시 부속건물지 주변에서 수습한 것인데 이 寺址가 普願寺址임을 알 수 있게 해 주는 기와이다. 글씨는 해서로 左書 陽刻했으며 「普願」만이 나타나고 있다. 下部가 깨어져 그 이하의 글씨는 알 수가 없다.

도판 ㉑. 普願寺址출토 鬼目文 암막새.

現徑 9.5cm, 字徑 2.5×4cm, 두께 1.8cm, 모래가 많이 섞인 회청색 硬質이다.
이밖에 普願寺址에서는 도판 ㉔, ㉕과 같은 평와가 주목되고 있다. 도판 ㉔의 기와는 「大」字가 陽出된 銘瓦이며 도판 ㉕은 각종 草文과 여러 가지 무늬가 새겨진 화려한 기와이다. 「大」銘 평기와는 고려시대 유행하던 樹枝文을 새기고 그 上段에 口廓을 만들고 「大」字를 左書 陽出시킨 것인데 보원사지의 규모가 매우 컸음을 알려주는 유물이라고 하겠다. 이밖에도 이 寺址에서는 평기와에 雲文, 唐草文, 圓文 등을 새긴

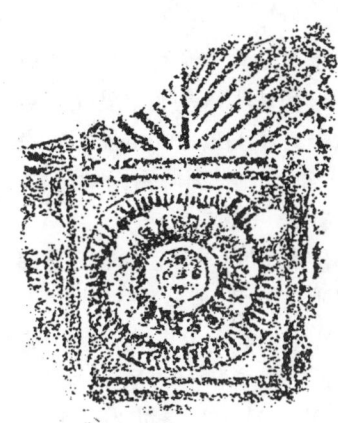

도판 ㉒. 연꽃을 장식한 평기와. 기와 등이 조사되었다.

맺는 말

普願寺址는 百濟 때 이미 香火가 올려진 가람이라고 전해지고 있으나 통일신라말~고려초기에 크게 중창되었음을 알 수 있겠다. 이 가람은 禪門九山의 하나였던 保寧의 聖住禪院과 지리적으로 가까워 밀접한 관계를 유지함으로써 禪宗의 大道場으로 발전하였던 것 같다. 특히 가람배치는 聖住禪院의 형식을 따른 흔적을 보이고 있는데 더 정확한 것은 앞으로 혹 발굴이 있을 경우 그 결과에 기대해 보는 수밖에 없다.

도판 ㉓. 「普願」銘 평기와.

寺址에 있는 석조유물들은 百濟系와 新羅系를 절충한 複合의 양상을 띠고 있는데 이는 이 지역이 갖는 지리적인 여건 때문이라고 하겠다.

고려 때 普願寺址가 주목된 것은 光宗의 총애를 받았던 法印國師가 이 곳에 머물게 됨으로써인데 國師 사후에 더욱 큰 國中의 대찰로 번영을 다했다

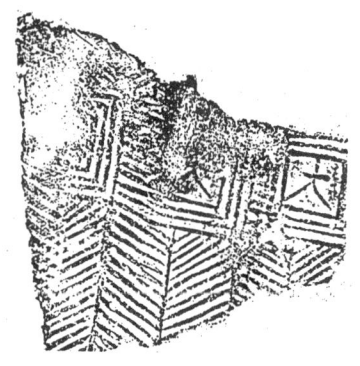

도판 ㉔. 「大」字가 左書된 고려시대 평기와.

고 볼 수 있겠다.

百濟의 땅 國土의 西隅에 위치했으면서도 고려의 문화의 기운에 힘입어 찬란한 문화를 누리게 되었는데 寺址에서 출토된 각종 석조유물·기와류 등에서 그 모습을 찾을 수 있겠다.

이 寺域은 國寶로 지정된 磨崖三尊佛과 근거리에 인접해 있고 주변에 여러 寺跡이 많이 산재하여 보다 연계된 학술 조사가 따른다면 훌륭한 학문적 성과를 기대할 수 있을 것이다. 특히 사역에 남은 廢塔·각종 石造遺物 등은 인멸 도난의 위기로부터 보존대책이 절실한 실정이다.

도판 ㉕. 화려한 草文이 새겨진 평기와.

百濟의 山地가람 新耕里寺址
(충남 홍성군 홍북면 신경리 소재)

百濟의 今勿縣

忠南 德山은 원래 백제의 「今勿縣」이었다. 이 땅은 신라 때 「今武」라 고쳐 伊山郡의 속현으로 만들었고 고려에 와서 「德豊」으로 개명, 지금의 홍성땅인 「運州」에 붙였다.

八峰山은 덕산에서 남쪽 5리 지점(輿地勝覽)에 있는데 지금은 행정구역상 홍성군 洪北面 新耕里에 속한다. 이 산에는 조선시대 龍鳳寺가 있으며 기암기석으로 널리 알려진 곳이다. 특히 이 산에는 보물 355호로 지정된 「磨崖佛」이 있어 유명하며 봄·가을을 통해 많은 관광객이 몰리고 있다.

팔봉산은 백제 금물현 땅이기 때문에 당시부터 신성한 곳으로 여겼던 것

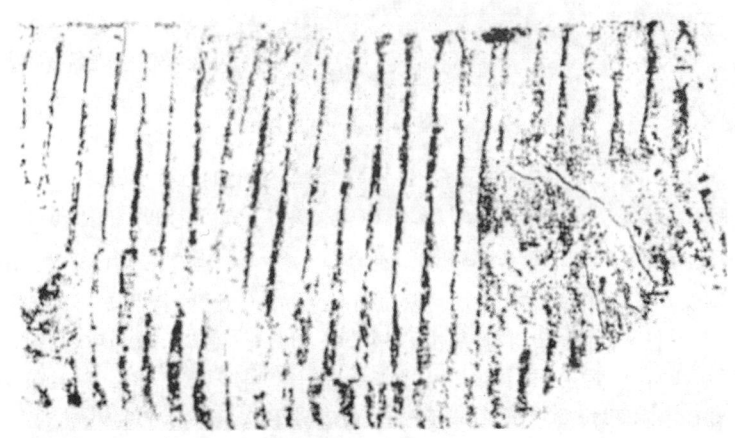

도판 ①. 寺址에서 수습된 百濟古瓦片.

같다. 즉 마애불이 있는 주변에서 수많은 百濟의 옛 와편이 수습되고 있다. 이는 백제의 寺院址임을 알려주는 자료가 되는데 수도인 扶余에서 이같이 먼 곳 산지에 伽藍을 조영한 것은 주목되는 일이라고 하겠다.

이 신경리절터는 마애불이 알려졌을 뿐 주변에 산재한 여러 石造物과 기타 유물은 비교적 소개가 되지 않았다.

寺址의 위치와 歷史

신경리 절터는 洪城에서 서북쪽으로 약 8km 지점에 웅립해 있는 八峰山 중앙봉 정상에 있다. 절터 아래 산 中腹에는 조선시대의 가람 龍鳳寺가 지금도 계속 향화를 올리고 있다.

이 가람터의 초창연대는 백제시대로 추정되고 있다. 그것은 사지에 남아 있는 수많은 백제시대의 瓦片(도판 ①)으로 짐작할 수 있으며 이곳을 故 洪思俊님도 백제시대 고사원지(古寺院址)로 보는 견해(忠南道誌·洪城郡·龍鳳寺 편 p.664~667)를 피력한 바 있다.

이 사지는 寺名을 알 수 없으며 金石資料 등 역사를 규명할 근거가 없기 때문에 연대도 불명이다.

현 사지에서 수습된 고식의 백제 기와는 乳白色의

도판 ②. 磨崖佛 후면에 드러난 古址의 石列.

軟質線條文평기와로 백제의 古寺院址에서 흔히 수습할 수 있는 것들이다.

이 사지는 백제가 멸망한 후에도 법등이 이어진 것으로 보인다. 역시 마애불 주변에서는 통일신라 대의 기와가 수습되며 마애불 등 유물로 보아 統一新羅盛代~高麗初에도 여러번 중창이 있었음을 알 수 있겠다.

조선시대 들어서 이 가람의 주요 건물은 지금의 용봉사가 자리잡은 가까운 산 중복으로 옮긴 것으로 보이며 이곳에는 石槽, 맷돌, 석탑의 地臺石 등이 산란, 옛 영화를 알려주고 있다.

동국여지승람 권19, 佛宇조에

　　靑松寺 龍鳳寺 俱在八峰山云云

이라 기록되어 조선시대에도 용봉사라는 이름으로 香火가 계속되었음을 알 수 있겠다.

용봉사는 대한불교조계종 修德寺 末寺로서 比丘尼의 가람이다.

伽藍배치

이 寺址는 팔봉산 中峰 정상 가까운 평평한 대지에 南望하였다. 현재는 마애불이 있는 전면 古址를 조경사업을 하면서 잔디를 입혀 많은 유구가 지하에 묻힌 것 같다.

다만 마애불 후면 약 2m 지점에 백제시대의 건물지 유구가 유일하게 남아 있어 남망한 가람배치임을 알 수 있겠다.

이 유구는 다듬지 않은 크고 작은 割石을 지대석으로 삼은 石例인데 전면 12m, 측면(北面) 8m 가량이 남아 있다. 석렬 밑으로는 백제시대 평와, 신라시대의 와편이 산란, 건물지임을 알려주고 있다(도판 ②).

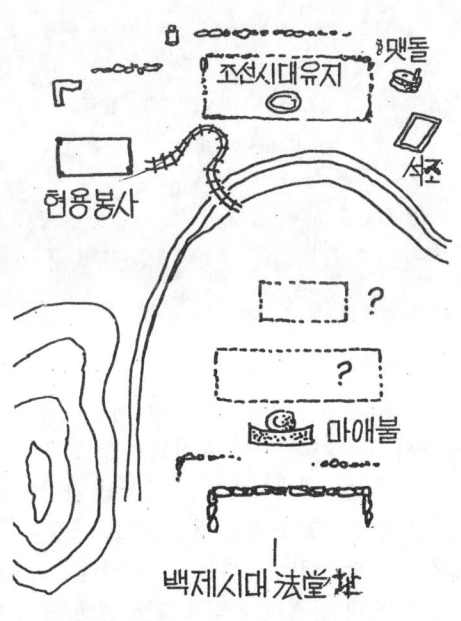

도판 ③. 新耕里寺址 현황도

이 유구의 발견으로 마애불은 후대의 소작임을 알 수 있는데 전면에 있던

旧址를 파악 못하므로 그 규모를 알 수 없는 것이 아쉽다고 하겠다.

그러나 현재 남아 있는 건물지로 미루어 남북 일직선 상에 중요 건물을 배치한 것이 아닌가 생각된다(도판 ③).

마애불로 오르는 계단 부근에서도 수많은 와편이 산란, 당시에는 제대로 격식을 갖춘 가람이였지 않았나 생각된다.

古址 아래에는 약 8백평 규모가 되는 평평한 유지가 있는데 이 寺址와 연관된 것으로 내다 보인다.

현재는 공조참판(工曺參判) 조희순(趙羲純) 공의 묘소가 중앙에 자리잡고 있으며 전면 축대 아래에 돌절구와 石塔의 地臺石, 서편 축대 아래에는 石槽·맷돌이 유존한다.

주변에서는 고려·조선시대의 와편이 산재, 후대의 건물지임을 알려준다. 현재의 용봉사는 이 건물지 동편 낮은 곳에 있는데 주지의 말에 의하면 이곳에 있던 건물을 뜯어 옮긴 것으로 근년에 다시 중수했다고 한다(도판 ④).

용봉사 大雄殿 전면에는 한 채

도판 ④. 龍鳳寺의 築臺.

의 요사(寮舍)가 있고 그 동편 전면에 건물지(도판 ⑤)가 있으며 주변에서도 다수의 조선시대 와편이 산란하고 있다.

이 사지는 백제시대에는 산정에 가람을 건설하고 시대가 흐름에 따라 점차 산 中腹으로 건물을 옮긴 것으로 생각되며 가장 흥성한 시기는 統一新羅 盛代~高麗中期로 내다볼 수 있겠다.

삼국시대 산정에 가람을 건설한 예는 흔하지 않아 매우 중요한 유구라고 하겠다.

도판 ⑤. 大雄殿 아래에 있는 建物址.

遺物

磨崖如來立像 ①(도판 ⑥)

建物址 전면에 있는 거대한 암반에 조각된 南望의 여래입상으로 보물 355호로 지정되었다. 암면에 불상 윤곽을 따라 內曲된 감형(龕形)을 만들고 그 안에 불상을 조각했다. 현재는 서쪽으로 약 10도 가량 기울어져 있다.

광배는 2條의 線文으로 頭光과 身光을 나타냈고 두광상면에는 팔작지붕옥개석(八作屋蓋石)을 올려 놓아 빗물이 스며들지 않도록 했다.

머리는 소발(素髮)에 육계(肉髻)가 큼직하며 눈은 半開하였고 얼굴은 약간 肥大하나 자비가 넘친다.

이마에는 백호(白毫)가 있는데 後補한 듯하고 비량(鼻樑)과 구순(口脣)은 정제되었다. 입가에는 약간의 미소가 어린다.

양 귀(耳)는 길게 표현되어 어깨 가까이 닿고 목은 짧으나 삼도(三道)가 뚜렷하다. 어깨는 당당하여 힘찬 표현이며 통견(通肩)의 法衣에 드러난 가슴은 입체감이 풍부하여 사실감을 더해 주고 있다.

衣文은 가슴에서는 평행 반원형을 이루며 두 다리에 타원형의 주름이 대칭을 이루었다. 무릎 밑에서는 U字형으로 되어 통일신라성대의 조각수법을

120 한국의 廢寺

도판 ⑥. 寶物 355호 磨崖佛.

보여준다.

　手印은 오른손을 늘어 뜨려 옆에 붙이고 왼손은 가슴 앞에 들어서 시무외인(施無畏印)을 하고 있으나 약간 구부리고 있다.

　발아래에는 蓮華座가 없으며 두 발은 後補한 듯하고 전면에는 다듬지 않은 方形의 예배석이 놓여 있다. 全高 4m로 大作이다.

　통일신라대의 작품으로 추정된다.

百濟의 山地가람 新耕里寺址 121

도판 ⑦. 龍鳳寺入口에 있는 磨崖佛.

磨崖如來立像 ②(도판 ⑦)

용봉사로 올라 가는 입구에 있는 암면에 감실(龕室)형을 파고 불상을 1구 조각해 놓았다.

頭光과 身光의 표현은 없으며 內曲된 감실이 寶珠形을 이루고 있다.

소발(素髮)의 머리에는 육계(肉髻)가 큼직하고 이마에는 큰 백호공(白豪孔)이 있다. 이마는 좁으며 눈은 半開했고 두덩에는 살이 있다.

얼굴이 肥滿하여 비량(鼻樑)이 낮아 보이며 약간 마모가 있다. 일직선의 口脣은 경직되었고 입가에는 미소가 없어 침울한 표정이다.

양 귀(耳)는 길게 늘어져 어깨 가까이 닿고 목은 짧으나 三道가 완연히 표현되었다.

어깨는 당당하고 통견(通肩)의 法衣는 양 팔에 걸쳐 아래로 흘렀는데 가슴 아래부터는 U字형을 이루고 있다. 그러나 線刻인데가 圖式化되었다.

무릎 아래는 많이 마멸되어 알 수 없으며 전면에는 네모진 모양의 예배석이 있어 지금도 사찰을 왕래하는 佛子들이 향화를 올린다.

手印은 오른손을 아래로 내려 붙이고 왼손은 가슴에 올렸으나 떨어져 나가 알 수 없다.

이 불상은 山頂에 있는 보물 355호 마애불상을 模作한 듯하며 의문의 도식화, 침울한 표정 등 고려중기 이후의 소작으로 추정된다. 마애불 우측면에 「法師운운…」의 楷書음각의 글씨가 있으나 후대에 해놓은 것으로 사료된다.

실측치는 다음과 같다. 전체의 높이 207cm, 頭高 56cm, 耳長 35cm, 鼻樑長 12cm, 肉髻高 8cm, 肩幅 60cm, 胸幅 44cm.

石槽(도판 ⑧)

조선시대 건물지 서쪽 축대 아래에 있으며 큰 화강암 한 돌로 만든 장방형의 石槽이다.

석조 上面은 잘 다듬었으며 상광저협(上廣底夾)으로 파 경사를 이루게 했다. 상면 한쪽 모서리에 幅 7cm의 水口를 팠으며 外面에는 아무런 조각이 없다.

한쪽 모서리에 水口를 낸 것이 특이하며 통일신라대의 作이 아닌가 추정된다.

全長 280cm, 폭 104cm, 높이 84cm, 下幅 130cm.

도판 ⑧. 조선시대 건물지 아래에 있는 石槽.

浮屠(도판 ⑨)

용봉사 대웅전 동편 장독대에 시대가 떨어지는 浮屠 1기가 유존한다.

부도의 原位置가 현재의 자리인지는 알 수 없으며 주인공도 불명이다. 8각의 地臺石을 基壇으로 삼고 그 위에 원형의 탑신과 8각 옥개석을 배치한

百濟의 山地가람 新耕里寺址 123

도판 ⑨. 龍鳳寺 大雄殿 옆에 있는 조선시대 石造 浮屠.

팔각원당형(八角圓堂型)으로 조선시대의 작품이다.

각변이 일정하지 않은 지대석 각변에는 아무런 彫刻이 없으며 탑신에도 彫飾은 생략되었다. 8각의 옥개석도 各辺의 크기가 일정치 않으며 轉角의 反轉도 일정치 않아 균형미를 잃고 있다.

隅棟은 높게 표현되었으나 기와골은 생략되었고 相輪도 없어 시대의 下限을 얘기해준다.

이 부도는 各部에서 前代의 양식을 계승하려고 한 흔적을 보이나 많은 것이 생략되고 퇴화되어 拙作에 속한다.

전체의 높이 88cm, 지대석 1변(46~50cm), 塔身徑 50cm, 높이 47cm.

石塔部材(도판 ⑩, ⑪)

도판 ⑩의 석탑 지대석과 돌절구는 조선시대 건물지 전면에 있는 것으로 일부분이 지하에 매몰되었다.

석탑 지대석은 64×64cm의 다듬은 장방형의 돌 상면에 2條의 음각선을 파고 그 위에 기단을 조성했던 것으로 보이며 현재 주변에서는 다른 부재를 찾을 수 없다.

도판 ⑪의 屋身石은 용봉사 대웅전 전면에 있는데 쉽게 석탑부재임을 알 수 있다.

이 옥신선은 한 돌로 되었으며 각 면에는 隅柱가 정연하게 모각되었다. 상면에는 徑 13.5cm, 깊이 15cm의 孔이 있는데 舍利孔으로 보아야겠다.

옥신석 옆 우물에는 빗물을 막기 위해 石築을 한 곳이 있으며 그 안에 석탑의 옥개석이 하나 놓여 있다.

이 석탑부재들은 도판 ⑩과는 제 짝이 아니라 고려대에 만들어진 古址

의 유물임을 알 수 있겠다.

이밖에도 이 사지에는 도판 ⑫과 같은 대형의 맷돌이 남아 있는데 흥성할 때의 寺勢를 알 수 있는 민속자료라고 하겠다. 이 맷돌은 전형적인 것으로 길이 170cm, 폭 110cm, 입 33cm의 크기이다.

기와

古址(山頂)에서는 다수의 평기와만 수습될 뿐 연화문막새 등은 조사되지 않았다. 또한 中腹의 건물지 등에서도 막새는 수습되지 않았다.

도판 ⑬의 평기와는 石槽가 조사된 건물지에서 수습된 것인데 銘文이 있어 주목된다. 기와 左端에 縱書로 「彳?三辛○○」 등이 보이고 있다.

나타난 명문으로는 정확한 뜻을 파악할 수 없으나 기와가 만들어진 干支가 아닌가 생각된다.

도판 ⑩. 석탑 地臺石과 돌절구.

字體나 무늬, 두께 등으로 미루어 조선시대의 기와로 보인다.
크기 20×17cm, 글씨크기 1.5×2cm, 두께 2cm.

도판 ⑭의 기와는 石槽부근 건물에서 수습한 것으로 전형적인 조선시대평기와가 된다. 크기 8×12cm, 두께 2.2cm,

結語

홍성군 홍북면 신경리 사지는 백제 今勿縣에 속했던 고대의 산지가람였음을 알 수 있겠다. 백제의 山頂가람은 유례가 적은 것으로서 매우 주목된다고 하겠다. 이 사지에서는 자연석을 지대석으로 쓴 建物址가 조사되었으

도판 ⑪. 大雄殿 앞에 있는 石塔屋身石.

며 그 크기는 전면 12m, 측면 8m로 실측되었다. 이로 미루어 건물은 큰 규모는 아니었을 것이다. 건물지 전면에 남아 있는 마애불은 백제대에 이루어진 것은 아니고 현장에 많이 있는 암면은 후대에 조각한 것임을 알 수 있다. 불상은 秀作으로 그 조각수법으로 미루어 통일신라후기의 作으로 보아야겠다. 前代의 성역에 계속 향화를 올렸던 셈이다.

건물지로 미루어 이 사지는 南望한 가람이었으며 주요 건물지는 마애불 전면이었을 것이나 조경사업으로 인해 유구를 확인할 수 없는 형편이었다. 통일신라 대 이후 이 사지는 크게 번성하였고 사세는 그 아래 中腹까지 파급되었으며 石槽

도판 ⑫. 寺址에 남아 있는 맷돌.

·石塔 등의 유물은 이 시대의 産物이라고 하겠다. 석조는 모서리에 水口를 낸 異形으로 주목된다.

이 사지는 후대에 龍鳳寺라는 이름을 갖게 된 듯하고 輿地勝覽에 기록될만큼 洪州에서는 널리 알려진 것임을 알 수 있겠다. 지금의 건물 대웅전은 조선시대 후기의 건물이었으나 최근에 다시 새로 개수하였다.

이 사지는 공주·부여를 제외한 지방의 얼마되지 않는 백제의 山地 伽藍

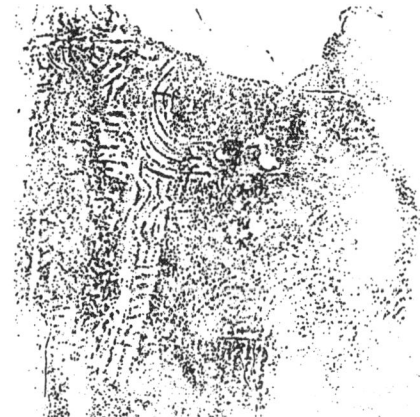

도판 ⑬. 「彳?三辛○○」銘 평기와.

址라는 데 관심이 따라야 할 것이며, 건물지 등에 대한 보다 확대된 조사가 이루어져야 할 것이다. 특히 여러 석조유물에 대한 보존 조치가 선행되어야겠다.

도판 ⑭.
조선시대 전형적인 평기와.

聖居山의 高麗聖蹟 天興寺址
(충남 천안시 성거면 천흥리 소재)

王建이 중시한 天安땅

천안은 원래 삼국기 초기에는 百濟의 땅이었다. 한때 高句麗의 영토가 돼서는 東西兜率(도솔) 이름으로 불리운 바 있다. 高麗 太祖 13年에 두 곳을 합쳐서 天安府로 하고 都督을 두었던 것이다(東國輿地勝覽. 天安, 建治沿革條 참고).

高句麗의 옛 땅을 회복하려 했던 英主 高麗 太祖 王建이 중시하였던 곳이 또한 지금의 충청남도 天安이었다. 康好文의 大召院記文에 고려태조가 이 땅을 중시하게 된 연유가 재미있게 기록이 되고 있다.

즉 당시 術士인 倪方(예방)이란 자가

> 이 땅은 삼국(三國)의 중심으로서 다섯 용(龍)이 구슬을 다투는 형세입니다. 그러므로 삼천호(三千戶)의 고을을 설치하여 거기에서 군사를 조련하게 되면 백제(後百濟)가 저절로 항복하게 될 것입니다.

라고 얘기하였다.

太祖가 이 말을 듣고 산에 올라 두루 살펴보고 비로소 天安府를 설치하게 되었다는 것. 지금도 天安에는 高麗 태조가 군사들을 주둔시켰다는 王字城이 있고 이같은 전설이 내려오고 있다.

천안에서 동북쪽으로 약 30리, 稷山旧邑에서 약 20리에 聖居山이 있는데 이 산에도 王建에 대한 전설이 내려온다.

高麗 太祖가 일찍이 천안의 수헐원(愁歇院)에 행차하였다. 하루는 東쪽을 바라보게 되었는데 산 위에 오색(五色)의 구름이 있었다는 것.

太祖는

　　　필시 신(神)이 있는 곳이니 제사를 지내도록 하라.

명했다. 그후로 제사를 지내게 되어 산 이름이 聖居山이라고 불려지게 되었다는 것이다(興地勝覽·稷山縣·山川條).

그러나 聖居山이라는 이름은 더 역사를 거슬러 올라가 百濟의 시조인 溫祚가 이곳에 慰禮城을 쌓고 나라를 세웠다 해서 붙여졌다는 전설, 新羅 때 聖僧 義湘이 수도했대서 붙여졌다(李穡의 天安聖居山 文殊寺記)는 기록 등이 있어 구구한 편이다. 어쨌든 聖居山은 王建의 전설이 어린 天安지방의 명산임에는 틀림이 없다 하겠다.

聖居山은 天安지방에서 불적이 가장 많이 남아 있는 곳이다. 또한 재미있는 것은 이같은 불적들이 거의 統一新羅의 전통을 이은 高麗 초반의 소작이란 점이다.

興地勝覽 稷山縣 佛宇條에 「龜龍寺」「萬日寺」「新龍寺」가 모두 聖居山에 있다고 되어 있고 「文殊寺」(忠南道誌·名勝古蹟篇)가 여기에 있었다고 나타나고 있다. 이같은 기록은 聖居山 주변에 많은 가람이 조영되어 朝鮮 초기에 이르기까지 존속되었음을 알 수 있겠다.

聖居山에서 바라보면 가까운 北西便에 天原군 聖居面 天興리가 자리잡는데 이곳에 큰 가람의 遺址가 남아 있다. 이 절터가 바로 天興寺址가 된다.

이 寺址는 天安지방의 대표적인 절터일 뿐 아니라 현장에는 寶物 99호인 幢竿支柱, 5층石塔(보물 354호)이 있어 많이 알려진 곳이다.

이 天興寺도 고려의 개국의지와 더불어 개창되었다가 나라의 운명이 다하자 廢寺된 곳이다. 이 寺址에 대해선 日帝시대 關野貞이 쓴 「朝鮮の建築藝術」에 石塔과 幢竿支柱에 대한 글, 이곳에서 출토된 銅鐘 등에 대한 글이 있으며 최근 지역 박물관에서도 답사보고서를 낸 바 있다.

開國의 意志

天興寺의 창건연대는 불명이다. 절의 창건 역사를 알려줄 만한 기록이 전혀 보이지 않을 뿐 아니라 寺址에는 事蹟碑의 파편도 하나 남아 있지 않다.

이곳에서 출토되어 현대 國立中央博物館에 所藏된 銅鐘에 나오는「統和二十八年 庚戌二月日」銘이 유일한 기록이다.

이 銅鐘의 銘文에 나오는 統和二十八年 庚戌은 高麗 顯宗元年 1010 A.D.에 해당이 되므로 이 때에 銅鐘 鑄成의 佛事가 이루어졌음을 알 수 있고 이 시기에 伽藍이 있었음을 알려준다 하겠다. 顯宗元年은 거란과의 사이가 나빠 매우 어려운 해였다.

遼(契丹)의 聖宗은 직접 40만 대군을 이끌고 高麗에 침입해 들어온 것이다. 거란군은 처음 興化鎭을 침공하였으나 고려장군 楊規의 용전으로 城을 뺏지 못하고 通州를 공격했다. 이때 康兆는 항전하다 사로잡혀 죽었고 거란군은 開京에 들어와 방화와 약탈을 자행하였다. 顯宗은 羅州로 피난을 갔으며 河拱辰을 보내어 講和를 맺도록 하였다. 결국 거란은 顯宗의 遼入朝를 조건으로 퇴각했다.

顯宗元年을 天興寺의 初創연대로 보는 견해도 없지 않으나 이 시기에는 이와 같은 거찰이 창건되기에는 나라안의 사정이 너무 나쁘지 않았나 생각된다. 현장에서 출토되는 古瓦로 미루어 이 伽藍은 늦어도 高麗초기 光宗代 이전에 창건되지 않았나 추정된다. 이곳에서 출토된 蓮華文기와 중 時代를 高麗初期로 내다볼 수 있는 것들이 있기 때문이다.

그리고 또 하나는 이 절터의 이름이「天興」이라는 점이다.

遼帝의 생신일을 天興節(高麗史卷第十一. 世家 肅宗條)이라 했고 혹은 渤海의 유족 大延琳이 契丹의 東京에서 반기를 들고 세운 興遼國의 年號를「天興」(高麗史, 顯宗世家二十年 九月 戊午條, 契丹 東京將軍 大延琳. 遺大府丞 高吉德. 告建國兼救援 延琳 渤海始祖大祚榮 七代孫 叛契丹. 國號 興遼. 建元 天興)이라 한 바도 없지 않으나 天興寺의「天興」은 바로 太祖 王建이 나라를 세우고 年號를「天授」라 한데서 따온 것이 아닌가 생각되는 것이다(고려 太祖가 중시한 淸州에서도「天興寺」銘기와가 나온 寺址가 牛岩山土城內에서 발견되었음. 이 寺址도「天授」를 딴 것으로 보임 -忠北大·牛岩山지역 조사보고서 80年度).

太祖가 중시한「天安」에 高麗開國 이후 나라의 흥성함을 비는 뜻에서 이 같은「天興」大伽藍이 세워졌을 가능성은 충분히 있는 것이다. 이같은 생각을 종합해보면 天興寺는 鐘銘에 나타난 1010 A.D.보다는 수십년 이전에 創建이 되었을 것이라는 추정을 가능케 하고 있다.

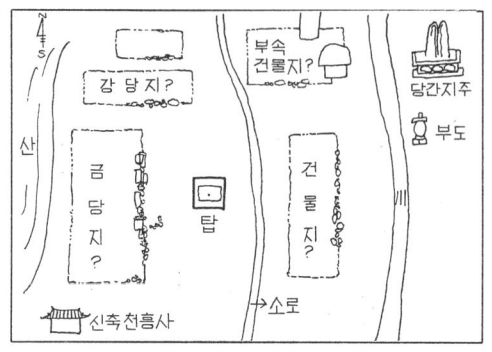

도판 ①. 天興寺址 가람배치 상상도. 正東을 向한 高麗 初期의 가람이었다.

天興寺는 절터에 유존한 石造物과 각종 기와을 볼 때 高麗 全代에 융성하였던 것 같으며 寺刹이 朝鮮前期까지 존속했을 가능성은 없는 것으로 보이고 있다. 왜냐하면 조선시대의 기와는 거의 보이지 않고 있기 때문이다. 또한 興地勝覽 등 古記에 天興寺가 나오지 않아 이미 高麗末께 없어졌음을 알 수 있게 해준다.

지금까지의 얘기를 종합해 보면 天興寺는 高麗太祖의 개국의지로 발원이 되어 개찰되었으며 高麗의 국운이 쇠하자 폐사된 것으로 보아야겠다.

耕作으로 교란된 建物址

天興寺址는 聖居山에서 발원한 내를 안고 正東向한 가람이었다(도판 ①). 지금은 내를 막아 貯水池를 만들어 놓았으나 애초에는 제법 시원한 물줄기가 寺域內로 흘렀을 것으로 보인다. 현재 寺址는 2개의 石造物을 제외한 유구가 완전히 교란되어 遺址를 파악할 수 없이 되었다.

지난 79年度에 耕作으로 인해 塔 주변에서 다수의 커다란 長大石이 노출, 교란된 곳을 제외하고는 礎石 등이 발견되지 않았다.

현장에 있는 5層석탑을 중심으로 자리잡았을 것으로 추정되며 그 전면에 내를 가까이 끼고 建物이 있었고 다른 건물은 南向하여 북쪽에 자리잡았을 것으로 생각된다.

지금은 寺域이 거의 耕作地가 되어 건물지의 규모는 밝힐 수 없으나 현장에 산란하는 古瓦片을 중심으로 건물지의 위치는 대략 찾을 수는 있겠다.

金堂址(도판 ②)는 5層石塔으로부터 약 7~8m의 거리에 있으며 지금은 3~4m 크기의 큰 長大石이 심하게 4~5개 산재되어 있는데 이로 미루어 그 규모가 매우 컸음을 알려주고 있다.

聖居山의 高麗聖蹟…天興寺址 131

金堂址 역시 잡초에 가리고 파괴가 심하여 초석마저 파악할 수 없고 현장에 있는 蓮華文 기와로 미루어 또한 雄麗하였음을 엿볼 수 있다. 講堂址는 확인이 되지 않으나 金堂址의 북쪽, 南向을 한 遺址가 아닌가 추정되고 있으며 주변에서는 다수의 瓦片과 塼, 막새들이 수습된다.

天興寺址는 그 위치가 동향을 하고 있으며 東西의 건물지가 협소한 탓인지 伽藍배치 양식이 通式을 따르지 않고 있음을 보여주고 있다. 즉 東向을 하였으면서도 塔의 後面에 金堂, 講堂, 전면에 中門을 배치했던 單塔伽藍형식을 취하지 않고 있는 것이다. 이같은 이유는 대지가 좁다는 특수한 여건 때문도

도판 ②. 天興寺址의 金堂址 추정지. 많은 長大石이 노출되어 있다.

있지만 統一新羅～高麗代에 들어 禪宗의 유행과 더불어 보다 다양화된 伽藍配置 일면을 보여주는 것이라고 하겠다.

현재 寺域內에는 다수의 民家가 들어서 있으며 최근에는 큰 畜舍가 建物址 내로 침식, 寺址의 파손도는 매우 심한 편이다.

優秀한 유물

이 寺址에는 다수의 유물이 있었을 것으로 생각되나 현재는 5層石塔과 幢竿支柱, 浮屠 만이 遺存한다. 이곳에서 出土된 銅鐘이 國立中央박물관에 소장돼 있으며 寺址에서 옮겼다는 銅佛立像이 聖居山 晩日寺에 소장되어 있다는 얘기가 있다.

①5層石塔(도판 ③)
高麗 초기의 壯重한 5층석탑으로 寶物 354호로 지정되어 있으며 지난 66년도에 해체 수리된 바 있다.

地臺石은 長大石形의 널찍하고 긴 5枚의 화강암으로 구성됐으며 그 위에 2층의 基壇部를 올리고 그 위에 5층의 塔身部를 배치하였다.

하층기단 面石에는 각 면에 정연한 7구씩의 眼象을 장식하였고 下臺甲石 위에 弧形과 角形의 괴임을 彫出시켜 상층 基壇面石을 받고 있다.

도판 ③. 天興寺址의 5층석탑. 보물 354호로 지정되어 있다.

상층기단면석은 각 면 1枚씩 4枚의 판석으로 구성되었으며 4面에 모두 隅柱가 모각되었다. 그러나 이 時代 석탑에 보이는 탱주(撑柱)는 보이지 않는다.

聖居山의 高麗聖蹟…天興寺址 133

도판 ④. 보물 99호로 지정된 **幢竿支柱**. 基壇面石에 眼象이 주목된다.

上臺甲石은 1枚의 板石으로 만들어졌는데 그 하면에는 2段의 副椽이 있고 역시 上面에는 弧形과 角形의 괴임대를 陽出시켜 塔身部를 받고 있다.

5層의 塔身部는 屋身石과 屋蓋石 모두가 각 1枚石으로 되었으며 각 身石에는 4面에 모두 隅柱가 정연하게 나타나 있다.

屋蓋石은 新羅탑의 영향을 입어 隅角의 反曲이 경쾌한데 하면에는 3段의 다른 高麗塔과는 다르게 낮으며 落水面은 平薄하다. 역시 初層의 屋蓋石 위에도 弧形과 角形의 괴임대가 있어 屋身을 받고 있다.

1966年 수리 당시 5층의 屋蓋石을 찾은 바 있는데 相輪部는 결실돼 있다. 현재 相輪部에는 寺址 주변에 굴러다니는 石造物을 올려 놓았으나 이 5층석탑과는 무관한 것이다. 수리 당시 1층 屋身石에서 舍利기구인 盒이 나왔다고 전해지는데 유물은 없었던 것으로 알려지고 있다.

이 석탑은 全高 5.27m이며 下臺甲石은 2m44cm×2m40cm, 基壇面石은 幅 1m21cm, 高 1m, 隅柱幅 27.5cm이다.

②幢竿支柱(도판 ④, ⑤, ⑥)

寺址 東北便 개울 건너에 있으며 秀作의 **幢竿支柱**로 寶物 99호로 지정돼

있다. 地臺石은 長大石形의 널찍하고 긴 3枚의 板石으로 이루어졌으며 그 위에 1층의 기단을 형성하였고 上面에 口廓을 만든 다음 거대한 화강암 高柱를 이 안에 세웠다.

도판 ⑤. 정면에 4구의 眼象이 조각된 幢竿支柱 基壇部.

기단면석에는 정면에 4구, 측면에 2구의 眼象을 장식하였는데 안상에는 귀꽃을 또 장식하여 단조로움을 꾀하고 있다.

支柱의 양측면에는 高麗초기에 유행하던 융기선을 나타내었고 上部에는 1단의 層段을 이뤄 이색적인 맛을 주고 있다.

幢竿支柱 옆에는 원래 口廓 안에 있었던 幢座가 있는데 1段彫出의 圓形柱座가 마련되었으며 그 안에 원형의 홈(孔)이 퍼져 있다. 이 위에 鐵幢竿을 세웠던 것으로 보인다.

基壇石의 크기는 正面 3m, 側面 1m90cm, 高 50cm이고 眼象은 幅 76cm, 高 19cm, 幢座의 크기는 71×60cm, 圓形柱座 徑 44cm이다.

③石造浮屠(도판 ⑦)

5층석탑과 근거리에 위치한 마을 민가에 있으며 원래의 위치는 알려지지 않고 있다. 이 浮屠는 高麗下代~朝鮮初期의 것으로 보이는데 현재 各部材가 제 짝이었는지는 정확하지가 않다.

도판 ⑥. 側面에 2구의 眼象이 조각되어 있다.

원위치가 아니어서 地臺石은 없으며 2枚의 方形돌로 기단을 삼았다.

기단 위에는 塔身을 받기 위한 원형의 中臺石이 있고 그 위에 石鐘形의 屋身을 올렸다. 옥신에는 아무런 조각이 없는 素文이며 석질이 좋지 않아 마멸이 심하다.

屋蓋石은 8角이며 둔중한 느낌이 들고 落水面은 急薄한 편이다. 相輪은 略化되어 屋蓋石과 1枚石으로 조성이 되었는데 相輪받침 위에 聯珠를 두르고 그 위에 寶珠만을 장식하였다.

이 浮屠는 寺勢가 약화되었을 때 조성된 작품 같으며 天興寺의 盛代와는 관련이 없는 석조물이다.

全高 1m30cm, 基壇幅 63m, 屋身高 54cm, 屋蓋徑 80cm, 相輪高 27cm.

④화려한 各種瓦類

5層石塔이 있는 金堂址 주변에서 다수의 기와가 수습되고 있으며 이중에는 주목되는 연화문수막새도 발견되었다. 이같이 金堂址 주변에서 연화문수막새가 수습되는 것은 79년도에 이 주변 일대를 도자를 밀은 때문인데 경작으로 인한 심한 파괴가 또다시 우려되고 있다.

도판 ⑧의 기와는 이 寺址에서 나온 가장 주목되는 연화문수막새이다.

136 한국의 廢寺

지금은 半破되었으나 子房과 蓮瓣, 주연 등을 잘 남기고 있어 전체의 모습을 파악할 수 있게 해준다.

子房은 突起되어 있으며 마멸이 甚하여 蓮子의 배치는 확인할 수 없고 子房을 싼 線文의 테가 보인다.

蓮瓣은 현재 3葉만을 남기고 있지만 원래는 8瓣이었을 것으로 보이며 蓮瓣內에는 2개의 線장식같은 忍冬을 넣어, 고식을 따르고 있다.

이같이 瓣內에 忍冬을 장식한 예는 忠州市 安臨洞 古寺址출토瓦當(현 忠北大 박물관 所藏), 傳安城寺址출토瓦當(현 公州박물관 所藏), 慶州능지탑出土古瓦(檀國大 博物館藏) 등이며 주로 三國期 말기에 나타난 예이다. 高麗代에 이르

도판 ⑦. 民家에 옮겨진 石造浮屠. 조성시대가 떨어지고 있다.

러서도 이같은 古式을 이용한 경우가 자주 보이는데 忠北 堤川郡 長樂寺址 출토막새(忠北의 기와·79·李在俊) 등이 그 한 예다.

天興寺址 忍冬연화문기와는 이러한 古式의 기와보다는 퇴화된 양식을 보이나 瓣端의 反轉이 또 심해 古瓦의 격식을 충분히 갖추고 있다.

間瓣은 약화되었으나 各瓣 사이를 ▽문양으로 대신하였고 주연에는 정연한 聯珠文의 배치가 보인다. 한가지 주목되는 것은 周緣의 등에 細長하고 아름다운 忍冬唐草文을 새겼다는 점이다(도판 ⑨). 주연을 이룬 좁은 면에 草文을 새긴 예는 新羅·高麗 초기에 많이 나타나 이 기와도 그런 유행을 본

도판 ⑧. 연판안에 忍冬을 새긴 金堂址 출토 수막새.

받은 것이 아닌가 생각된다.
 이 기와는 天興寺址가 高麗初期에 開創되었음을 알려주는 기와로 많이 수습되는 기와 중 가장 오래된 것이다.

도판 ⑩. 金堂址 주변에서 收拾된 가장 완형의 연화문수막새.

實測値, 現徑 13cm, 子房徑 5cm, 蓮瓣長 3.5cm, 幅 3cm, 周緣幅 1.2cm, 蓮子徑 0.5cm, 두께 1.7cm, 색깔은 회흑색.

 도판 ⑩의 기와는 天興寺址에서 수습된 가장 잘 보존된 기와로 도판 ⑧의 기와보다는 시대가 떨어지는 수막새이다. 이 기와는 이 자리에 佛事가 이루어지는 顯宗元年(1010 A.D.) 代의 소작이 아닌가 추정되는데 이 시기에 이러한 複葉의 연화문이 많이 유행하였기 때문이다.

 이 기와는 큰 2重의 子房을 가지고 있으며 그 주위로 厚肉하고 整然한 複瓣蓮華文을 배치하였다.

 다른 기와하고 다른 점은 蓮瓣이 좁고 긴(長) 것인데 여기에 비해 周緣은 좁고 蓮子도 작은 것이 특징이다.

子房 내에는 현재 크기가 같은 4~5顆의 蓮子가 보이며 그 주위에 다시 돌린 큰 子房에도 蓮子를 배치한 흔적이 나타나고 있다.

蓮瓣은 모두 8瓣 16葉으로 各 瓣 사이에는 間瓣이 陽出되었으며 굵게 區劃하여 시대적인 특징을 잘보여주고 있다.

이같은 유형의 기와가 高麗代에 유행한 것을 알려준다는 예는 忠北 忠州市 상모면 미륵리寺址출토와당(淸州大 博物館 소장) 忠州市 金加면 遊松리 傳金生寺址출토와당(忠北의 기와・79・筆者 소장) 등이다.

現徑 17cm, 子房徑 (內) 4cm, (外) 6cm, 蓮瓣長 4.5cm, 幅 2cm, 周緣幅 1cm, 두께 2cm, 색깔은 회흑색, 모래가 조금 섞인 硬質임.

이와 同形의 기와(도판 ⑪)가 역시 金堂址 주변에서 수습되었는데 색깔은 火跡인 赤色을 띠고 있다. 이 기와로 미루어 金堂이 한때 불에 탔음을 알려주고 있다.

도판 ⑫의 기와는 金堂址가 아닌 부속 建物址 주변에서 수습된 것으로 도판 ⑩, ⑪보다는 소형이며 時代도 조금은 더 떨어지는 기와이다. 현재는 거의 파손되었으나 2개의 연판을 남기고 있으며 周緣 등도 잘 남아 있다.

이 기와는 현상태로 보아 子房을 알 수는 없다. 蓮瓣은 이 寺刹에서 즐겨 썼던 複葉을 썼으며 瓣 사이마다 間瓣을 배치하였다. 複葉의 瓣端은 突起되었고 瓣內는 厚肉하여 시대적인 특징을 잘보여주고 있다.

蓮瓣 주위로는 細長한 線文을 배치하여 단조로움을 피하

도판 ⑪. 金堂址 주변에서 수습된 연화문수막새.

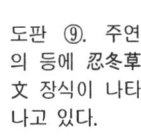

도판 ⑨. 주연의 등에 忍冬草文 장식이 나타나고 있다.

聖居山의 高麗聖蹟…天興寺址 139

도판 ⑫. 부속 建物址 주변에서 수습된 연화문수막새.

고 있으며 좁은 周緣에는 비교적 큰 蓮子를 배치, 통식을 따르려는 흔적을 보여준다. 이 기와는 다른 기와와는 달리 막새와 연결된 드림새가 유일하게 남아 있으며 등에 굵은 樹枝文이 보여 高麗代의 所作임을 더욱 짙게 하고 막새와의 각은 직각임을 알 수 있게 해준다.

現徑 14cm, 蓮瓣長 3.5cm, 幅 2cm, 周緣幅 1cm, 蓮子徑 0.5cm, 두께 1.7cm, 모래가 조금섞인 軟質이고 색깔은 회흑색이다.

도판 ⑬의 기와는 이 寺址에서 출토된 唯一한 唐草文암막새로 金堂址 주변, 부속 건물지에서 수습된 것이다.

도판 ⑬. 天興寺址에서 수습된 唐草文 암막새. 정연한 唐草文이 시대적인 특징을 잘 보여주고 있다.

天地部에는 주연이 마련되어 있으나 聯珠文帶는 확인되지 않고 內區에는 太彫의 均整唐草文이 陽刻으로 나타나고 있다.

唐草文은 정연한 대신 統一新羅기와에서 보이는 細長한 모습은 없는 편이다. 이 기와도 드림새가 남아 있는데 동무늬는 樹枝文이 아니고 斜線文이어서 시대는 下代로 떨어지지 않나 추정된다.

모래가 많이 섞인 硬質인데다 두께도 두꺼워 시대적인 일면을 보여주고 있다.

現徑 15cm, 天地部 5.5cm, 두께 2.5cm.

도판 ⑭(서울·林扶陸 소장)의 塼은 역시 金堂址 부근에서 수습된 것으로 天興寺址에서 나온 유일한 有文塼이 된다. 이 塼은 半破되었으나 장식이 있는 부분을 잘 남기고 있어 전체적인 모습을 알 수 있다.

寺址에서 수습된 연화문기와처럼 큰 子房을 배치하였으며 그 자방 주위로 8瓣의 蓮華文을 장식하였다. 그러나 연화문은 원형에 가까웁다.

연화문은 연꽃이라기 보다는 큰 聯珠文에 가깝게 보이는데 이는 약화된 手法의 일례라 할 것이다.

도판 ⑭. 金堂址 부근에서 수습된 有文塼. 큰 奧房과 8瓣 연꽃이 注目된다.

이같이 高麗代 塼에 8瓣의 연화문을 장식한 예는 忠南 禮山의 伽倻寺址 등에서 출토된 塼에서 볼 수 있는제 재미난 일면이라고 얘기할 수 있겠다. 이 塼은 적갈색을 띠고 있으며 胎土는 곱고 軟質이다. 現徑 29cm×18cm, 두께 5cm.

도판 ⑮-A, B, C 기와는 이 寺址가 「天興寺」址임을 알려주는 「天興寺」銘 평기와로 가장 주목되는 銘文이 되겠다.

도판 ⑮-A의 기와는 현재 「大興寺」라 나타나 있는데 「天」字의 머리부분인 「一」획이 떨어져 나가 있다. 글씨는 楷書로 左書되었으나 時代는 高麗中期 이후가 되겠다. 기와는 모래가 많이 섞인 경질이고 색깔은 회흑색이다.

現徑 8.9cm, 字徑 3.5×3.5cm(寺), 두께 2.5cm.

도판 ⑮-B는 「寺」字를 결실했으나 「天興」銘이 완연한 기와로 도판 ⑮-A의

도판 ⑮-A 「天興寺」銘 평기와. 「天興寺」가 左書로 陽刻되어 있다.

결실된 「天」字를 보충하는 귀중한 자료
가 되겠다.
　역시 글씨는 左書이며 도판 ⑮-A보다
는 글씨의 품격이 올라가는데 胎土도 곱
고 軟質이다. 이 기와는 도판 ⑮-A의 기
와보다는 시대를 약간 올려볼 수 있지 않
을까 생각된다.
　現徑 13.5cm, 字徑 2.5×4cm(興), 두께
2.2cm.
　도판 ⑮-C의 기와는 비교적 많은 銘文
이 찍힌 기와이다. 역시 左書로 陽出시킨
것인데

도판 ⑮-B. 「天興」銘 평기와. 「寺」
字를 결실하고 있다.

　　天興寺 三〇
　　大興〇
　　入興

이란 銘文이 판독된다. 이 기와에서는 「天興寺 三〇」이라는 것이 주목된다.
역시 도판 ⑮-A의 기와와 같은 시대에 만들어진 것으로 보이는데 두께가 두

도판 ⑮-C. 비교적 많은 銘文이 보이는 평기와. 「天興寺三〇」이 보인다.

껍고 모래가 많이 섞인 硬質이다.
現徑 18.5cm, 字徑 3cm×3.2cm, 두께 2.5cm.

도판 ⑯의 기와도 부속 건물지 주변에서 수습된 것으로 「三寶」가 左書된 銘文평기와이다.

三寶란 佛家에서 佛·法·僧을 가리키는 것으로서 부속 建物址에 天興寺의 三寶가 모셔져 있음을 알 수 있게 해준다.

도판 ⑯. 「三寶」가 陽刻된 銘기와.

문양이 많이 약화된 기와 등 가운데에 太彫의 口廓을 만들고 그 안에 「三寶」라는 楷書 글씨를 찍었는데 도판 ⑮-C에 나타난 「天興寺三○」의 아랫부분에 해당되는 기와로 보여진다.

이 기와는 現徑 20.5cm, 字徑 3.5×3.5cm이며 모래가 많이 섞이지 않은 軟質의 기와이다.

이 寺址에서는 도판 ⑰ 같은 평기와가 수습되었는데 「天興寺」銘기와의 上段부분에 속하는 것으로 보인다. 樹枝文이라기보다는 고사리文에 가까우며 그 하단에 2중의 口廓흔적이 보여 그 안에 「天興寺三寶」가 左書되지 않았나 생각된다.

이 기와는 모래가 많이 섞인 硬質이며 두께도 굵으나 색깔은 火跡이 나타난 붉은색을 띠고 있다. 現徑 12cm×10cm, 두께 2.7cm.

聖居山 일대 調査 절실

高麗초기에 건립되었던 많은 國刹들이 朝鮮初에 들어 많이 훼철되고 폐사된 것은 주지의 사실이다. 王建太祖가 중시했던 天安, 聖居山의 大刹 天興寺도 이같은 운명을 지녔던 도량임을 알 수 있겠다. 그러나 天興寺址가 朝鮮전기의 고기록에 전혀 나타나지 않은 것은 또 무슨 이유일까.

이 天興寺址에는 塔과 幢竿支柱가 寶物로 지정되어 보존조치를 받고 있으나 주요 建物址는 경작으로 인해 파괴도가 심한 형편이다. 金堂址로 추정되는 유지에는 큰 長大石이 노출되어 뒹굴고 있으며 민가의 건물이 점차 寺址域 깊숙이 침식하고 있다. 민가의 침식을 막는 일이 우선은 시급하다고 생각된다.

도판 ⑰. 「天興寺」銘 평기와의 상단부분. 고사리문이 주목된다.

天興寺址의 확대된 보존조치와 더불어 관심을 가져야겠다고 생각되는 것은 聖居山 일대의 여러 佛蹟이다. 이 山에 대한 조사는 아직 미진한 형편이다. 하루 빨리 이 일대에 산재한 文化유적에 대한 보고서가 간행되기를 비는 마음 간절하다.

高麗 初期의 國刹, 崇善寺址
(충주시 신니면 숭선리 소재)

佛蹟의 寶庫…新尼面

예성(蘂城)은 아름다워서 예로부터 이름난 땅.
앞에 다가서는 산빛이 자리에 들어온다.
바람과 달을 공부(工部·杜甫)의 읊음이 얼마나 많았던가.

시내와 산 모두가 王維의 그림일세.
사람을 침노하는 서늘한 기운은
하수가 가까운 듯 들새가 운다.

해지도록 올라 노는 無限한 뜻은
夕陽이 점점 푸른들로 내려오네
(이승소·東國輿地勝覽 忠州牧 樓亭條)

옛 百濟, 高句麗의 땅 中原을 노래한 이 詩는 이 고장의 산수가 아름다움을 잘 표현한 내용이다. 蘂城은 바로 中原의 별호. 예성은 이처럼 「꽃성」처럼 산수가 아름다와 그 어느 곳보다 불교유적을 많이 간직하고 있다.

壬辰倭亂 때 운명의 장군 申砬이 배수진을 쳤던 달내강(達川)을 건너 서쪽으로 약 30리길. 忠北 忠州市 新尼면 용원들 일대는 이같은 불교유적이 어느 곳보다 많이 남아 있다. 이름하여 「스님면」. 오늘날 新尼面이란 한자 표기도 이같은 이름에서 비롯됐다는 것이다.

그래서 周德에서 國道를 따라 장호원에 이르는 들과 산간계곡에는 영화로

高麗 初期의 國刹, 崇善寺址 145

웠던 옛 聖蹟이 많이 산재해 있다.
 마을 어귀에는 기울어진 돌탑과 三寶의 하나인 聖佛이, 그리고 들의 밭둑에는 아름답게 만든 蓮華文기와가 수없이 흩어져 있는 것이다.
 新尼면 일대는 佛敎유적의 寶庫라 얘기할 수 있겠다.

 옛 新羅, 高麗인들이 이곳에 가람을 造營한 것은 이 일대가 陸路로 개경과 서울을 통하는 길목의 넓은 들이었기 때문이다. 영남의 과객들은 달내江을 건너 이곳에서 유숙을 해야 했으며 이곳을 지나 경기도 땅에 이르곤 했다.
 절이 廢寺된 朝鮮시대에 용원들 일대에 驛院이 설치된 것을 보아도 이같은 길목의 역할을 알 수 있는 것이다.
 新尼면 일대의 사적 중 가장 주목되는 곳은 속칭 「숭선」부락에 위치한 崇善寺址이며, 이곳에서 얼마 떨어지지 않은 院坪리의 逸名寺址다.
 두 가람지는 모두 고려 때의 大刹址로서 中原지방의 불교유적 중에서 대표적인 곳이다. 그러나 이 寺址는 다른 절터와 마찬가지로 폐허가 심하여 예전의 영화스러움을 거의 잃고 있다. 다만 외로운 幢竿支柱, 건물을 잃은 석불 등만이 폐허된 사역을 지키고 있을 뿐이다.
 崇善寺址의 규모가 매우 컸을 것이라는 추정은

中原郡 新尼面 숭선부락에 있는 崇善寺址. 마을 한 가운데 짝잃은 幢竿支柱가 외롭게 서 있다.

현재 절터에 남아 있는 많은 遺物址, 유물 등으로 헤아릴 수 있다. 그리고 가까운 원평리 등지의 佛蹟은 거의 大刹 崇善寺에 속했던 것으로 보아야겠다.

高麗 光宗代 王命에 의해 創建

崇善寺址는 오랫동안 逸名 절터로 알려져 왔었다. 숭선부락에 위치한 큰 절터로서 조사 대상이 되었었다. 최근에 이 寺域 안에서는 다수의 銘文기와가 수습이 되었는데 그 기와 중에서 「崇善寺」라는 銘文이 발견되었다. 이로써 이 절터의 이름이 崇善寺로 밝혀지게 되었으며 학술적인 주목의 대상이 되었던 것이다.

이 절터는 이같은 銘文기와로 미루어 高麗初期에 창건된 國刹 崇善寺로 비정이 되고 있다.

즉, 高麗史 卷一 光宗 5年(甲寅 954 A.D.)條에

春 創崇善寺 追福先妣

라는 기록이 보이기 때문이다.

이 고려사의 기록은 高麗 4代 임금인 光宗이 母后인 太祖의 두번째 부인인 神明王后의 명복을 빌기 위해 崇善寺를 창건하였다라는 내용이 되는 셈이다.

光宗은 958 A.D.에 최초의 과거제를 실시한 임금으로 국토개척과 王權確立, 국력증강에 많은 치적을 남긴 장본인이다. 이때를 전후해서 高麗의 전역에서는 상당히 많은 佛事가 이루어졌는데 특히 지방에서 많은 伽藍이 創寺되거나 중수되었던 것이다. 崇善寺를 창건한 해에는 7月 太子寺에 낭공大師 白月栖雲之塔碑가 세워지기도 했다.

光宗代에 창건된 崇善寺는 高麗全代를 통하여 번성하였음이 寺址에 남아 있는 각종 기와를 통하여 나타난다. 이 寺址에서는 「大定二十二年」銘의 평기와가 수습되어 이 시대에 한차례 重建이 되었음을 알려주고 있다.

大定 20年은 즉 金의 年號로 高麗 明宗 12年 1182 A.D.에 해당된다.

筆者 등에 의해 수습된 이 銘瓦는 별다른 장식이 없는 평기와에 楷書로

正書陽出하였는데

　　監役 副都監
　　○○○十二年 壬寅 四月
　　○○○○○○ 壬寅 四月

이라는 내용이 나타나고 있다. 이 기와에 나타나는 「○○十二年 壬寅」이라는 干支는 ①西夏 乾祐十二年 ②大定二十二年에 해당이 되나 前者의 연호는 高麗에서 사용치 않았으므로 大定二十二年은 高麗 明宗 12년 1182년이어서 崇善寺가 창건된지 128년 후에 重建이 이루어졌음을 알 수 있겠다.

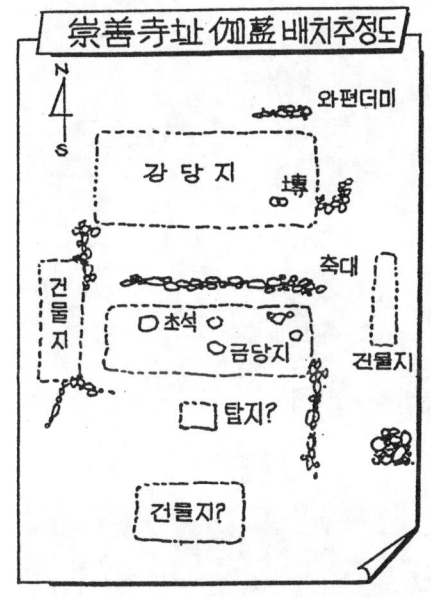

도판 ①. 崇善寺址 가람배치 추정도

한가지 이 銘瓦에서 나타나는 監役이라는 職官名은 매우 주목된다. 여태까지 「監役」이라는 職은 朝鮮시대에만 사용한 繕工監의 종9품 벼슬로 이해돼 왔으나 이 기와로 高麗代에도 이미 이 職名을 사용했음이 증명된 것이다.

崇善寺는 高麗下代에 들어서 쇠퇴하였던 것같으며 이 시대에 만들어진 각종 기와가 이를 알려주고 있다.

朝鮮초기에 만들어진 古文獻에는 崇善寺가 기록되지 않고 있다. 輿地勝覽 忠州牧 佛宇條에도 누락되어 高麗末~朝鮮初期에 廢寺된 것이 아닌가 생각된다. 이로 미루어 생각하면 崇善寺는 高麗초기 王命에 의해 神明王后의 명복을 빌기 위해 創建된 國刹로서 高麗와 함께 흥망을 같이 했다고 얘기할 수 있겠다.

新羅 殘影 어린 伽藍배치

崇善寺는 속칭 수리산 아래 아늑한 盆地에 南向하여 자리잡고 있다. 寺址 東便에는 작은 내가 흐르며 이 물이 寺域의 가장 중요한 수원이었을 것으로 보인다.

이 절은 高麗초기에 건립되었기 때문에 가람의 배치양식은 전형적인 통일 新羅의 유행을 따르고 있다. 즉 중앙에 金堂을 배치하고 그 뒤에 講堂을, 그리고 주위에 많은 건물을 지은 것으로 보인다(도판 ①).

寺址의 교란도가 심하고 아직까지 塔址의 확인이 잘 되지 않고 있으나 金堂 전면 앞 약간 낮은 곳이 塔址가 아니었나 생각된다.

金堂址 주변에서는 다듬지 않은 자연석의 礎石이 확인되고 있으나 규모를 파악하기가 곤란하며 많은 瓦塼이 출토되는 것으로 보아 매우 큰 건물이었을 것으로 추정되고 있다.

講堂址는 金堂址 北便에 축대를 마련, 자리잡고 있으며 遺址의 크기는 金堂과 거의 같으나 많은 양의 塼이 출토되는 것으로 보아서 建物의 주변을 塼으로 깔았음을 알려주고 있다. 그러나 講堂址도 초석이 거의 지하에 매몰되어 있고 瓦片만 산란, 그 정확한 규모를 파악할 수가 없다.

이 崇善寺址의 가람배치 중 주목되는 것은 金堂과 講堂 이외의 부속 건물지

도판 ②. 鐘閣址로 보이는 축대. 自然石을 약간 다듬어 축대를 쌓았다.

인데 약 6~7個處의 건물지가 확인되고 있다. 이같이 거대한 규모의 부속 건물지는 이 伽藍이 國刹이었음을 알려주는 증거라고 하겠다.

가장 주목되는 부속 건물지는 東便에 있는 것으로 자연석을 다듬어 축대를 쌓고 그 위에 高峻하게 건물을 세운 예이다. 이 建物址는 혹시 鐘閣址가 아닌가 추정되는데 그 축대를 쌓는 방식이 榮州 浮石寺의 축대와 닮고 있다. 축대의 일부분은 잘 남아 있으며 주변에는 많은 양의 高麗全盛期 와편이 산란하여 건물지였음을 알려주고 있다(도판 ②).

분지로 이루어진 寺域의 크기는 약 3千余坪에 달하며 건물지마다 다수의 연화문 와편이 산란하고 있다. 이로 미루어 부속건물지에도 막새를 쓴 미려한 가람이 있음을 알 수 있겠다.

石造유물과 瓦片

崇善寺址에는 원래 다수의 석조물이 있었을 것으로 생각되나 지금은 거의 없어졌다. 마을 한가운데 자리잡은 幢竿支柱와 주민들이 절터에서 옮겨놓았다는 石塔의 地臺石이 유일하다.

도판 ③. 幢竿支柱 옆 住民들이 옮겨 놓은 地臺石.

幢竿支柱의 한 짝은 日帝시대에 日人들이 新尼面 저수지를 쌓기 위해 옮겼다는 설이 있으나 정확하지는 않다. 이 幢竿支柱는 全高 3m72cm의 大型高柱로서 이 시대에 유행하던 幢竿支柱의 유형을 그대로 본따고 있는데 外側面 중앙에 縱行의 隆起線을 만들어 단조로운 표면에 변화를 주고 있다.

幢竿支柱의 옆에는 竿臺가 있는데 화강암을 다듬어 그 안에 17×17cm의 方形홈을 파놓았다.

竿臺 옆으로 몇년 사이에 寺址에서 수습된 方形의 석조물을 주민들이 옮겨 놓았으며 그 모양으로 보아 石塔의 地臺石으로 사용된 것 같다. 이 地臺石은 현 2枚로 되어 있으며 175cm×149cm 크기로 長方形이어서 중간의 1枚石이 결실된 듯하다. 地臺石의 上面에는 角形 2段의 괴임이 陽出되어 있다 (도판 ③).

統一新羅의 문화를 그대로 계승한 高麗초기이기 때문에 崇善寺址의 瓦片은 신라의 양식을 많이 닮고 있다. 慶州의 도성에서 많이 사용되었던 整齊된 연화문기와가 다수 보이는 것이다. 혹은 西原京城(청주), 中原京城(충주) 주변에서 다수 보이는 蓮華文이 많이 나타나고 있다.

그러나 한가지 재미난 것은 이 寺址의 出土蓮華文 수기와가 다른 寺刹보다는 단조롭고 거의 同一系라는 점이다. 이것은 약 3백여년 高麗代에만 존속된 때문이라고 하겠다.

도판 ④의 수막새는 崇善寺址의 初創시기에 제작된 蓮華文기와이다. 기와의 각부가 정제되어 있으며 아름다운 것이 특징이다.

현재는 半破됐으나 子房과 蓮瓣이 잘남아 전체의 모습을 파악할 수 있다.

큰 子房을 돌기시켰으며 그 위에 정연한 8~9顆의 蓮子를 배치하였고 자방을 중심으로 線文

도판 ④. 崇善寺址의 初創시기의 것으로 보이는 蓮華文 수막새.

帶를 돌렸다.
  연판은 單葉複瓣이며 살찌게 표현하였다. 연판은 끝이 원만하며 瓣과 瓣 사이에는 間瓣을 장식하였다.
  周緣은 통식을 따라 突起시켰으며 역시 정연한 聯珠文帶를 돌린 흔적이 보인다. 이 기와는 赤褐色 계통이며 胎土에는 모래가 많이 섞인 경질이다.
  이와 동형의 기와가 淸州의 牛岩山 牧岩寺址, 慶州 부근의 寺址에서 수습되어 統一新羅代에 성행하였던 瓦當임을 알 수 있겠다. 現徑 12cm, 子房徑 4.5cm, 蓮瓣長 2cm, 厚 1.6cm.

도판 ⑤. 高麗代에 제작된 蓮華文수막새. 정연한 聯珠文이 눈길을 끈다.

  도판 ⑤의 기와는 도판 ④의 기와보다는 약간 시기가 떨어지는 수막새로 이 시대에 변화가 이루어졌음을 알 수 있게 해준다. 거의 파손이 되어 子房의 형태 등은 알 수 없으나 蓮瓣과 周緣 등이 잘 남아 있다.
  이 기와도 도판 ④와 같이 자방의 주변에 線文帶가 마련되어 있다. 연판은 역시 單葉複瓣을 이루고 있으나 도판 ④보다는 整齊되지 못하였고 표현방법도 퇴화된 느낌을 준다.
  周緣은 2段으로 이루어졌으며 下段에는 聯珠文帶를, 上段은 素文을 이루고 있다. 이같이 주연이 불규칙한 예는 高麗代에 많이 보이는데 이는 시대적인 특징의 所産이라 하겠다. 도판 ④의 기와보다 두께가 두꺼우며 색깔은 회흑색이고 모래가 많이 섞인 경질이다.
  現徑 10cm, 蓮瓣長 2.3cm, 周緣幅(下段) 0.9cm, 聯珠徑 0.5cm, 厚 1.7cm.
  도판 ⑥의 기와는 도판 ⑤의 기와보다 후대에 만들어진 수막새로 보인다. 이 기와는 주연을 결실했으나 도판 ⑤의 기와가 결실한 子房이 잘남은 예이다. 자방은 三國期에 유행하였던 突起된 모습을 하고 있으며 그 위에 6顆의 연자를 정연하게 배치하였다.
  자방의 주위에는 역시 線文帶를 돌렸으나 도판 ④, ⑤보다 整然하지 못하여 시대가 떨어짐을 보여준다. 연판은 古式을 따랐으나 도판 ④, ⑤에 비해 퇴화됐으며 間瓣도 약화하여 후대에 만들어졌음을 보여준다. 두께는 도판 ⑤보다 두껍고 색깔은 회흑색이며 모래가 많이 섞여 있다.
現徑 10cm, 子房徑 3.2cm, 蓮子徑 0.5cm, 蓮瓣長 2.5cm, 厚 2cm.

도판 ⑥. 도판 ⑤의 기와보다 조금 지난 시기에 만들어진 연화문수막새.

도판 ⑦의 기와는 이 사찰이 퇴락하여 廢寺당할 당시로 추정되는 高麗末~朝鮮初期의 소작으로 보인다. 이 수막새는 崇善寺址가 이 시대에 쇠퇴하였음을 말해주는 유물로 볼 수 있겠다.

이 기와는 子房을 결실했을 뿐 아니라 거의 파손되어 형체를 잘 파악할 수 없으나 周緣部와 蓮瓣 등은 일부 남아 있다.

도판 ⑦. 高麗末~朝鮮初로 추정되는 연화문수막새.

주연은 素文으로 약간 突出되어 있고 蓮瓣은 素文의 單葉 細瓣으로 이루어져 있다. 各瓣이 정제되지 못했을 뿐아니라 주연에도 아무런 정식성이 가미되지 않아 高麗하대로 시대가 떨어진다.

胎土에는 모래가 많이 섞였을 뿐아니라 두께도 두껍고 硬質이어서 흡사 朝鮮時代의 기와를 보는 것 같다.

이곳에서 출토되는 수막새 중에서 제일 시대가 떨어지는 것으로 崇善寺가 高麗末 쇠퇴하였음을 입증라는 소중한 자료라 하겠다.

高麗 初期의 國刹, 崇善寺址   153

現徑 10cm, 周緣幅 1cm, 蓮瓣長 4cm, 厚 2.5cm.

이 寺址에서는 다수의 암막새가 수습되고 있으나 형태가 잘 남아 있는 것은 드물고 도판 ⑧와 같은 기와가 주목된다. 이 기와는 거의 파손되었지만 암막새의 중앙부분이 잘

도판 ⑧. 崇善寺址에서 수습된 唐草文암막새. 高麗代 암막새의 특징을 잘 보여주고 있다.

남아 있다. 天地部의 연주문대는 마멸이 심해 파악이 안되며 唐草文은 太彫를 이루어 릴리프가 강한 편이다. 細長한 新羅의 唐草文에 비추어 굵고 크다.

도판 ⑨. 「崇善寺」 중 「崇」字만 보이는 銘文기와. 唐草무늬가 주목된다.

154 한국의 廢寺

胎土는 곱고 색깔은 회흑색이며 드림새와의 각은 직각을 이루고 있어 高麗中期의 것으로 추정되고 있다.

現徑 10cm, 厚 2cm.

이 寺址에서 가장 주목이 되는 기와는 銘字瓦이다. 도판 ⑨의 명문기와는 崇善寺址의 신비를 캐준 유물이 된다.

이 平瓦는 金堂址 부근에서 수습한 것으로서 「崇善寺」 중 「崇」字만 남아 있다. 崇善寺라고 銘字된 同形의 기와가 최근 확대된 조사로 藥城同好會, 忠州工業專門大博物館, 西原學會, 檀國代 博物館 등지에서 수습하였다는 얘기도 있다. 이 기와는 細長한 唐草文으로 區劃하고 그 가운데 「崇善寺」라고 左書하였다.

글씨는 楷書體 古式이며 天安 天興寺址, 弘慶寺址, 수안보寺址 등지에서 보이는 高麗초기 銘文기와처럼 굵고 큰 편이다. 細長한 唐草文과 左書 등으로 미루어 初創時期의 것으로 추정된다.

도판 ⑩. 「惟政監眞孝○大丘」銘 평기와.

도판 ⑩의 기와는 이곳에서 나온 주목되는 銘文平瓦로 앞으로 연구자료라고 하겠다.

이 기와는 3條의 線文으로 區間을 만들고 上段에

惟　政

監 眞

下段에

孝 ○
大 丘

도판 ⑪. 기와골이 사실적으로 표현된 異形의 평기와.

도판 ⑫. 金堂址 주변에서 수습된 평기와의 등무늬.

이라 돼 있어 高麗中期에 惟政이라는 法名의 스님이 이 佛事를 주도하였음을 알려주고 있다. 글씨는 품격이「崇」字銘보다 떨어지나 楷書로 正書하였고 상태도 양호한 편이다.

도판 ⑪, ⑫의 기와는 寺址 金堂址 주변에서 수습된 것으로서(이 마을 李鍾會 씨) 재미난 기와이다.

도판 ⑪은 지붕의 기와골을 그대로 보여주고 있으며, ⑫은 독특한 문양을 보여 주고 있다. 도판 ⑪은 胎土가 土器처럼 고우며 모래가 적게 섞였고 얇은 편으로 사실적인 표현이 주목된다. 이 기와의 용도에 대해서는 연구가 있어야 할 것 같다.

이 寺址에서는 有文塼은 수습되지 않았으며 無文塼이 李鍾會 씨의 집 우물가에 다수 이전된 것이 보였다(도판 ⑬).

주변의 伽藍址

崇善寺址에서 내려다 보이는 곳에 취한 新尼面 院坪里寺址에는 매우 優秀한 石佛과 廢塔 1基가 남아 있다. 이곳이 큰 伽藍址라는 것은 이 유물로써 알 수가 있다.

이 寺址의 이름은 아무런 기록이 없어 알 수 없으며(俗傳에 善祖寺라는 얘기가 있으나 정확치 않음) 현장에 남아 있는 기와편, 石造遺物로 미루어 統一新羅代에 창사되어 高麗代에 번창하였던 것으로 추정된다.

이 寺址는 현재 院坪里에 거주하는 李順伊 씨(農業)에 의해 관리되고 있으며 행정당국에서 유물관리에 철저를 기하기 위해 석조유물이 유존한 곳에 철조망을 가설해 놓았다.

① 完形의 石佛立像(도판 ⑭)

圓形의 伏蓮臺座 위에 東南向을 한 石佛立像으로 현재 忠北道 地方文化財 18號로 지정되어 있다.

螺髮의 頭頂에는 8각의 寶蓋를 얹고 있으며 각모서리는 反轉되었다. 이마는 넓으며 눈은 半開하였고 코와 입은 整齊되었다.

相好는 살이 찐 편이고 方形에 가까우나 상호 전체가 자비·원만한 모습이다.

口脣은 약간 침울한 듯 하나 상호와 調和를 이루고 있으며 兩耳는 길게 표현되어 양어깨에 닿고 있다. 목에는 三道가 뚜렷하여 긴 兩耳와 더불어 더욱

도판 ⑬. 李鍾會 씨 집에 있는 崇善寺址의 無文塼.

高麗 初期의 國刹, 崇善寺址   157

도판 ⑭. 원평리 逸名寺址에 남아 있는 石佛立像. 원만한 相好와 8角의 寶蓋가 주목된다.

자비스럽게 보이며 턱 아래에 표현된 군턱은 시대적인 일면을 나타내고 있다.

가슴은 당당한 편이고 法衣는 通肩衣로서 양 어깨로부터 무릎 아래까지 내려오고 있다.

양팔에 걸친 法衣는 비록 太彫이나 사실적인 표현에 가깝고 가슴 아래로 層段을 이루며 V字形으로 흘러내리고 있어 주목된다. V字形으로 흘러내린 것으로 가슴 앞의 衣文은 주로 三國期에 유행했던 것으로 이 佛像은 이를 연구하는데 좋은 자료가 될 것이다.

手印은 左手는 아래로 내려 法衣를 잡은 듯하고 右手는 內掌하여 胸前에 대고 있다.

背面에도 원래는 의문이 있었던 것으로 보이나 지금은 많이 마멸되었다.

臺座는 圓形으로 複葉의 伏蓮을 조식하였으며 立像을 안치하기 위해 높은 一段의 괴임을 만들었다. 양발은 立像과 별개의 돌로 조성하여 홈을 파 삽입토록 했는데 일부를 시멘트로 後補하였다.

이 石造立像은 口唇의 경직화, 肥滿한 얼굴, 太彫의 衣文 등으로 미루어 高麗初~高麗中期 이전의 것으로 추정되나 일부에서는 이보다 시대를 조금 더 올려보는 견해도 없지 않다.

全高는 약 3.5cm가 되며 立像의 下體幅은 1.27cm, 두께는 58cm이다. 臺座 徑 1m77cm, 高 51cm, 伏蓮幅 36.5cm, 長 36cm, 괴임高 19cm.

이 石造立像은 臺座로부터 頭頂의 寶蓋에 이르기까지 완형이어서 국가문화재로 지정, 보존함이 타당할 것 같다.

②三層石塔(도판 ⑮)

石佛立像 옆 北便에 있으며 基壇面石의 일부와 3層 옥개석, 相輪部를 결실한 탑이다. 잘다듬지 않은 方形의 자연석을 地臺石으로 삼고 그 위에 1層의 基壇을 마련한 高麗代의 일반형 石塔이다. 각 基壇面石에는 隅柱가 모각되어 있으며 南·北面에는 큰 香爐가 조각되었다. 향로의 조각은 淺刻이어서 형식에 치우친 감이 없지 않아 시대가 떨어짐을 알려준다.

基壇의 上臺甲石은 1枚石으로 되었고 그 上面에 塔身을 받기 위한 1段의 角形괴임이 각출되었다.

初層 屋身石은 1枚로 구성, 각면에 兩 隅柱가 표현되었으며 各面에는 마

멸이 심하여 알 수 없는 形體를 彫出하였다. 원래는 神像이나 門扉가 아닌가 생각된다.

初層 屋身石도 一枚石으로 되었으며 轉角의 反轉이 없는 鈍重한 편이다. 落水面은 급박하고 층급받침은 3段이어서 高麗石塔의 특징을 잘보여주고 있다.

2層 屋身石은 初層 屋身石에 비해 급격히 줄었으며 各面에 隅柱가 표현되었다.

2층 옥개석은 역시 1枚로 되어 있고 층급받침은 초층과 마찬가지로 3段을 이루고 있다. 초층과 2층의 옥개석 上面에는 모두 屋身을 받기 위한 1단의 괴임이 마련되어 있다.

3층 옥신석은 역시 1枚로 되었으며 各面에 隅柱가 모각되어 있다. 3층 옥개석은 없어졌다. 3층 옥신석 위에는 相輪部 중 露盤만이 남아 있고 그 이상의 것은 모두 결실되었다.

도판 ⑮. 基壇面石의 일부가 缺失된 3층석탑.

이 石塔은 비록 基壇面石에 香爐를 조각하고 初層 屋身石에 彫刻이 있으나 상층으로 올라갈수록 급격히 遞減되고 單層의 基壇인 점, 옥개석이 너무 둔중하고 층급받침이 3단인 점 등으로 미루어 高麗中期 이후로는 떨어지지 않는 석탑으로 볼 수 있겠다.

全高 3m14cm, 地臺石 1m87×1m48cm, 초층 옥신석 高 67cm 幅 55cm 隅柱 幅 9cm, 基壇面石 香爐 高 67.5cm 幅 46cm.

③ 화려한 蓮꽃의 臺石(도판 ⑯)

도판 ⑯. 石佛立像 앞에 놓인 禮拜石.

石佛입상 앞에 높인 이 石造物은 현재로는 부처를 배려하기 위한 禮拜石으로 보인다. 長方形의 伏蓮下臺石과 石柱形 竿柱石, 그리고 仰蓮의 상대석으로 이루어져 있다.

下臺石은 長方形의 모서리에 伏蓮을 1瓣씩 배치하였고 또 그 사이에 整然하게 1瓣씩을 조식하여 모두 8瓣이 되게 하였다. 연꽃은 單瓣複葉으로 瓣端이 反轉된 것이 주목된다. 下臺石이 上面에는 竿柱를 받기 위한 3段의 角形괴임이 마련되어 있으며 이를 몰딩으로 처리하였다.

竿柱石은 1枚石이며 각면에는 아무런 장식이 없는 素文인데 본래의 것인지는 의문이다. 양련 上臺石은 下臺石과 같은 수법으로 조식하였으나 瓣端의 反轉度가 하대석보다는 약한 편이다.

上臺石에는 2단의 부연이 마련돼 있다.

全高 1m24cm, 下臺石 徑 70×94cm 高 18cm, 竿柱石 高 83cm 幅 26.5cm, 上臺石 高 23cm.

崇善寺址는 保存돼야

오랜 폐허에서 방치되었던 숭선부락 절터가 高麗初 光宗代 王命에 의해 세워진 國刹 崇善寺址로 판명이 된 것은 다행스러운 일이 아닐 수 없다. 이 가람은 高麗의 숭고한 개국 의지에서 비롯되어 太祖의 계비인 神明王后의 명복을 빌기까지 高麗人들의 무한한 기상을 간직하고 있었던 성역이었던 것이다.

　이 寺址는 시골부락의 한 산간에 위치해 있으나 고려 초기의 중요한 문화 유적이라고 하겠다. 비록 옛 건물은 폐허됐고 築臺만 남아 도처에 기와片만 뒹굴고 있으나 고려인의 創建에 어린 염원은 살아 있는 것이다. 이 寺址도 보존이 되어야겠다. 이미 오래 전에 없어진 幢竿支柱와 같은 파괴는 다시는 없어야겠다.

　허물어진 축대는 더 쓰러지기 전에 쓰러지지 않도록 해야겠으며 지하에 묻힌 石塔의 잔해, 기와의 잔해도 보존이 되어야 한다. 또하나 주변에 산재한 崇善寺에 달린 여러 절터도 역시 보존이 되어야겠다.

西原京 傳牧牛寺址

(충북 청주시 수동 소재)

옛 西原京城 땅

淸州는 百濟때 上党縣, 新羅 때 西原小京으로 이 시대 湖西지역 行政·文化의 중심이 되었다. 이 지역을 小京으로 삼은 것은 역사·지리적으로 매우 중요한 곳이고 드넓은 西原平野가 물산의 중심이 되었던 때문이다.

청주에 小京이 확립된 것은 統一新羅 神文王 5年(685 A.D.)의 일이다. 이 때 왕은 全國에 九州五小京을 설치한 후 王都에 있던 6部의 귀족들과 諸州의 郡民을 옮겨 살게 했다(三國史記 卷第八 新羅本紀 神文王五年條).

이같이 신라 귀족이 小京 이주는 통일 후 점령지역에 대한 토착세력의 위무와 회유, 행정력의 강화, 혹은 지방문화의 均霑化를 위하는데 목적을 두었다고 볼 수 있겠다(拙稿「沙喙部銘平瓦에 대한 小考」· 西原學報 2輯 · 82. 12. 31).

西原小京의 첫 지방 長官으로는 三國통일 勳功 집안 출신인 「元泰」(金庾信의 아들)가 된다. 神文王은 5年에 西原에 小京을 설치하고 아찬 元泰를 仕臣으로 삼은 것은 西原小京이 매우 중요한 지방행정·문화의 要地였기 때문이라고 얘기할 수 있겠다.

이로부터 4年 후에 西原京城이 築造되었다(三國史記 新羅本紀 神文王九年條). 城은 지배층은 물론 邑民을 外敵으로부터 보호하기 위해 쌓은 것으로서 西原京城의 축성은 당시의 잇단 內亂(蘇判 金欽突의 內亂 · 金馬渚 安勝의 子 大文의 謀反…三國史記 神文王條)으로부터 비롯된 것이라고 하겠다. 즉 정복지역인 百濟 · 高句麗 지역의 謀反을 생각지 않을 수 없었던 것이다.

三國이 鼎立한 시기에는 爭覇 지역이었던 淸州에 통일신라문화가 본격 유입된 것은 이 시기가 아닌가 생각된다. 統一의 기념사업으로 가람이 건설되었고(청주시 雲泉洞 逸名寺址에서 壽拱二年(686 A.D.)銘 史蹟碑가 발견됨), 豪族들이 방어와 취락의 요지를 중심으로 건축물을 짓고 생거하기에 이르렀던 것이다.

청주 근교에 있는 上党山城의 控南門 아래 遺址에서 찾아진 「沙喙部」銘 기와(도판 ①)는 신라 王京 사람이 이곳에서 집단적으로 살았음을 알려주는 매우 중요한 자료가 되겠다(拙稿 「沙喙部銘平瓦에 대한 小考」 西原學報 2輯·81. 12).

청주에 설치되었던 西原京의 治所 위치를 놓고 청주학계에서는 여러 說이 대두되고 있으나 그 중에서도 上党山城과 청주시 壽洞 뒷산에 위치한 唐羨山 土城, 혹은 牛岩山土城으로 보는 견해가 우세한 편이다.

上党山城에는 古城의 遺址가 있고 주변에서는 다수의 新羅銘文기와가 출토되고 있으며 이미 언급한 바와 같이 6部의 하나인 「沙喙部」에 관련된 기와가 수습되고 있어 이러한 해석을 가능케 하고 唐羨山城과 이와 연결된 羅城址에서도 다수의 新羅·高麗기와가 수습되어 이같은 주장을 불러일으키고 있다.

도판 ①. 清州上堂山城 控南門 앞 遺址에서 찾아진 「沙喙部」銘 평기와.

이 두 고대의 遺址는 西原小京 시대 그 중심이 되었던 것만은 틀림없던 유적이라고 하겠다. 「小京에 慶州를 모방하여 6部를 두었다」는 說(藤田亮策·新羅九州五小京·朝鮮學報 5·1953)을 감안한다면 唐羨山土城도 慶州에서 이주한 6部의 영역이 아니었을까 하는 생각도 든다.

唐羨山은 청주의 鎭山으로서 소가 누운 형상과 흡사하여 「臥牛山」 혹은 「牛岩山」으로 불린다. 이 城은 청주시의 明岩洞, 內德洞, 牛岩洞, 壽洞, 代成

洞, 文化洞, 龍岩洞에 걸쳐 있으며 그 支脈이 塔洞에까지 미치고 있다(李元根・三代寺誌城郭篇・82. 2).

興地勝覽에 보면

　　唐羨山 在州東一里 鎭山 有土城基 城隍祠 在州東一里云云

이라 기록되어 東쪽 가까운 곳에 있고 土城터가 있음을 알려주고 있다.
　한가지 주목되는 것은 이 성을 중심으로 唐羨山 내에 다수의 佛蹟이 밀집되었다는 사실이다.
　다수의 佛蹟 가운데 土城의 中心部가 되는 淸州市 壽洞 338 傳牧牛寺址로 불리우는 遺蹟이 가장 주목되고 있다. 왜냐하면 이곳에서 다수의 蓮華文瓦當이 출토되었기 때문이다. 蓮華文瓦當은 羅末~高麗盛代의 것이 대부분이어서 이 시대 매우 중요한 伽藍址였음을 알려주고 있다.
　이 寺址는 新羅의 五小京 중 하나였던 西原小京에 속한 伽藍址로서, 혹은 唐羨山土城이 小京의 治所일 수 있다는 說이 대두된다는 점에서 주요 연구 대상이 되고 있다. 都城 안에 伽藍을 建設한 예는 新羅의 수도 慶州, 혹은 百濟의 수도 扶餘, 百濟의 別都인 益山 등지 古都에서 찾을 수 있겠다. 小京이 王都의 경영체제를 모방했다면 西原小京城에서도 이같은 小京이 경영했던 伽藍의 遺址가 찾아질 수 있는 가능성은 얼마든지 있다고 본다.
　이 寺址에 대해선 三大史誌(忠北道 발행) 李元根「唐羨山 내의 佛蹟」(檀國大 학술論叢・79) 拙稿・「忠北의 기와」(유림사・79) 등에서 일부 다루었으나 소략한 편이다. 특히 근래에 새로운 기와가 답사 중 발견되었다.

法燈은 朝鮮時代에까지

이 寺址의 創廢연대는 불명이다. 古老들에 의해 牧牛寺址로 전해지고 있다.

舊淸州邑誌 佛宇條에

牧牛寺. 在臥牛山

이란 기록이 있는데 이를 감안하면 朝鮮時代에 이르기까지 寺刹이 존속되었음을 알 수 있겠다.

寺址에서 수습되는 여러 기와로 미루어 初創은 統一新羅下代에 이루어진 것이 아닌가 생각된다. 지난 75年度 西原學報 鄭粲炅에 의해 찾아진 기와 중 統一新羅下代로 추정되는 연화문기와는 初創연대를 가늠할 수 있는 자료라고 하겠다(拙稿, 충북의 기와, p.167).

이 기와는 원형의 子房안에 정연한 蓮子를 배치하고 그 주위로 放射線文帶를 형성했으며 蓮瓣이 짧은 複葉의 연화문을 배치했다. 연판 주위로는 通式대로 정연한 聯珠文을 돌렸다. 이와 同形의 기와가 慶州에서 다수 찾아지고 있으며(「新羅의 기와」, 韓國建築史大系 V·76) 忠北에서는 高麗초기의 伽藍址인 中原郡 薪尼面 文崇里 崇善寺址에서 찾아졌다. 통일신라 下代에서 高麗초기까지 도성을 중심으로 지방에 이르기까지 전역에 걸쳐 유행했음을 알 수 있겠다.

이 寺址는 高麗代에도 興刹로서 淸州 주민의 성역이 되었고 朝鮮시대에도 法燈이 꺼지지 않았다. 寺址에서는 다수의 시대를 달리하는 고려시대의 연화문瓦當, 혹은 여러 종류의 瓦片이 수습되고 있는데 이는 고려기에 크게 寺勢가 확대되었음을 알려주는 것이다. 朝鮮시대의 瓦片은 극히 小量 찾아지는데 이때는 庵子로서 건재한 것이 아닌가 생각된다.

南望한 伽藍

牛岩山土城 南門址로 추정되는 水口部에서 조금 내려오는 반듯한 대지에 築臺를

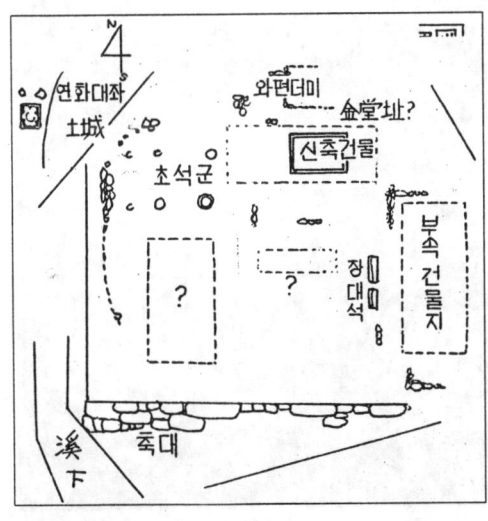

도판 ②. 傳牧牛寺址 가람배치도

쌓아 건물지를 마련했으며 南望한 遺址이다. 건물 규모는 약 8百坪 정도가 되며 寺址 중심에 주택이 신축되었고 대부분 과수원과 경작지가 되었다.

南北이 좁고 東西가 긴 臺地의 약점 때문인지 중심에 중요 建物을 세우고 東西쪽에 부속건물을 둔 異型의 伽藍配置가 아닌가 생각된다.

건물소유자인 尹모씨에 의하면 지난 79년께 신축 공사 중 地下에서 石列이 나타난 바 있는데 東西로 나란히 나타났다는 것이다. 尹氏는 이같은 사실만을 확인하고 곧 매몰했다고 한다.

신축건물 西便으로 정면 3間, 측면 1間 규모의 柱礎石이 드러나 있는데 역시 부속建物地로 보이고 있다. 초석은 덤벙초석으로 아무런 장식이 가해지지 않은 자연석을 이용한 것인데 高麗代에 조성한 것이 아닌가 생각된다(도판 ②).

주요 건물지 北쪽으로는 약간 경사를 이루고 있으나 건물이 있었는지는 확인되지 않으며 주변에서 수습된 기와를 모아 瓦片더미를 만들어 놓았다.

東便의 건물지는 南北이 길고 東西가 짧아 건물은 자연 西望했을 것으로 추정되며 약 2~3年전까지만 해고 잘 治石한 長大石이 찾아진 바 있다.

주요 建物址 앞엔 약 10~15m 정도의 空間이 있는데 建物址가 있었는지는 경

도판 ③. 庵子인 牧岩寺에 봉안된 石佛立像.

작지가 되어 알 수 없는 실정이다.
  이 寺址의 西便 土壘를 넘으면 山麓에 佛像을 안치했던 蓮華臺座의 破材가 있다. 이 유물은 傳牧牛寺址가 흥성했을 때 이에 속한 예배의 대상이 되지 않았을까 생각된다. 이 臺座 주변에서는 瓦片이 산란하여 불상을 안치하고 建物을 세웠음도 확인되고 있다.
  이 寺址의 특징은 高峻한 축대를 쌓고 세운 山間寺刹의 한 예를 보인다는 점이다. 이는 新羅末에 유행한 五敎九山의 영향을 받은 것으로 내다볼 수 있겠다.

遺物

  寺勢가 흥성했을 때는 여러 石造유물이 있었을 것으로 생각되나 지금은 거의 찾아볼 수 없다. 최근에는 주요 建物址에 새로운 건축물이 들어서 지하 유구마저 파괴해 놓았다.
  寺址와 가까운 곳에 근년에 法堂을 짓고 牧岩寺라 이름한 庵子가 있는데 작은 法堂 안에 石佛立像이 봉안되었으며 土壘 넘어 蓮華臺座가 遺存한다. 石佛立像은 古老들이 연화대좌가 있는 것에서 옮겼다고 하나 傳牧牛寺址의 유물로 보는 것이 타당할 것 같다. 이밖에 이 遺蹟 안에서는 다수의 蓮華文 기와가 수습되고 있다.

  ①石佛立像(도판 ③)
  頭部는 결실되어 後補되었으며 胴體는 잘 보존되었다. 후보한 頭部로 흡사 羅漢像으로 착각되나 石造如來像으로 보는 것이 타당할 것이다.
  목에는 三道가 뚜렷하나 通肩의 法衣는 양쪽 팔에 걸쳐 좌우로 흘러내렸고 팔아래에서 圓弧를 그리면서 좌우대칭을 이루고 있다. 腹部에는 裙衣의 매듭이 역력하고 양쪽 발은 衣文에서 노출되어 있다.
  手印은 右手는 들어 胸前에서 外掌하고 左手는 胸前에서 內掌하고 있다. 뒷면에도 의문이 사실적으로 표현되었다.
  이 佛像은 慶州博物館 소장의 백률사 金銅藥師如來立像과 胴體가 흡사하며 비록 頭部를 잃어 尊容을 상실했으나 統一新羅代 조성으로 추정되고 있다.
  實測값는 全高 195cm, 胴體 高 157cm, 厚 幅 56cm, 胸 幅 39cm, 厚 36cm.

②石造佛頭(도판 ④)

지난 79年에 蓮華臺座 부근에서 발견된 것으로 西原지방(淸州)에 遺存한 佛像 중 佛頭로는 가장 우수한 작품이다.

螺髮의 머리에는 肉髻가 큼직하게 마련돼 있고 이마는 넓고 원만하게 표현되어 있다. 눈은 반쯤 뜨고 있으며 鼻樑은 약간 마멸되었으나 뭉툭한 인상을 준다.

양볼은 약간 살이 찐듯하나 方形에 가깝고 미소를 머금은 口脣과 어울려 자비스럽다. 양쪽의 귀는 길게 표현되었다. 高麗時代의 작품으로 추정된다. 高 17cm, 顔幅 13cm, 鼻樑長 4cm, 耳長 10cm, 厚 12cm (拙稿・三大史誌「淸州의 佛蹟」, p.78, 81).

도판 ④. 연화대좌 부근에서 發見된 佛頭 (拙稿, 三大史誌 참고)

③石造蓮華臺座(도판 ⑤)

佛像을 안치했던 花崗岩 조성의 연화대좌로 下臺・中臺・上臺石이 모두 잘 남아 있다. 오래 전에 가까이 있는 大韓佛敎修道院에서 이를 復元키 위해 移搬하려 했으나 뜻을 이루지 못하고 현장에 보존시키고 있다.

下臺石은 地臺石과 同一石으로 조성되었으며 지대석은 땅에 매몰되었다. 하대석은 원형이며 單葉八瓣의 伏蓮을 돌렸다.

연판은 厚肉하며 瓣端은 返轉되지 않았으나 뾰족하다. 瓣 사이에는 통식의 間瓣을 배치하였다.

하대석 上面에는 各邊이 같은 八角의 2단 괴임을 마련, 中臺石을 받게 했는데 그 중앙에 촉이 들어갔던 원형의 孔이 깊게 파져 있다.

八角의 中臺石은 上・下面에 촉을 만들어 끼워 세우도록 했고, 各面에는 寶珠形의 眼象을 음각으로 彫飾했다. 그러나 다른 彫刻은 찾을 수 없다.

도판 ⑤. 蓮華臺座의 下臺石과 中臺石.

上臺石은 원형으로 상면은 佛像을 안치할 수 있도록 평평하며 하면에는 八角의 부연을 마련했다(도판 ⑥). 부연 각면에는 3重의 연꽃을 장식했으며 모서리에는 4重의 重瓣 仰蓮을 배치했고 사이에도 內曲된 重瓣의 연화문을 배치, 화려함의 극치를 이루고 있다. 역시 下面에는 中臺石의 촉을 끼울 수 있도록 깊은 圓孔이 뚫려 있다. 고려 시대의 소작으로 추정된다.

下臺石徑 79cm, 高 37.5cm, 蓮瓣長 39cm, 幅 39cm, 中臺石 全高 46cm, 各邊長 29.5cm~30cm, 上臺石 全高 26cm, 上面의 지름 76.5cm.

도판 ⑥. 蓮華臺座의 上臺石.

④각종 瓦類

지금까지 조사된 西原지역 근교 寺址 중 가장 많은 蓮華文기와가 수습된 곳이 傳牧牛寺址이다. 시대를 달리하는 여러 종류의 기와가 조사되었다. 이 寺址에서 나온 연화문기와는 신라문화의 영향을 강렬하게 받았음이 잘 나타나고 있다. 이는 西原小京의 영역이었기 때문이라고 풀이할 수 있겠다.

도판 ⑦. 가장 古代의 寶相華文기와.

그러나 간혹, 慶州 근교에서 볼 수 없는 異形의 양식도 없는 것이 아니었다.

도판 ⑦의 기와는 寺址 입구 축대 아래서 수습한 것으로서 이곳에서 출토된 여러 기와 중 가장 古式에 속하는 것이다. 돌기된 원형의 子房에는 모두 8顆의 蓮子가 완연하며 주위에는 모두 太彫로 된 4瓣의 異形, 寶相華文을 배치했다.

寶相華의 瓣端은 뽀족하지 않고 완만한 대신 內曲되었는데 瓣內에는 통식대로 重瓣의 장식이 있다. 瓣 사이에는 돌기된 間瓣을 배치했는데 형식에 흐른 감이 없지 않다.

周緣은 넓고 높으며 2條의 線文帶 안에 일정한 크기의 큰 蓮華文을 정연하게 배치했다. 이같이 큰 聯珠의 기와는 속리산 법주사 龍華寶殿 출토기와 등에서 볼 수 있다.

색깔은 회흑색이고 모래가 섞인 軟質이다. 羅末~麗初의 기와로 추정된다. 現徑 15cm, 자방경 4.2cm, 幅 5.7cm, 周緣幅 1.8cm, 聯珠徑 1cm, 厚 2.8cm.

도판 ⑧의 기와는 寺址 西便 瓦片이 쌓여 있는 곳에서 수습한 것으로 도판 ⑦보다는 양식이 약간 다른 寶相華文수막새이다.

돌기된 원형의 子房에는 蓮子 대신 花形이 장식되어 있다. 子房 주위에는 역시 4瓣의 寶相華文이 배치되어 있으며 瓣 사이에는 ⚘形의 間瓣이 있다.

西原京 傳牧牛寺址 171

도판 ⑧. 子房이 略化된 寶相華文기와.

寶相華의 瓣端은 약간 돌기되어 있으며 間瓣가 같은 형식의 장식이 있다.

周緣은 마멸이 심해 聯珠文이 있었는지는 확인되지 않는다.

4葉의 寶相華文으로 배치한 것은 도판 ⑦과 같으나 子房의 약화, 圖式化된 寶相華文 등으로 미루어 시대가 더 떨어짐을 보여 주고 있다. 색깔은 황갈색이며 모래가 섞인 硬質이다. 現徑 16cm, 子房徑 3.4m, 蓮瓣長 4.5cm, 幅 5cm, 厚 2cm.

도판 ⑨의 기와는 지난 70年代末 鄭粲㷞에 의해서 수습되어 필자에 전

도판 ⑨. 子房 주위로 꽃술을 장식한 寶相華文 기와.

해진 것으로서 도판 ⑦, ⑧ 보다 더 시대가 떨어지는 寶相華文기와이다. 돌기된 큰 子房상면에는 작은 자방을 배치, 주위로 꽃술을 장식했다. 작은 子房에는 1條의 線文으로 된 동심원을 돌렸는데 약간 돌기시켰다.

子房 주위로는 역시 4葉의 寶相華文을 배치한 것 같고 현재는 3葉만이 남아 있다. 寶相華文은 도판 ⑦, ⑧ 보다 整濟되었으며 周緣과 접한 면이 뾰족한 것이 특징이다. 瓣과 瓣 사이에는 間瓣이 마련돼 있어 통식을 따르고 있다.

外區에는 1條의 큰 동심원을 돌기시켜 장식을 가미하고 있고 周緣에도 정

연한 聯珠文을 배치했다. 릴리프가 강하고 각부가 정제되었으나 子房 등에서 시대의 下限을 발견할 수 있겠다. 高麗時代의 것으로 추정된다.

색깔은 회청색이며 胎土는 모래가 많이 섞인 硬質이다. 現徑 13.5cm, 子房徑 5.5cm, 蓮瓣長 4.5cm, 幅 5.5cm, 聯珠徑 0.5cm, 厚 2.2cm.

도판 ⑩. 外區에 唐草文이 陽出된 수막새.

도판 ⑩의 기와는 역시 寺址의 西便 기와더미에서 수습한 것으로 이곳에서 출토된 기와 중 가장 화려한 것이 된다.

원형의 子房은 돌기되었으며 상면에는 蓮子의 흔적이 보이고 있다.

子房 주위로는 放射線文帶를 돌렸으며 모두 16葉의 細瓣 연화문을 배치했다. 瓣端 밖으로는 鋸齒文과 1條의 동심원을 돌렸고 外區에는 細長한 唐草文을 장식, 화려하게 했다.

周緣은 높고 정연한 聯珠文을 배치했다. 外區에 唐草文을 배치한 기와는 慶州 근교에서 많이 찾을 수 있는데 新羅 양식을 이은 高麗기와로 추정되고 있다.

색깔은 회흑색이고 모래가 많이 섞인 硬質이다. 現徑 14cm, 子房徑 3.5cm, 蓮瓣長 2.2cm, 周緣幅 0.7cm, 聯珠徑 0.3cm, 厚 2.4cm.

도판 ⑪. 半破된 수막새.

도판 ⑪의 기와는 半破되었으나 子房과 연판, 外區의 唐草文, 周緣 등이 잘 남아 있다.

子房은 돌기되었으며 주위로

는 도판 ⑩ 보다 굵은 放射線文帶를 돌렸고 연꽃은 도판 ⑩ 보다는 덜 날카로우며 돌기되었다. 瓣端에는 鋸齒文이 생략되었으나 1條이 陽出된 동심원이 배치되었고 外區에는 細長한 唐草文장식이 있다.

周緣은 높으나 마모가 심하여 聯珠文이 있는지는 확인되지 않고 있다.

얼핏 보면 도판 ⑩과 同形이나 細部에 있어 略化된 기와이다. 색깔은 회흑색이며 모래가 섞였으나 軟質이다. 現徑 12cm, 蓮瓣長 2.2cm, 周緣幅 1.2cm, 厚 1cm.

도판 ⑫. 花形의 子房을 보여주고 있는 수막새.

도판 ⑫의 기와는 寺址 西便 기와더미에서 수습한 것으로서 비교적 잘 남아 있는 수막새이다.

굵은 1條의 陽出 동심원 안에 크고 높게 돌기된 花形의 子房을 두었으며 그 주위로 형식적인 연판을 배치할 異形의 기와이다.

花形의 子房 안에는 크기가 일정하지 않은 20餘顆의 蓮子가 배치되었고 연꽃은 모두 11葉이 남아 있다.

瓣內에는 약화된 꽃술이 장식되었으며 瓣 사이에도 蓮子形이 間瓣이 배치됐으나 모두 形式에 치우친 감이 있다. 周緣은 기와의 크기에 비해 낮고 좁으며 聯珠文의 흔적이 보이고 있다.

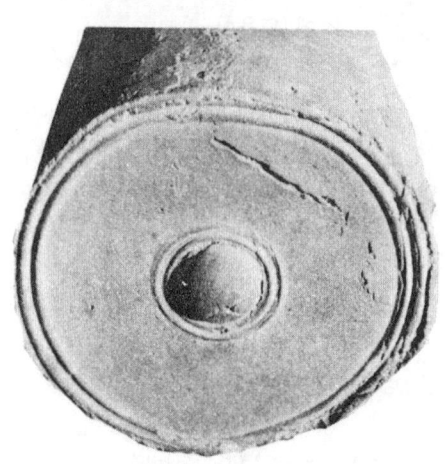

도판 ⑬. 완전한 외눈박이 수막새.

큰 花形의 子房, 약화된 蓮瓣 등으로 미루어 시대는 高麗中期 이하로 떨어질 것 같다. 색깔은 회흑색이고 모래가 섞인 硬質이다. 現徑 14.8cm, 子房徑 6.2cm, 蓮瓣長 2.5cm, 幅 1.5cm, 周緣幅 1.2cm, 厚 3cm.

도판 ⑬의 기와는 東便 부속건물지 주변에서 수습된 것으로 중앙에 2條의 線文을 陽出시키고 그 안에 半球形의 외눈박이 하나 배치하고 있다.

周緣에도 역시 2條의 線文을 돌려 간략한 무늬를 보여주고 있다.

高麗時代에 유행한 기와로 드림새가 완전하다.

색깔은 회흑색이며 모래가 섞인 硬質이다. 現徑 15cm, 외눈박이 徑 3cm, 厚 2.5cm.

도판 ⑭의 기와는 역시 西便 기와더미에서 수습한 忍冬무늬 암막새로 半破되었으나 右端 부분이 잘 남은 예이다.

도판 ⑭. 聯珠文이 정연한 암막새.

上·下端 周緣部에는 크기가 일정한 聯珠文이 있고 右端에서 시작된 忍冬무늬가 힘있게 陽出되었다. 幅도 넓지 않다. 기와등에는 打捺의 繩文이 보이는데(도판 ⑮)이 기와의 시대 추정에 도움이 되고 있다.

색깔은 황갈색이며 모래가 별로 섞이지 않은 軟質이다. 高麗初의 암막새로 추정된다. 現徑 13.5cm, 聯珠徑 0.3cm, 厚 1.8cm.

도판 ⑯의 기와는 역시 寺址 남쪽 築臺 아래에서 수습한 것으로 거의 파손되었으나 左端部分

도판 ⑮. 기와 등에 繩文이 보이고 있다.

을 잘 남기고 있다.

周緣은 높고 聯珠文을 돌린 흔적을 보이며 唐草文은 細長하여 新羅암막새의 典型을 따르고 있다.

기와의 中心部가 결실돼 唐草文의 시작은 알 수 없으나 中間에서 시작되어 좌우대칭을 이루었지 않았나 생각된다.

색깔은 회흑색이도 胎土는 모래서 섞인 硬質이다. 現徑 13cm, 周緣幅 1.1cm, 厚 3.2cm.

도판 ⑰의 기와는 연화대좌가 있는 부근에서 수습한 것으로 매우 아름다운 唐草文系의 암막새이다. 半破되었으나 左端部分을 잘 남기고 있으며 무늬의 보존상태도 양호한 편이다.

중앙에는 重瓣의 꽃이 장식되어 있으며 左側으로 細長한 唐草文과 꽃이 일정한 간격으로 배치, 균형을 이루고 있다.

唐草文 줄기는 細長하며 섬세하여 신라기와의 典型을 따르고 있다.

周緣에는 아주 미세한 聯珠文을 배치하였다.

이 기와로 미루어 佛像을

도판 ⑯. 築臺下에서 수습된 암막새.

안치한 法堂은 美麗한 건물이었을 것으로 짐작된다. 색깔은 회흑색, 모래가 섞인 硬質이다. 現徑 18.5cm, 周緣幅 0.5cm, 厚 1.5cm.

도판 ⑱의 唐草文암막새는 寺址 西便기와더미에서 수습한 것으로 중간부분이 결실되었으나 左, 右端이 잘 남아 있다.

주연은 細長한 線文을 陽出시켜 그 안에 정연한 聯珠文을 배치했고 간결한 太彫의 唐草文을 陽出시켰다.

唐草文은 날카롭고 꽃을 장식했는데 圖式化에 흐른 감이 없지 않다. 색깔은 회흑색이고 모래가 섞인 硬質이다.

도판 ⑰. 연화대좌 부근에서 수습된 당초문 암막새.

高麗時代의 기와이다. 現徑 31cm, 幅 7cm, 周緣幅 2cm, 聯珠徑 0.5cm, 厚 2cm.

도판 ⑲의 唐草文암막새는 西便 礎石이 있는 유지, 瓦片더미에서 수습한 것으로 左端部를 일부 상실했지만 가장 완형의 기와이다.

滿開한 꽃을 중심으로 삼고 좌우대칭이 되게 太彫의 唐草文을 양각했다. 周緣은 높고 돌기되었으며 크기가 일정한 聯珠文을 배치, 신라기와의 양식을 계승하고 있다. 굵은 唐草文이 新羅의 細長하고 섬세한 唐草文기와와 비교되는데 高麗中期 이후의 작품이 아닌가 추정된다.

도판 ⑱. 西便 기와더미에서 收拾된 太彫의 당초문기와.

색깔은 회흑색이고 모래가 섞인 硬質이다. 現徑 24cm, 幅 5cm, 周緣幅 1.2cm, 聯珠徑 0.5cm, 厚 1.2cm.

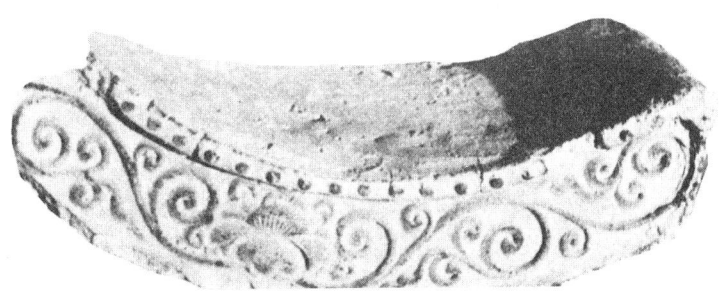

도판 ⑲. 가장 完形의 唐草文기와.

도판 ⑳은 寺址에 수습된 도깨비기와(鬼面瓦)로 上端左側部가 일부 남은 것이다. 눈썹은 위로 치켜 떴으며 사이에 圓形의 孔이 뚫려 있다.

外周에는 넓은 周緣帶가 있고 唐草文이 陽刻된 흔적을 보여주고 있다. 現幅 18cm, 周緣幅 3.5cm, 圓孔徑 1.6cm, 厚 3.3cm.

도판 ㉑의 기와는 중요건물지 주변에서 수습된 암막새로 거의 파손되었으나 「天曆二年」銘의 글씨가 일부 남아 있다. 天曆 2年은 元의 明宗 2年으로 高麗忠肅王 16年 1329 A.D.에 해당된다. 이때 이 寺址의 기와가 번화되었음을 알 수 있다.

이 기와는 거의 남아 있지 않아 전체의 모습을 알 수 없으나 線文으로 口

廊을 만글도「天曆二年」銘을 楷書로 正書 陽出시킨 것 같다. 이 절터의 연대를 밝히는 귀중한 자료가 될 것 같고 색깔은 회흑색이며 모래가 섞인 硬質이다. 現幅 5cm, 字徑 2cm×2cm, 厚 2cm.

맺는 말

지금까지 淸州 唐羨山城 내에 위치한 傳牧牛寺址에 대해 沿革과 가람배치, 유물의 모습을 알아 보았다.

이 寺址의 初創年代는 대략 9세기 말에서 10세기로 보는 것이 타당하겠다. 통일의 기념사업으로 淸州에 설치되었던 西原小京의 경영 이후 성숙된 문화기운과 더불어 香火가 올려졌음을 알 수 있겠다.

新羅末에 들어서는 參禪을 중요시하는 禪宗의 유행 등 五敎九山이 확립되는데 그 한 산물로 생각될 수 있

도판 ⑳. 도깨비기와의 片.

도판 ㉑.「天曆二年」銘 암막새.

다. 즉 唐羨山 中腹에 高峻한 축대를 쌓고 그 위에 南望한 여러 건물을 배치한 일종의 山地伽藍의 형식을 취하기 때문이다. 이 寺址는 규모는 작지만 慶北 星州의 法水寺址, 忠北 丹陽의 毗摩羅寺址, 槐山 覺淵寺, 慶北 榮州의 浮石寺 등과 더불어 거대한 築臺를 이용하여 가람을 조성했음을 알 수 있다.

伽藍配置는 發掘이 이루어지지 않아 정확히 파악할 수 없으나 遺址 중앙에 南望한 중요 건물을 세우고 南便에 작은 건물 그 전면 東西左右로 南北

으로 긴 부속건물이 각기 東西望하여 건립되었지 않았을까 짐작된다. 이 같은 배치는 신라의 典型的인 伽藍配置와는 무관한 자유스런 형식이다. 보다 정확한 것을 알려면 발굴이나 확대된 조사를 통해서만 가능할 것이다.

　이 寺址는 新羅末에 창건되었으나 香火는 朝鮮時代까지 올려졌으며 高麗代에 크게 번성하였다. 그것은 寺址에 산란하여 수습되는 여러 와편을 통해 알 수 있다. 高麗末인 14세기 초 忠烈王代에도 翻瓦가 이루어졌음은 이곳에서 수습된 「天曆二年」銘암막새로 알 수 있겠다.

　이곳에서 출토되는 여러 기와들은 新羅都城에서 유행한 양식이 발전된 일련의 것으로 五小京文化의 한 면모를 이해하는데 좋은 자료라고 하겠다. 그러나 간혹 이형의 것도 없지 않아 이 지역이 갖는 복합적인 일면도 배제할 수는 없다고 보겠다. 寶相華文막새기와의 경우 八葉이나 多葉인 전통을 깨고 4葉을 고수한 것도 재미난 일면이라고 하겠다.

　청주의 唐羨山은 주변에 산재한 여러 佛蹟으로 미루어 가히 寶庫하고 하겠다. 新羅가 南山을 중심으로 하여 聖地를 이루었듯이 이 산을 중심으로 하여 그 성역을 삼은 것이 아니었을까 생각해 보는 것이다.

彌勒里寺址
(충주시 상모면 미륵리 소재)

恨의 嶺에 세워졌던 伽藍

소백산맥은 한반도의 중앙에 위치한 숙명의 라인(境界)이었다. 三國時代에는 이 산맥을 중심으로 나라가 갈리었으며 수천년 동안 문화와 기질을 달리하게 한 한(恨)의 분수령이었던 것이다.

新羅가 일찍이 2세기 중반부터 지금의 尙州를 上州라 부르고 소백산맥의 중심에 이르는 竹嶺, 鳥嶺을 개척하며 고구려의 땅을 손아귀에 넣으려 한 것은 모두 군사적으로도 제일 중요한 위치였기 때문이었다.

신라가 국력을 양성하여 漢江으로 진출하고부터는 小白山脈은 피의 전쟁으로 한동안 물들여졌었다. 高句麗와 百濟는 이곳을 되찾기 위해 신라와의 전쟁을 치르지 않으면 안되었기 때문이다.

三國은 이 산맥의 要路에 성을 구축하기 바빴고 군사를 증강시켜 상대국의 성을 공격하고 포로를 획득하는 일이 국가적인 일이었다.

고구려의 장군 溫達이 잃어버린 땅을 찾으려고 출정하였다가 영영 돌아가지 못한 三國史記의 기록은 삼국간의 이곳을 점유하려 했던 전쟁이 얼마나 치열했던가를 잘 알려 주고 있다. 溫達은 고구려에서 漢江으로 나오면서 『竹嶺 鷄立嶺(계립령) 서쪽의 땅을 찾지 못하면 돌아오지 않겠다』고 맹세까지 하였던 것이다. 그는 漢江가인 阿旦城 혹은 아차성에서 전사하였다.

바로 溫達이 맹세한 계립령 서쪽은 지금의 忠州, 槐山 등지에 해당되며 소백산맥의 북편, 원래는 고구려의 영토였던 것이다.

「계립령」의 南은 慶尙南道 聞慶郡 聞慶面이 된다. 西는 忠淸北道 忠州市

上芼面이어서 큰 고개를 두고 옛부터 道界가 이루어진 셈이다.
　그러니까 「嶺南」이라는 별칭이 이렇게 되어 붙여진 것 같다.
　교통수단이 발달되지 않았던 韓末까지도 慶尙道 사람들이 서울을 가려면 지금의 竹嶺, 혹은 鳥嶺, 鷄立嶺을 넘어야 했다. 千余年의 옛길이었던 때문이다.
　민족이 통일되고서는 소백산맥의 고갯길은 文化의 길목이 되었다. 嶺南과 畿湖를 연결하는 중요한 문화의 大路가 되었던 것이다.
　이 길목에 처음 등장한 것은 城이었지만 나라가 통일되고부터는 많은 가람이 건설되었다. 그것은 많은 사람들의 왕래가 빈번하였고 교통이 편리하였으며 佛事를 이루는데 용이하였기 때문이다.

　忠淸北道 忠州市 上芼面 彌勒里. 이 미륵리는 嶺南과 湖西를 연결해 주는 옛 鳥嶺(住民들 사이에는 한훤령-大院嶺이라고 불림)의 길목에 위치한 마을이다. 고개를 넘으면 慶北 聞慶땅 觀音里에 이르고 대로를 따라 내려가면 堤川 松界, 寒水를 거쳐 漢江에 이른다.
　이 마을에 폐사가 된 古刹址가 있다. 미륵(佛)이 있다고 해서 동네 이름도 미륵리이다.

麻衣太子의 傳說

　新羅의 마지막 王인 敬順王이 나라의 운명이 기울자 어전회의를 가졌다. 나라를 高麗에 항복할 것이냐를 신하들에게 묻게 되었던 것이다. 大臣들의 의견은 서로 같지 않았다.
　이때 太子가 나서서

　　『국가의 존망은 반드시 천명에 있는 것이니 마땅히 충신 의사로 더불어 민심을 수습하여 스스로 굳게 지키다가, 힘이 다한 연후에 이를 의논함이 옳은 것이지, 어찌 천년사직을 하루 아침에 경솔하게 다른 사람에게 줄 수 있습니까?』라고 반대했다.

　그러자 敬順王은

『고약하고 위험함이 이와 같아서 형세는 능히 온전하지 못할 것이니 이 왕 강해지지도 못하고 또한 약해질 수도 없으미, 무고한 백성들을 참혹하게 죽도록 하는 것은 나로서는 차마할 수 없는 일이다』

라고 太子의 말을 막았다.

敬順王은 대신을 시켜 글을 지어 高麗太祖에게 항복할 것을 결정하였던 것이다.

太子는 王의 이같은 결정을 듣고 통곡하면서 王宮과 이별하고 서울을 떠났다. 그리고 곧 皆骨山으로 들어가서 바위틈에 의지하여 집을 짓고 麻衣草食으로 그 일생을 살았다. 新羅의 마지막 王子인 유명한 麻衣太子에 관한 三國史記 新羅本紀 敬順王條의 기록이다.

이 彌勒里절터에는 麻衣太子에 관한 전설이 내려오고 있다.

즉 麻衣太子가 나라가 망하자 금강산에 들어가면서 이곳에 절을 지었다는 것. 그리고 麻衣太子의 누이가 되는 德周公主는 이곳에서 얼마 떨어지지 안흔 堤川 寒水面 德周寺에 절을 세웠으며 미륵리의 부처님(佛像)이 德周寺의 부처님을 서로 마주보게 하였다는 것이다.

麻衣太子의 創寺說은 믿을 수는 없지만 당시 서라벌을 떠난 太子가 큰 길이었던 이 彌勒里를 지나 갔을 것이라는 추정은 가능하다고 하겠다.

이 절터는 創建의 절대연대를 밝힐 사적비나 古記錄이 없어 불명이며 寺의 명칭도 아직은 베일에 가리워져 있다. 다만 그동안 수차례에 걸친 전문가들의 답사와 발굴조사 등을 통하여 麗初에 세워진 석굴寺院址이며 출토된 유물로 짐작「彌勒寺」가 아니냐는 얘기들이다.

절이 嶺南과 湖西를 잇는 길목에 자리 잡아 高麗全代에는 매우 큰 가람이었던 것 같다. 절터에 남아 있는 석굴前室의 圓形柱礎石, 우람한 5層石塔, 아름다운 石燈의 조화미는 이 절의 영화로왔던 옛 모습을 짐작시켜주고 있다.

이 절은 비록 高麗初期에 창건이 되었다고 하나 伽藍을 건설한 이들은 新羅人들이었다. 眞興王代 이후 漢江변에 中原京을 건설한 신라인들의 후예들에 의해서 堂과 塔이 조영되었을 것이 틀림없다. 그것은 寺域에 남아 있는 많은 유물들이 新羅의 一般型을 잘 계승하고 있기 때문에 알 수 있겠다.

이 절은 高麗中期 이후 몽고의 침입에 의해 한때 廢寺되었다가 그후 수차례에 걸쳐 重修가 이루어진 것 같다. 즉 高麗高宗 41年 9月 蒙將 車羅大가

정면에서 바라본 彌勒里 寺址의 全景. 발굴로 축대, 礎石 등이 노출되었다.

忠州城을 공격하다가 실패한 뒤, 포위를 풀고 南下하여 10月에 尙州城을 공격하는데 이 미륵리고개인 한휜령을 넘어갔을 가능성이 있는 것이다. 절터의 주변에서는 高麗下代에서 朝鮮初期의 각종 瓦片이 산란한 것은 이 절터가 수차에 걸쳐 重修되었음을 알려준다 하겠다.

임진왜란 이후에는 왜적의 침입으로 寺域이 초토화된 것 같으며 주변에 庵子가 유존하여 오다 오늘에 이른 것으로 보인다. 지금 옛 寺址의 옆에는 世界寺라는 절이 자리잡고 있으며 이곳을 정화하라는 지시에 따라 忠北道가 淸州大學에 用役을 주어 여러 차례에 걸친 發掘調査를 실시, 유적을 노출시켰다. 1천여년전 초창 당시의 石階와 주초석, 그리고 蓮華文이 새겨진 幢竿支柱가 발굴調査 당시 햇빛을 찾아 절의 화려한 면모가 드러나기도 했다.

이 彌勒里 절터는 慶州의 石窟庵과 같은 석굴사원의 한 遺址라고 하겠다. 그러니까 석굴암의 양식을 잘 계승한 고려초의 석굴사원인 셈이다. 이 두 석굴사원은 중국이나 인도와는 달리 조성하였다. 즉 천연의 암벽을 뚫지 않고 인공으로 석굴을 만들어 크고 작은 石材를 모아 그 위에 흙을 덮었으며 그 앞에 예배를 올리기 위한 기외지붕의 前室을 마련한 것이다.

彌勒里寺址 183

도판 ①. 石窟 앞에 石燈, 5층석탑 등을 배치한 單塔 伽藍양식을 보이고 있다.

이 石窟이 절의 가장 중요한 金堂이 된다. 金堂 앞으로는 石燈·五層石塔·石燈이 南北 일직선상으로 배치되어 單塔伽藍양식을 취하고 있다(도판 ①).

한가지 재미난 점은 寺의 방향이 일반적인 통식을 따르지 않고 北向을 하고 있다는 점이다. 그래서 石窟 안에 모셔져 있는 主尊佛이 웅려한 月嶽山 洞口를 바라보게 되어 있다.

또하나 일반 寺域과 다른 점은 金堂이 남쪽 高地에 위치하고 있어 燈과 塔, 中門, 幢竿 등을 부감하도록 배치되었다는 점이다.

부처님을 모신 主室은 石窟庵이 원형인 반면 이 사원은 네모꼴로 되어 있다. 석굴암은 主室과 前室을 간도(扉道)가 연결토록 되었는데 이 사원에서는 그것이 생략되었고 양쪽을 분리하던 架構의 흔적이 보이고 있다.

主室은 3面을 모두 石築하였다. 그 크기는 平面이 10.8cm×9.7m여서 석굴암의 主堂 7m보다 큰 규모로 되어 있다.

內壁은 아래로부터 3단의 긴 돌을 다듬어 쌓은 위에 돌기둥을 세우고 그 돌기둥 사이에 龕室(감실)을 만들었다. 이 감실 안에도 佛·羅漢竝坐像을 石板에 새겨(도판 ①-A) 배치하였다.

감실이 없는 南面에는 如來坐像 1軀와 원형이 불명한 보살상이 있어 감실 대신 佛보살이 배치되었던 것으로 보인다.

主室 앞에 노출된 주초석(도판 ②)으로 보아 前室은 원래는 正面 3間, 側面

도판 ①-A. 主室의 벽에 안치된 羅漢竝坐像.

1間 건물로 보았었다. 이는 慶州 石窟庵의 전실도 正面 3間이었고 이를 토대로 瓦葺八作집으로 復元한 것이다. 그러나 지난 77년 발굴조사 결과 左右에서 2개의 주초석이 찾아져 正面 5間 건물이 아니었나 생각도 되었다.

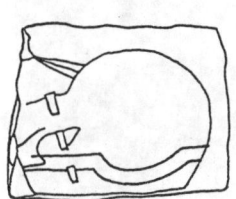 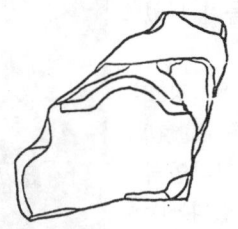

도판 ②. 미륵리 寺址 전실 옆에서 찾아진 東側 石礎石.

전실 앞에 노출이 된 石壇은 정연히 다듬은 네모꼴의 花崗岩으로 面石을 삼고 그 위에는 治石하지 않은 자연석을 깎아 맞추었다.

이 石壇은 지형적인 면을 고려, 金堂을 더욱 미려하고 전실을 경고하게 하기 위해 마련된 것 같으며 중앙에 石壇과 前室, 主室로 통하는 石階가 있음이 확인되기도 했다.

面石의 크기는 42×120cm 가령이나 金堂 앞으로 놓여 있는 탑, 등과 평행으로 큰 석축이 있는데 이 건물址가 미륵리寺址의 講堂址로 추정되고 있다. 석축은 크고 작은 잡석으로 面을 맞추어 막쌓기로 축조하였고 위에 올라가서는 큰 돌로 정연히 배치하였다.

이 건물은 礎石으로 보아 정면 5間, 측면 1間 규모로 보이며 고맥이가 조각된(도판 ③) 것으로 보아 初創期 당시의 건물로 추정되었다.

도판 ③. 고맥이가 陽刻이 된 講堂址의 주초석. 初創 당시의 것으로 보인다.

金堂을 중심으로 한 南北 일직선상의 單塔伽藍양식이지만, 金堂의 뒷편 대지에 건물을 배치할 수 없는 점을 감안, 西向의 講堂을 건립한 것이 아닌가 짐작된다.

이곳 절터의 建物址는 講堂址로 추정이 되는 곳 이외도 西向의 건물지가 다수 있으나 교란이 심하고 한동안 민가가 자리잡아 파괴되어 정확한 규모를 밝히지 못했다. 그러나 寺內로 진입하는 위치에 자연석을 다듬지 않고 닦은 舖道와 中門址로 보이는 것이 찾아져 주목이 되었다(도판 ④).

미륵리寺址는 美麗함을 강조하였던 가람이었다. 비록 高麗初에 창건되었다고 하나 신라인의 美意識이 잘 계승되고 있다. 中門밖에 세워졌던 幢竿支柱는 이 가람이 다른 어느 사찰보다 아름다웠던 것을 잘 알려주고 있다(도판 ⑤).

이 幢竿支柱는 오랫동안 彌勒里에 사는 池씨의 집 장독대로 이용되어 오다 이곳이 정화됨으로 노출된 것으로 우리나라에 유례가 단 두 곳밖에 없는 연화문을 양각한 당간지주가 된다.

도판 ④. 寺內로 들어가는 입구의 舖道, 그 안쪽이 中門址로 推定되었다.

이같은 지주는 寶物 第 1, 2, 3號로 지정되어 慶州市 普門洞 寺址에 하나가 있으며 중원지방에서는 유일한 것이 된다. 이 지주의 연화문은 外面에 陽刻되었으며 꽃잎은 6葉으로 되어 있다.

幢竿은 寺刹의 입구에 세웠던 절의 표적. 즉 佛과 보살의 위엄과 공덕을 표시하고 辟邪的인 목적으로 「幢」이라는 깃발을 달았다는 것이다. 또는 佛敎宗派의 分別을 표시하기 위해 이를 세웠다는 얘기도 있다. 이같은 寺域의 입구에 세우는 石製의 支柱에는 아름답고 淸淨한 연꽃을 장식한 미륵리寺址의 주인공들은 숨은 미의식의 장본인이라고 불러도 좋을 것이다.

이 寺刹의 配置에 있어 의심이 나는 점은 向이 北이라는 점이다.「北向」은 이 寺刹의 초창 發願의지가 서려 있기 때문이다.

慶州 토함산 石窟庵은 新羅의 聖蹟이라고 일컫고 東海口인 文武大王陵을 향하고 있다. 또 토함산 계곡의 獐項寺址, 骨屈庵 磨崖如來本尊像의 향이 모

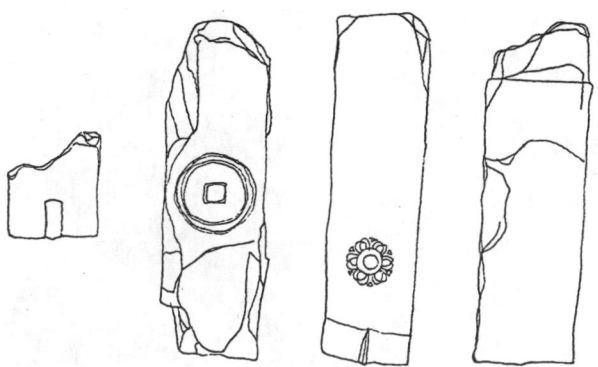

도판 ⑤. 미륵리사지에 있는 연화문이 양각된 幢竿支柱와 幢座.

두 大王陵과 일직선상을 이루고 있다.

이는 「내가 죽으면 東海의 龍이 되어 나라를 지키겠다」는 文武大王의 유언과 國民的인 발원이 일치한데서 이루어진 所産이라고 보아야겠다.

신라의 王都를 버리고 홀연히 深山에 숨어버린 麻衣太子의 명복을 빌기 위해 조영된 것인지, 혹은 高麗의 옛 高句麗 구토를 획복하기 위한 염원에서 창건된 것인지는 분명치 않으나 그 무엇의 의지가 北向에 서리어 있었던 것만은 틀림없다 할 것이다.

이 가람터의 총면적은 약 4천3백평에 달하며 南北의 길이는 약 1백70m에 이르고 있다.

현란한 遺物

①石造物

이 절터의 石塔과 石佛立像은 모두 寶物 95・96號(36. 5. 24.)로 지정되어 주목을 받았다.

石塔은 5層으로 新羅양식을 이은 高麗初期의 것으로 보존상태는 나쁜 편은 아니다. 이 石塔의 특징은 代塔에 비해 基壇面石에 隅柱 撑柱의 표시가 없으며 基壇도 1층 기단으로 약화된 인상이다(도판 ⑥).

塔身部는 初層옥개석이 2枚石으로 되어 있을 뿐 모두 1枚石으로 돼 있다.

188 한국의 廢寺

도판 ⑥. 미륵리사지의 보물 95호로 지정된 5층석탑.

初層부터 각층에는 室身石의 크기에 비해 좁은 기둥의 모습(隅柱)을 양가하였고 형식에 흐른 감을 보여주고 있다.

옥개석은 상층으로 올라갈수록 遞減이 떨어져 高峻한 느낌을 준다.

층급의 받침은 각층이 모두 5단 이어서 厚肉하여 보이며 轉角은 反轉이 되어서 둔중하면서 경쾌한 맛을 잃지 않고 있다.

相輪部는 路盤과 覆鉢(복발)을 남기고 있으며 그 이상의 것은 결실되었고 복발은 무늬가 없는 半球形이다.

탑의 크기는 全高 약 6m가 된다.

寶物 96號(35. 5. 24. 指定)인 主室의 石佛立像은 全高 9.8m의 巨像이다.

머리는 螺髮이며 그 위에 8角의 蓋石(개석)을 올려놓았다.

얼굴은 둥글고 이마에는 白毫의 표현이 만연하며 볼은 肥滿한 편이다. 눈은 반쯤 뜨고 있으며 코의 표현은 정제되어 있다.

양귀는 어깨 가까이 내려와 둥근 얼굴과 調和를 이뤄 원만한 상호이다. 목에는 三道의 표현이 역력하나 전체적인 균형에 비해 살이 찐 편이고 法衣는 아래로 흘렀으나 도식화에 흐른 경향이다.

手印은 왼손을 가슴에 대고 藥盒(약합)을 들고 있으며 오른손도 內掌하여 가슴에 대고 있다. 石佛立像이 안고 있는 藥盒을 연봉이라고 보는 견해도 없지 않아 있다.

法衣 아래는 발이 露出되어 아래 부분이 더욱 사실적인 인상을 준다. 이 佛像은 石柱形인데다 각부의 표현양식이 도식화되어 立體的인 美는 없다.

前室 앞을 밝혔던 石燈은 매우 아름다운 造形美를 보여주고 있다.

下臺石山 地臺石은 1枚石으로 이루어졌으며 下臺石에는 伏蓮이 조각되어 있다. 伏蓮은 單瓣複葉으로 8瓣을 이루었으며 각 판이 살이 찌고 정제되어 있다. 8角의 竿石으로 中臺石을 삼고 그 위에 火舍石의 연꽃도 매우 아름다우며 사실적이고 8角 옥개석 위에는 相輪도 모두 갖춘 빼어난 作品이다.

主室에 배례하였던 많은 求道者를 밝게 비추었던 이 石燈은 이 가람의 보배스러운 유물임에 틀림없다 할 것이다.

②금속류 등 기타 遺物

77년 첫 발굴 당시 講堂址로 추정되는 건물지에서 金銅製의 鬼面(도판 ⑦)

이 출토되어 주목을 받은 바 있다. 鬼面은 약간 부식이 있으나 금빛이 찬란한 도금이 잘 남아 있어 당시 寶物로 가람을 치장한 흔적을 잘 보여주고 있다.

크기는 높이가 9.5cm, 두께가 0.3~0.4cm이며, 半面이 파손되었다. 이 鬼面은 분노한 얼굴이며 휘어진 뿔과 寶髮, 부릅뜬 눈, 큰 이빨과 입, 미간에 잡힌 주름 등이 매우 정교하게 표현되었다.

양쪽 귀를 덮은 側面의 寶髮은 뿔처럼 다시 反轉시켰으며 그 상면에 못을 친 孔이 있어 혹시 門의 고리고 사용되지 않았을까 하는 추정을 낳고 있다.

정교한 모습이 統一新羅의 유형을 잘 잇고 있으며

도판 ⑦. 講堂址에서 나온 金銅鬼面. 찬란한 빛이 역력히 남아 있다.

金銅鬼面으로는 귀한 예가 아닐 수 없다.

5층石塔 東便건물지에서 나온 靑銅神將(도판 ⑧)은 이 절터의 유일한 金屬類 神像이 된다.

부식이 심하여 각 부의 양식을 파악하기가 어려우나 가슴에 장식이 돌기되어 있어 武服을 착용한 武人像으로 보이고 있다. 이 神像은 須彌山 밑의 四洲 중 南洲인 瞻部洲를 수호하는 神인 增長天에 해당되는 것으로 보인다. 즉 우측의 허리부에서 발지라(跋折羅)를 받쳐들고 왼손은 구부려 역시 왼쪽 허리에 댄 增長天의 모습과 같다.

이 神像이 增長天이라면 그 배치는 南쪽의 귀퉁이였을 것이며 혹시 舍利장치의 기구가 아닌가 내다보여진다. 즉 이 時代에는 사리장치기구에 이러

도판 ⑧. 5층석탑 東便 건물지에서 출토된 神像. 淸州大 박물관 소장.

한 神像을 배치하는 예가 없지 않았다. 이 神像은 小像으로 全高 6cm, 身高 4.15cm, 頭高 1.4cm이다.

역시 77년도에 도판 ⑨과 같은 金銅小屋蓋片이 출토되었다. 全面의 부식은 심하나 기와집의 지붕부분을 잘 알 수 있게 해준다.

이 小塔의 안면에는 屋身을 받칠 수 있는 괴임을 1段 만들었으며 처마는 反轉이 되어 경쾌한 인상을 주고 風磬(풍경)을 달기 위한 흔적을 보여주고 있다.

그러나 부여博物館에 소장된 傳扶余출토 靑銅屋蓋片의 사실적인 표현에는 미치지 못하고 기와골, 추녀 아래의 表現 등이 퇴화되어 高麗代의 노작으로 추정되고 있다.

이 小塔의 片은 高麗前期의 건물이 현존하지 않는 오늘날 古建築을 연구하는데 좋은 자료가 될 것으로 보인다. 크기는 一迅長 9.8cm, 板厚 0.08~0.1cm이다.

彌勒里寺址에서는 大刹의 규모다웁게 많은 瓦當이 출토되었다. 각종 기와들은 忠北의 中原郡 옛 절터에서 많이 보이는 文樣들이 주종을 이루어 이 절의 흥망이 中原의 문화와

彌勒里 寺址에서 발견된 完形의 고려초기 수막새.

같이 浮沈하였음을 알 수 있게 해준다.

中原에서 유행하였던 기와들은 거의가 新羅의 도성에서 유행하였던 무늬를 사용한 것들이 많다. 이러한 유행은 統一新羅를 거쳐 高麗의 전시대를 거쳐서도 이행된 것이다.

미륵리 寺址의 기와 중 대표작이 되는 瓦當은 도판 ⑩의 기와이다. 이 기와는 池淳泰씨의 도움으로 筆者가 소장한 것인데 初創 당시의 것으로 추정되고 있다. 突起된 큰 원형

도판 ⑨. 建物址에서 나온 金銅小塔의 屋蓋片.

의 子房을 중심으로 單瓣複葉의 2瓣 연화문을 배치한 일반형이다. 子房 안에는 9顆의 蓮子가 배치되어 있고 그 주위를 8瓣의 花形으로 장식을 가미하여 아름다움을 더해주고 있다.

各瓣은 살이 찌고 정연하며 흡사 前室 앞에 놓인 石燈 下臺石의 伏蓮을 연상시

도판 ⑪. 미륵리사지에서 출토된 唐草文 암막새.

키는데 統一新羅 蓮華文의 양식을 잘 계승하고 있다.

周緣에는 정연한 聯珠文이 돌려져 있으며 內區의 深度는 낮아 시대의 흐름을 엿보이게 한다. 이와 同形의 기와가 忠州의 安臨洞 옛 寺址에서 수습되

彌勒里寺址 193

도판 ⑩. 미륵리사지의 대표적인 연화문 와당.

어 당시에 유행하였음을 알려주고 있다. 크기는 現徑 15.5cm, 子房徑 5.5cm, 蓮瓣長 4cm, 두께 1.8cm이다.

이곳에서 출토된 암막새 중 대표적이 되는 것이 도판 ⑪의 기와이다. 이 기와는 78년 寺址의 南쪽 건물지에 노출된 것을 수습한 것으로 힘이 찬 唐草文을 소재로 한 것이다. 이 기와는 거의 半破된 것이나 中央부분의 草文이 잘 나타나 있다. 天地部 중 地部만 남고 그 위에 정연한 연주문이 배치되어 역시 신라의 일반 기와양식을 잘 잇고 있다.

太彫의 草文이 高麗초기의 양식을 잘 보여주고 있으며 릴리프가 강하여 또 웅건한 맛을 준다. 이 기와가 연속되어 건물의 처마를 장식했던 것을 상상하면 이 절의 雄麗함이 어떠했겠나를 짐작할 수 있겠다.

이 절터에서는 이밖에도 다수의 기와가 수습되었고 77, 78년 발굴 당시에 많은 銘文瓦가 나와 寺址연구에 좋은 자료가 되고 있다.

「明昌三年 大院寺住持 僧元明」이 手書된 平瓦와「彌勒」「彌勒堂」「大管」등 銘文도 나왔으며(도판 ⑫) 말과 호랑이가 그려진 平瓦(도판 ⑬)도 出土되어 이 절의 淵源을 밝히는데 자료를 추가시켜주었다.

194 한국의 廢寺

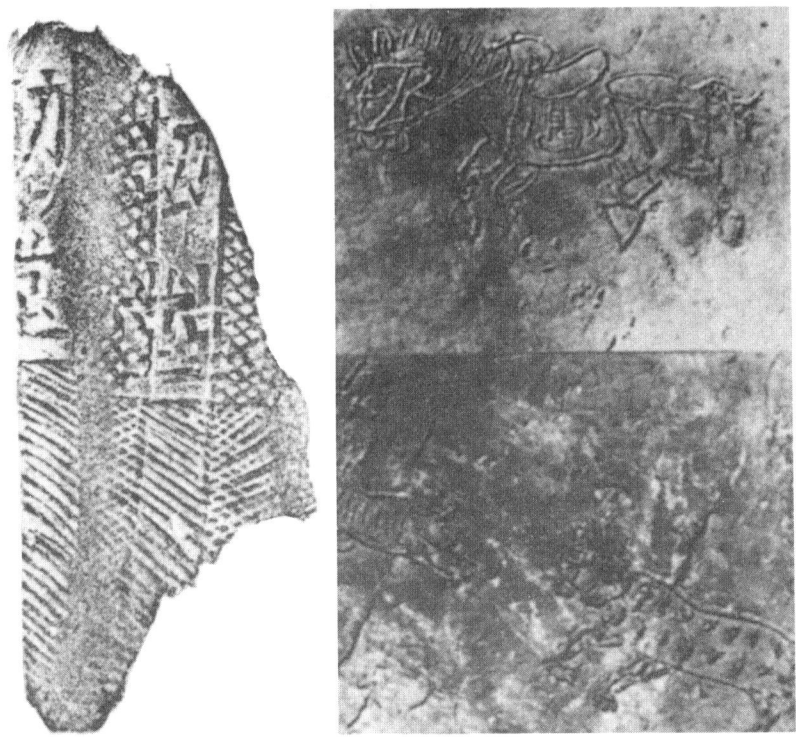

도판 ⑫.「彌勒堂」銘瓦. 이 사지의 이름이 彌勒寺가 아닌가 추정케 하는 자료이다.

도판 ⑬. 말과 호랑이가 그려진 平瓦. 민속자료로서 좋은 자료가 되고 있다.

관광지로 개발, 오염될까 우려

 소백산맥 鷄立嶺은 비록 三國이 싸우던 恨의 분수령이었지만 高麗人의 의지가 점철된 매우 중요한 성역이었다. 嶺南과 湖西의 땅을 갈라 사람들의 言語와 기질을 다르게 한 고개였지만 高麗 개국 이후 가람이 조영되고부터는 때로는 문화를 잇고 정신을 이어준 길목이 되기도 했던 것이다.
 이곳에 조영이 된 彌勒里寺址. 고개에 위치한 탓인지 우리가 걸어온 역사만큼이나 수난을 겪어냐 했던 것 같다.
 그러나 최근에 들어 이 절터에 향화가 올려지는 등 변혁이 일고 있다. 寺

域엔 잔디가 입혀지고 건물에는 丹靑이 입혀져 옛 高麗시대의 영화가 재현되고 있다. 한가지 우려되는 것은 千年의 신비를 간직한 彌勒里—松界의 맑은 계곡이 개발로 인해 오염되지 않을까 하는 점이다.

南漢江 上流의 德泉寺址
(충북 단양군 가곡면 덕천리 소재)

山水奇秀의 고장

수석(壽石)으로 이름높은 丹陽은 南漢江에 접한 고을이다.

李作이라는 이는 이 곳의 형승을 얘기한 記에 「山水奇秀」라는 표현을 썼다. 「丹陽은 옛고을이라 산수가 기이하고 빼어났으니 그 청숙한 기운이 반드시 헛되게 축적될 리가 없다」라고 한 것이다.

이곳의 기묘한 산수를 申檠는 또 이렇게 말했다. 「천 바위와 만 구렁에 한강이 돌았고 돌을 끼고 언덕을 따라 작은 길로 행한다」라고.

도판 ①. 檀國大 학술調査團에 의해 발견되어 國寶로 지정된 赤城碑.

단양을 노래한 것은 두 문인들만이 아니다. 風流가 있는 수많은 詩人묵객을 불러들인 곳이 丹陽이고 아름다운 漢江이었다.

한강 물줄기를 굽어 보고 있는 小白山脈-竹嶺은 일찍이 百濟와 新羅, 高句麗가 서로 차지하려던 宿命의 땅이었다. 眞興王代 이전까지만 해도 한때 百濟의 영역이었다가 高句麗領이 됐다. 후에 高句麗의 溫達은 竹嶺 섬쪽의 땅을 차지하려고 출정하여 阿旦城에서 세상을 떠난 것은 유명한 역사적 기록이다.

高句麗는 丹陽을 赤山縣이라고 했다. 혹은 赤城이라고 했는데 지금 단양읍 하방리 속칭 城山에 남은 石城의 遺基가 바로 이 城이 된다. 이 赤城에서는 지난 70年代말쯤 檀國大 학술 調査團에 의해 眞興王代의 碑가 발견되어 주목되었다. 이 碑는(도판 ①) 신라가 高句麗의 赤城을 정복하고 舊勢力의 위무 拓境을 기념한 것으로 國寶 198호로 지정되었다.

신라는 赤城을 한때 지금의 堤川인 奈堤郡의 領縣으로 삼았다. 丹陽이라고 이름 붙인 것은 高麗 忠肅王 5年으로 이때 郡으로 승격된 것이다.

漢江을 접한 水路의 잇점 때문에 丹陽 일대에는 佛蹟이 많이 산재해 있다. 水路로 신라의 제2 首府였던 中原京과 가까웠기 때문이다.

忠北 丹陽郡 佳谷面 德泉里에 있는 德泉寺址는 이곳에 소재한 여러 불교 유적 가운데 주목되는 유적이 된다.

이 寺址는 지난 70年代 중반, 淸州大 학술 조사단(당시 責任·李元根 博士)에 의해 첫 조사가 이루어져 지방학계에 알려졌고 이어 筆者와 檀國大 調査團 등에 의해 조사된 바 있다. 그러나 뒤에 농경지화된 寺址가 경지정리작업이 이루어짐으로써 크게 파괴되는 불행을 당하게 되었다. 현장에 남아 있던 여러 石材들이 逸失되었고 石塔部材들도 흙더미에 묻히는 우를 범하였던 것이다.

初創은 羅末~麗初

德泉寺址의 初創은 新羅末~高麗初로 추정된다. 그러자 初創年代를 밝힐 史蹟碑나 金石文의 출현이 없어 정확히 연대를 알 수 없다.

그러나 高麗史의 기록과 사지에 남아 있는 石塔部材, 瓦片 등으로 미루어 시대를 짐작할 수 있다.

이 寺址에는 파괴된 石塔의 부재가 남아 있는데 羅末~麗初의 조성 수법을 잘 보여주고 있다. 寺址 전역에 산란한 瓦片 중에는 統一新羅代의 수법을 보이고 있는 것도 찾아지고 있다.

線條文평기와, 飛天文암막새 등이 그것인데 이는 德泉寺址의 초창연대를 추정하는데 좋은 자료가 되고 있다.

이 寺址의 寺名은 고려사 世家 卷第二十九 忠烈王 二年條에 나오는 「德泉寺」로 보인다. 즉 洞里名이 「德泉」이고 주민들 사이에도 「德泉寺」였다는 얘기가 전해지고 있다.

즉 高麗史의 기록에는

> 乙尹에 德泉寺住持 益藏이 永春縣吏를 毒殺하고 또 娼妓 玉眞과 通하였으므로 海島에 유배했다

는 기록이 보인다. 寺址와 永春은 근거리이다.

寺址에 산란한 여러 종류의 기와로 미루어 高麗代에 번성했던 것 같다. 이때 번성한 것은 水路로 丹陽과 가깝고 육로로는 奈堤縣과 가까이 통했으며 보다 上流에 있었던 香山里寺址와 근접했기 때문일 것이다.

이 절은 朝鮮時代에는 존속되지 않은 것 같다. 興地勝覽의 丹陽郡 永春縣 條에 언급이 없기 때문이다. 寺址에 散亂한 瓦片을 보아도 朝鮮時代까지 존속되었을 가능성은 희박하다. 이 절도 高麗가 망하자 함께 廢寺된 것으로 보아야겠다.

南望한 伽藍

德泉寺址는 丹陽郡 佳谷面 德泉里 南漢江가에 자립잡고 있으며 약간 높은 臺地를 이룬 곳에 南望한 가람이었던 것으로 추정된다.

지금은 모두 경지정리가 되어 일부만 남았지만 약 2m 정도에 이르는 版築으로 된 築臺를 마련하고 그 위에 法堂을 마련했던 것으로 보인다.

가람배치는 중앙에 金堂을, 이보다 조금 떨어진 북편에 講堂을 造建하고 탑(3層으로 보임)은 金堂 正面 南쪽에 안치했음이 확인되고 있다. 南·北 일직선상에 탑·金堂·講堂을 배치한 一塔式 가람배치의 定型을 따랐던

南漢江 上流의 德泉寺址 199

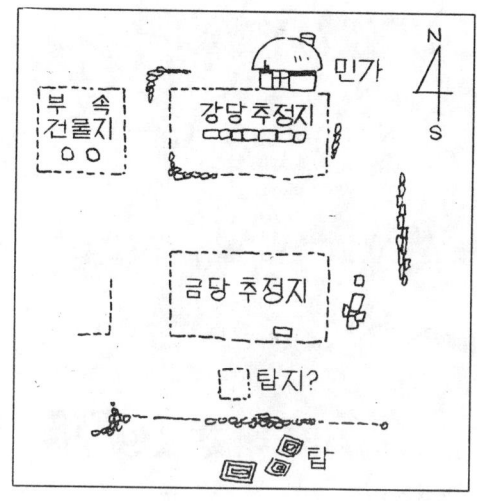

도판 ②. 德泉寺址 가람배치 추정도.

셈이 된다(도판 ②).

中門은 寺址로 올라오는 입구 약간 낮은 곳으로 추정되나 民家가 들어서 그 흔적을 찾을 수 없고, 이곳에서 북편 약간 떨어진 곳에 도괴된 石塔 부재가 남아 있다. 이 寺址는 江을 側面으로 接하고 南北 일직선상에 伽藍을 배치한 충북 中原郡 탑평리 사지 혹은, 忠南 扶余에 있는 金剛寺址와도 비교된다.

①金堂址(도판 ③)

이 마을 趙正衡 씨 집 뒷편 耕作地가 된다. 초석과 長大石 등이 모두 교란되어 그 규모를 알 수 없으며 주변에서는 다수의 瓦片이 산란하고 있다.

雜石과 흙을 섞어 版築한 축대가 일부 남아 있다. 遺址주변에 산란한 長大石 등으로 미루어 당초에는 매우 규모가 큰 건물지로 추정되며 이곳에서 여러 점의 연화문 와당, 飛天文암막새 등이 수습되었다.

일부 남은 築臺주변에 경작으로 출토된 瓦片더미가 있는데 이곳에서도 연화문기와가 찾아졌다.

②講堂址

金堂址 北便에 초가와 스레트지붕의 민가가 한 채 있는데 안채 뜰돌을 이곳에서 나온 長大石으로 이용하고 있다.

이 長大石은 3面을 잘 磨石한 것으로 講堂址의 建材로 사용된 것으로 보인다.

講堂址도 초석이 교란되고 長大石도 제 위치가 아니어서 규모를 파악할 수 없으며 주변에서는 다수의 瓦片이 산란하고 있다.

民家의 서편 담장을 이곳에서 출토된 礎石과 瓦片 등으로 채워 올린 것을 발견할 수 있다.

도판 ③. 寺址 金堂址 주변에 흩어진 長大石群.

③부속 建物址

講堂址 西便에 礎石이 보이는데 이곳에서 찾아진 유일한 附屬建物址로 추정된다. 礎石은 자연석을 그대로 이용한 덤벙 礎石으로 外面에는 아무런 彫飾이 없다.

礎石間 거리가 2m 남짓하여 큰 건물은 아니었을 것으로 추정되며 혹시 寮舍址가 아니었나 싶다. 주초석 주변에서는 역시 高麗時代의 와편이 산란한데 연화문기와 등은 수습되지 않았다.

遺物

이 寺址도 파괴도가 심해 현재는 廢塔의 일부 部材와 연화문 石材만이 남아 있다. 기와도 다른 寺址에 비해 소량 수습되는데 이는 경지정리 등으로 유구가 많이 파괴되었기 때문이다.

①廢塔(도판 ④)

원래는 金堂址 앞에 있었던 것이나 경지정리로 인해 축대 아래로 옮겨졌다. 基壇部와 甲石, 屋身石은 결실되었으며 현재는 屋蓋石 3개가 남아 있다.

도판 ④. 屋蓋石만 남은 廢塔.

　屋蓋石이 3개인 것으로 미루어 원래는 3層石塔으로 추정되는데 주변에서 다른 部材를 찾아보았으나 發見할 수 없었다. 3개의 옥개석은 모두 1枚石으로 되었으며 破損度가 심하다.
　初層 屋蓋石은 층급받침이 4段이고 처마는 水平이며 轉角은 反轉을 이루어 경쾌한 모습이다. 落水面은 완만한데 풍경을 달았던 홈은 파손이 심해 확인할 수 없다. 上面에는 角形 2段의 괴임이 陽出되어 屋身石을 받도록 되어 있다.
　한가지 주목되는 것은 옥개석 上面 중 안에 方形의 깊은 홈을 파놓았다는 점이다. 이 方形의 홈은 舍利孔으로 추정되는데, 옥개석에 이같은 장치를 한 예는 그리 흔하지 않다.
　2층의 옥개석은 上面이 지하에 접해 角形괴임이 있는지도 알 수 없으나 층급받침이 잘 나타나고 있다. 층급받침은 정연하며 높은 4段을 이루고 있다.
　3층의 옥개석도 층급받침이 4段이며 초층·2층과 같이 反轉된 轉角을 보여주고 있다. 落水面은 초층보다는 급박하나 처마는 水平을 이루고 있다.
　上面에는 역시 2段의 角形괴임을 마련 相輪部를 받도록 되었는데, 중앙에는 圓形의 擦柱孔이 마련되어 있다.

이 廢塔은 정연한 옥개석으로 미루어 中型의 단아한 석탑이었을 것으로 추정된다. 實測値는 초층 옥개석 1辺長 142×142cm, 高 45cm, 上面 4角 홈 29×28cm, 深 8cm.

②蓮華文石材(도판 ⑤, ⑥)
德泉里 도로변 下水口 위에 놓여졌으며 원래는 建材로 쓰여졌던 것이 아닌가 생각된다.

도판 ⑤. 間瓣까지 장식한 蓮華文石材.

도판 ⑤의 石材는 하단에 甲石形을 돌기시키고 그 위에 모두 八瓣의 單葉 연화문을 陽出했는데 瓣 사이에 間瓣을 배치, 연화문瓦當의 형식을 취한 것이 주목된다. 연판은 현재 6葉이 보이며 瓣端은 뾰족하여 날카로운 인상을 풍기고 있다.

間瓣은 약간 突起되어 있고 연판을 닮아 뾰족한데 장식적인 일면이 없지 않다. 이같이 蓮瓣의 끝이 뾰족하며 瓣內에 장식이 없는 예는 三國期 高句麗 百濟에서 유행하던 연화문으로서 주목된다고 하겠다.

瓣端이 뾰족하며 反轉形을 이룬 연화문은 扶余·公州에서는 물론, 高句麗

의 영토의 中原郡 可金面 塔坪里寺址 등에서 출토된 기와 등에서 찾을 수 있는데 이 寺域이 고구려의 舊領이었다는 점에서 매우 괄목할만한 유물이라고 하겠다.

이 石材와 비슷한 연화문은 또 淸州 우암산 傳牧牛寺址의 石造 연화대좌에서도 보이는데 옛 高句麗의 領에서 高麗代 일시 유행했던 것이 아닌가 생각된다. 이 石材는 건물의 난간석 등에 사용되었던 것으로 보이는데 정확한 용도에 대해서는 보다 확대된 硏究가 따라야 할 것 같다.

도판 ⑥. 모두 12瓣의 蓮瓣을 새긴 石材.

도판 ⑥의 유물은 도판 ⑤ 보다는 더 많은 연판이 陽出된 石材로 그 용도는 불명이다.

연판은 모두 12瓣이며 역시 판 사이에는 약화된 間瓣을 배치하고 있다. 하단은 陰刻線으로 區劃하였으며 연판은 뾰족하나 많이 마멸되었다. 瓣內에는 아무런 장식이 없는 素文이나 연판이 많아 細瓣化한 인상을 주고 있다.

이와 같은 형태의 연화문이 고려초 地方伽藍에서 출토된 여러 기와에서 많이 산견되는데 청주 근교 傳牧牛寺址, 文東里寺址, 忠州市 신니면 文崇里 崇善寺址의 서까래기와(忠州 張俊植 소장) 등에서 보이고 있다.

이 石材는 도판 ⑤과 같이 建物을 짓는데 사용된 建材로 보이며 하루 속히 당국에서 수습하여 도난당하지 않도록 보존조치 해야 될 것으로 사료된다.

③기와

도판 ⑦의 기와는 金堂址 주변에서 수습된 기와로 거의 완형에 가까운 蓮華文수막새가 된다.

돌기된 원형의 子房에는 작고 정연한 7顆의 연자가 배치되어 古式을 따르려 한 흔적을 보이고 있다. 子房 주위로는 細長한 放射線文帶가 있으며 그 주위로 1段을 높인 위에 화려한 연꽃을 배치하고 있다.

도판 ⑦. 子房이 돌기된 연화문瓦當.(拙著 忠北의 기와 수록)

子房 주위에 線文帶를 돌린 예는 慶州 도성에서 흔히 볼 수 있는 수법인데 地方伽藍 기와에서도 많이 발견되고 있다.

연판은 모두 單瓣 12葉으로 판안에는 忍冬과 같은 장식이 陽出되었다. 瓣사이에는 길게 突出된 間瓣을 배치했는데 放射線文帶와 접한 곳에 하나씩 다른 연꽃장식을 배치, 장식을 가미하고 있다.

연판의 끝은 뾰족하지 않고 ♡形에 가까우나 많이 마멸되어 본래의 모습을 이해하기는 어렵다.

周緣은 없어져 聯珠文이 있었는지는 확인할 수 없다. 다만 子房이나 線文帶, 혹은 연판과 間瓣의 장식성으로 미루어 높게 突起된 주연에 聯珠文이 배치되지 않았을까 하는 생각이 든다.

이와 같은 子房과 방사선문대를 돌린 기와가 淸州의 傳牧牛寺址, 中原郡 신니면 文崇里 崇善寺址 등에서 보여 이 시대 한때 유행하였음을 알려주고 있다. 이 기와에서 주목되는 것은 연판안의 忍冬과 같은 장식으로 이같은 형식도 忠北의 북부지역인 中原·堤原 등지의 가람지에서 많이 볼 수 있는 형태이다.

堤川에 있는 傳長樂寺址 등에서 이같은 예가 발견되기도 했다. 이 기와는 모래가 섞였으나 軟質이고 색깔은 회흑색이다. 現徑 11.5cm, 子房徑 3.1cm, 蓮瓣長 3.1cm, 幅 1cm, 厚 0.9cm.

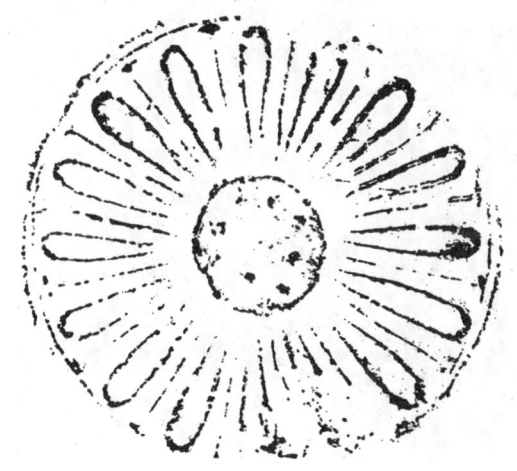

도판 ⑧. 연판이 略化된 연화문기와.

도판 ⑧의 기와는 金堂址 부근에서 수습한 것으로서 거의 완형에 가까운 연화문수막새이다.

子房은 약간 돌기되었으며 안에는 모두 8顆의 蓮子가 배치되었다.

子房 주위로는 모두 16瓣의 연판이 배치되었고 瓣 사이네는 略化된 線文의 間瓣이 장식되었다.

연꽃은 線文을 陽出시켰으며 瓣 안에는 아무런 장식이 없다.

外區에는 1條의 細長한 線文으로 된 同心圓이 있으며 그 밖으로 周緣을 두었으나 주연은 결실되었다. 이 기와는 子房이 古式을 따랐으나 연판이 많이 略化되었고 특히 間瓣도 圖式化되어 시대의 하한을 얘기해 주고 있다.

이와 같은 細瓣의 연화문기와는 中原郡 상모면 彌勒寺址 등에서 찾을 수 있어 고려 中期 이후에 유행했던 것이 아닌가 생각된다.

이 기와는 모래가 섞인 硬質이며 색깔은 회흑색이다. 現徑 11cm, 子房徑 3.1cm, 蓮瓣長 3.5cm, 幅 0.8cm, 厚 1.7cm.

도판 ⑨의 기와는 지난 79年度 金堂址로 추정되는 遺址의 축대 아래에서 수습한 것으로 이 寺址에서 출토된 기와 중 가장 주목되는 것이다.

이 기와는 비록 작은 片에 불과하지만 이 寺址가 新羅文化의 영향을 받았음을 알려주는 유물이 된다. 이 기와는 중간 부분만이 남은 암막새로서 많이 파손되었으나 가장 중요한 부분을 잘 남기고 있다.

돌기된 周緣에는 정연한 聯珠文을 배치하고 內區에는 雲文 위에 하늘을 나르는 飛天文을 陽出시켰다. 비천상은 큰 寶髮과 香爐를 든 것이 인상적인데 通式대로 긴 天衣를 날리고 있다. 무릎을 꿇은 하체는 소략하게 표현되었으나 통일 신라시대 유행하였던 모습을 잘 보여주고 있다.

도판 ⑨. 金堂址 주변에서 수습된 飛天文암막새.

고사리形을 닮은 雲文은 1구가 표현되었으나 唐草文과 같은 선문이 비천상 아래로 陽出되어 장식성을 가미하고 있다. 이 비천상암막새는 지방 伽藍에선 보기드문 유물로서 이 寺址가 初創 당시 신라계 貴族들에 의해서 造營되었음을 알려주는 귀중한 자료라고 하겠다. 이같은 慶州 근교를 제외하고 地方가람에서 비천문암막새가 나온 예는 거의 없는 것으로 알려주고 있다.

이 기와는 통식대로 2軀의 飛天像이 대칭을 이루며 양쪽에서 나르는 모습이었을 것이나 파손되어 1구만 남은 것이 아쉽다고 하겠다. 모래가 섞인 軟質 색깔은 황갈색. 現徑 10cm, 天地部幅 4.2cm, 周緣幅 1cm, 飛天像高 2cm, 厚 1.7cm.

이밖에도 이 寺址에서는 고려시대의 전형적인 기와에 속하는 鬼目文수막새, 唐草文암막새 등이 수습되었으며 평기와 중에는 역시 고려시대의 典型

的인 樹枝文기와, 唐草文기와 등이 조사되었다. 많은 瓦片들이 이 寺址가 고려시대에 크게 번성하였음을 알려주는 증거물이 된다고 하겠다.

맺는 말

德泉寺址는 羅末~麗初에 창건되었으며 高麗史에 기록될만큼 큰 가람이었음을 알 수 있겠다. 南漢江 水路의 잇점을 이용한 옛 高句麗땅 丹陽(赤城)에 속한 가람으로서 이곳과 멀지 않은 香山寺址 등과 맥락을 같이 한 것으로 보인다.

初創은 이곳의 土豪세력이 아닌, 竹嶺을 넘은 新羅의 귀족들에 의해 이루어지지 않았나 생각되었다. 이곳에서 수습된 비천문암막새는 이러한 의문점을 던지는 것으로서 이 寺址가 慶州 근교의 가람 조영수법을 계승한 것을 알려주는 자료가 되겠다. 新羅가 三國을 통일한 후에는 地方에 많은 伽藍을 조영하지만 이처럼 막새에 비천문을 쓴 예는 많지가 않다.

이 가람은 맑은 南漢江을 南쪽에 접하고 고수재를 南望한 南向가람으로 남북 일직선상에 中門·塔·金堂·講堂을 배치한 一塔式 가람배치의 定型을 보여주고 있다고 생각된다. 비록 발굴로 드러난 결과는 아니지만 현장에 남은 長大石·廢塔의 위치, 礎石 등으로 미루어 이같은 해석이 가능했다.

金堂址·講堂址는 수년전에 있었던 경지 정리사업으로 많이 파괴되어 그 규모를 파악할 수 없으나 정연한 長大石을 이용, 막새를 쓴 建物이었음을 알 수 있고 부속건물은 강당 西便에 南望, 혹은 東望했음이 확인되었다.

이 寺址에 유존한 유물은 廢塔과 연화문石材 등이 유일한데 모두 제짝을 잃었다. 廢塔은 屋蓋石만이 남았는데 원래는 3層이었을 것으로 보이며 층급받침이 4段이고 각 부가 정제되어 初創代의 所作이라고 보아도 무방할 것 같다. 그러나 기단부는 물론, 각층의 屋身石마저 모두 결실되어 제짝을 찾는 작업이 시급하다고 하겠다.

연화문이 陽出된 石材의 용도는 정확히 알 수 없으나 아무런 장식이 없는 素文의 연판이 주목되며 고려대에 한때 이같은 蓮華文이 유행하였음을 알려주는 자료가 되겠다.

이 寺址에서 출토된 연화문기와는 특이한 형태로서 다른 지역에서 볼 수 없는 細瓣을 이루며 지역적인 특성을 보여주고 있다. 그러나 慶州도성에서 유행하던 기와를 발전시킨 것으로 세부기법에서 그 흔적을 발견할 수 있겠다.

　이 寺址는 경지정리로 인해 유구가 거의 파괴되어 아쉬운 감이 없지 않다. 耕作地에 방치된 廢塔의 복원과 주변에 산란한 와편의 수습 등도 절실하다고 하겠다. 끝으로 한가지 倉으로 유명한 「德泉倉」과의 관계는 하나의 연구과제라고 하겠다.

陰城의 巨刹…中洞里寺址
(忠北 음성군 소이면 중동리 소재)

최근에 注目된 寺址

忠北 陰城郡 蘇伊면 中洞里에 옛 절터가 있다. 이 절터는 최근 忠淸北道가 펴낸 三大史誌「寺誌」편에 간단히 소개되고 있으나 널리 알려진 곳은 아니다. 이 절터는 음성에서 남동쪽으로 약 6km의 거리 목도행 대로 가까이에 위치하며 유적이 심하게 파손되어 쉽게 옛 寺域이었음을 분간할 수 없을 정도이다.

이 寺址는 그동안 檀國大學을 시발로 한두 차례 조사가 이루어진 바 있다. 수년 전 忠州에 있는 藥城同好會와 筆者에 의해 조사되었으며 예성동호회에 의해서 다수의 연화문瓦當이 수습되어 주목되었다.

음성군 내에는 다수의 佛蹟이 산재하고 있으나 이 寺址처럼 많은 양의 기와가 조사된 곳은 없다. 특히 기와 중에는 統一新羅代까지 시대를 올려볼 수 있는 주목되는 것도 있어 統一新羅 盛代의 창건이 아닌가 하는 추정도 불러 일으키고 있다.

이 寺址는 비록「三大史誌」,「陰城郡誌」등 여러 곳에 보이고 있으나 소략히 소개되고 있다. 새롭게 調査된 石造유물과 瓦當 등을 소개하는 뜻에서 이 寺址를 선택해 보았다.

馬韓의 一國?

음성은 본래 百濟의 땅이었다. 이곳을 일부학계서는 마한의 일국인 목지국(目支國)의 고지로 보는 견해도 있다. 후에, 고구려의 남하정책에 의해 高

句麗의 땅이었는데 잉홀현(仍忽縣)이라고 했다. 혹은 잉근내라고도 불렀다고 한다(三國史記 卷第三十五 雜志 第四 地理二).

陰城이라고 불리게 된 것은 신라 景德王대(A.D. 742~765)부터다.

그리고는 鎭川(당시 黑壤郡)의 領縣을 삼았던 것이다. 高麗 때에는 이웃인 忠州가 가까우므로 이곳에 붙였다가 朝鮮 太宗 13年(A.D. 1413)에 현감을 두고 지금에 이르고 있다.

이를 보면 陰城은 오랜 역사적인 고을임을 알 수 있겠다(輿地勝覽 建治 沿革條).

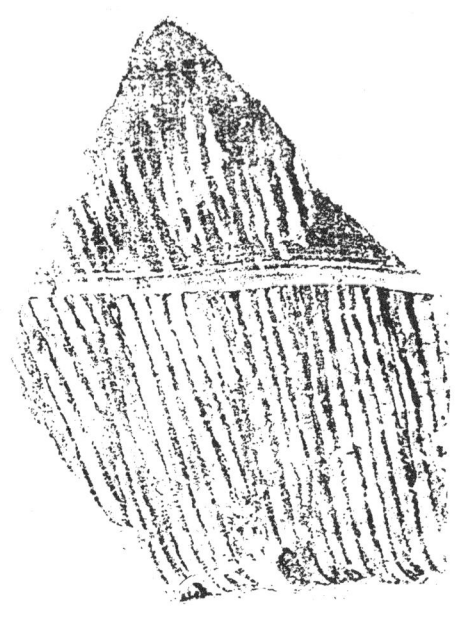

도판 ①. 사지에서 찾아진 線條文평기와.

朝鮮전기 학자 徐居正은 음성을 「白鷗兼水靜」에 비유했다.

    음성은 오랜 고을인데.
    양지골에는 아침 햇빛이 깨끗하다.
    산이 좋으니 병풍이 천폭이요,
    시내가 맑으니 옥(玉)이 한둘레로다.
    흰 갈매기는 물과 함께 고요하고
    누른 학(鶴)은 구름과 함께 나른다.
    잠깐동안 임당(林塘)울밀한 곳에 앉으니,
    푸른 빛이 옷에 뚝뚝 듣게 맡겨 두네

음성의 오랜 역사와 山川의 아름다움을 노래한 것이다.

陰城이 百濟의 영역을 떠나 高句麗의 강대한 지배를 받은 것은 약 7세기 초반 娘臂城(지금의 淸州)의 몰락 때까지가 아니었나 생각된다. 그것은 景德王代에 와 비로소 鎭川의 영현으로 삼을 수 있었기 때문이다.

지리적인 면에서도 陰城의 서쪽(접한 곳)은 고구려의 道西(지금의 도안), 淸安이고, 그 바로 동쪽에 娘臂城이 접하고 있다. 신라가 비록 眞興王代 中原(지금의 忠州)을 小京으로 삼고 漢州(지금의 서울)를 개척했다 치더라도 일단의 강력한 高句麗 세력이 陰城 혹은 道西, 娘臂城에서 웅거하고 있지 않았을까.

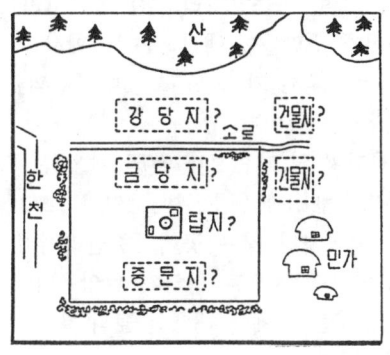

도판 ②. 中洞里寺址 가람배치 추정도.

지난 79年度 陰城郡 삼성면 대야리 뒷산에서 찾아진 속칭 망이성(望夷城·檀國大 학술調査團)은 경기도 利川(南川停)으로 통하는 길목을 막은 삼국시대의 석축성으로서 고구려 성으로 추정되고 있다. 「望夷」란 「오랑캐를 바라본다」는 뜻으로 고구려가 신라를 지칭할 대 「東夷」라는 표현을 썼던 것이다.

陰城은 신라가 三國을 통일한 후에는 가까운 중원경 문화의 영향을 받을 수 있었다. 성곽으로만 구성돼 있던 들과 산간에 香火를 올릴 수 있었던 것이다. 陰城지방에서 다수의 統一신라~高麗시대의 佛蹟이 보이는 것은 이를 뒷받침한다 하겠다.

中洞里 寺址는 바로 이 시대의 所産으로 요즘 한창 얘기가 되고 있는 中原文化, 특히 고대 지방문화를 이해할 수 있는 좋은 유적일 것이다.

傳「갈매寺」⋯⋯統一新羅 때 創建

이 寺址의 이름은 「갈매사」, 혹은 「갈마사」라고 전해내려 온다. 三大史誌 陰城郡 편에도 中洞里 寺址를--名「갈매사」라 부른다--라고 기록하고 있다. 지금은 고인이 되신 尹秉俊 님(前 충북도 문화재위원)이 소장한 陰城邑誌(朝鮮下代)에는 매우 주목되는 기록이 보인다.

新增 山川條에,

> 甑山　在縣南二十里…馬皮谷　在縣南二十里上有甑山寺今廢　古人有詩云
> 雲暗甑山寺花明馬谷春無云云

이라 나오고 있다. 이 내용에서 주목되는 것은 甑山이 현의 남쪽 20리에 있으며 말피골 위에 甑山寺라는 절이 있었는데 지금은 없어졌다라는 文句이다.

甑山을 우리말로 표기하면 「시루뫼」가 되며, 또는 「고리뫼」(甑을 「고리」로도 읽을 수 있음)라고 해석할 수 있어 현지 주민들이 얘기하는 「갈매사」가 혹 「고리뫼」의 와전이 아닐까. 「고리뫼」가 「골뫼」가 되고 그것이 「갈뫼」, 「갈매」, 「갈마」로 내려오지 않았을까 생각되는 것이다.

근래에 만들어진 地圖에는 甑山이 표시되지 않고 있으나 英祖 때에 간행된 輿地圖書에는 陰城縣의 남쪽 20리 지점에 甑山과 馬皮谷이 보인다. 또 25만 분지 1 지도에는 「中洞里」에서 얼마 떨어지지 않은 곳에 「중산리(中山里)」가 표기되어 있어 혹시 「甑山」이 뒤에 「중산」으로 변하지 않았을까도 생각되는 것이다. 이 寺址를 甑山寺로 비정하는 문제에 대해선 보다 폭넓은 현지 조사를 통해 考究돼야 되겠다고 생각한다.

中洞里 寺址는 寺傳도 부정확할 뿐 아니라 事蹟碑는 물론 寺刹의 연혁을 알려주는 문헌도 없어 創建 연대와 廢寺 연대도 불명이다. 현장에 남아 있는 각종 유물을 통해 추정할 수 밖에는 없다.

이곳에 산란한 여러 유물로 보아 初創은 統一新羅盛代에 이루어진 것 같으며 高麗末까지는 法燈이 이어졌을 것으로 보인다.

寺址에서는 初創 연대의 것으로 보이는 線條文평기와(도판 ①)가 다수 보이며 朝鮮시대의 기와는 눈에 띄지 않는다(輿地勝覽과 陰城邑誌에도 나오지 않음). 그렇다면 이 寺刹도 高麗의 멸망과 더불어 폐사된 것이 아닌가 생각된다.

寺址에 남아 있는 여러 석조물은 高麗盛代에 만들어진 것이 대부분이어서 불교가 극성하던 高麗 때에 크게 중흥되었음을 알 수 있겠다.

伽藍배치

이 寺址는 中洞里 4區 五相洞 부락 東南 야산 中腹에 위치하며 北西쪽을 향하고 있다. 南向을 피하고 北西를 向한 것은 대지 남쪽에 산이 가로막은 때문인데 寺址에서 바라보면 蘇伊면 「한내」와 中洞리, 甲山리 일대가 시원하게 한 눈에 들어온다. 向이 나쁘지만 이곳에 가람이 造營된 것은 한내를 통해 達川~中原으로 통할 수 있고 槐山과도 達川을 통해 오갈 수 있는 이점에서 이루어진 것이 아닐까.

도판 ③. 金堂推定址. 앞으로 塔址가 보인다.

이 마을 유진태 씨(48·農業) 소유 밭 가운데에 塔址가 있어 비록 규모는 알 수 없으나 이 寺址의 가람배치를 상상할 수 있게 해준다.

이 寺址는 塔址를 중심으로 東南쪽으로 金堂과 講堂을 배치하고 부속건물은 대지 아래인 南西便에 세운 듯하다.

대부분의 建物址가 지하에 매몰되어 정확히는 알 수 없으나 기와가 출토되는 것으로 보아 이같은 추정을 얻을 수 있다. 특히 寺址 아래에 자리잡은 유진태 씨 집 주변 일대에 다수의 와편이 산란하여 여러 채의 부속건물이 있었음을 알 수 있게 해준다.

金堂, 講堂의 배치와 부속건물의 건설 등으로 미루어 堂塔가람의 전형적인 조영방식에서 벗어났음을 이해할 수 있겠다(도판 ②).

高峻한 대지에 北西쪽을 향한 것도 통일성대의 伽藍배치로서는 異型임을 엿볼 수 있겠다. 이같은 예는 忠北 충주시 상모면에 있는 高麗 초기 가람인 미륵리寺址에서 찾을 수 있겠다.

㉮金堂推定址(도판 ③)
유진태 씨 소유 밭 塔址 東南便으로 짐작되며 주변에는 많은 기와편이 산란하고 있다.

도판 ④. 講堂址로 推定되는 建物址. 小路가 나 있다.

초석 등 건물규모를 알 수 있게 해주는 石物은 모두 매몰, 혹은 교란되었는지는 알 수 없다. 塔址의 거대성에 비추어 큰 건물이었을 것으로 짐작된다.
이 건물지 주변에서 統一新羅盛代, 혹은 고려시대의 연화문기와가 예성동호회에 의해 다수 수습되었다. 현재는 담배밭으로 되어 있다.

㉯講堂推定址(도판 ④)
금당지로 추정되는 건물지 東南便 산록과 접한 곳에 또 하나의 큰 건물지가 있으며 塔址의 배치로 보아 講堂址가 아닌가 생각된다.
지금은 그 중심에 민묘가 있고, 小路가 나 있으며 주변에는 다수의 기와조각이 산란한다. 역시 礎石 등이 보이지 않아 건물규모는 알 수 없다. 주변에서 수습되는 기와 중에는 統一新羅代의 것도 보인다.

㉔**부속건물지**(도판 ⑤)

寺址의 西南便 1단이 낮은 곳에 최근 민가를 철거한 곳이 있는데 이곳은 와편이 산란하여 부속건물지임을 알 수 있다.

도판 ⑤. 寺址의 西南便 1단 낮은 臺地에 있는 부속건물지. 金堂推定址에서 바라본 것이다.

民家가 오랫동안 세워져 건물규모를 알 수 없으며 長大石 등도 보이지 않는다. 이 건물지 南쪽의 여러 곳에서 瓦片이 찾아져 부속건물지임이 확인되는데 모두 경작지 아니면 과수밭이 되어서 그 규모를 파악할 수 없다.

金堂과 塔, 講堂을 신성한 곳(높은 臺地)에 배치하고 階下가 되는 낮은 곳에 寮舍를 건립한 것이라고 하겠다(이같은 예는 충북 청원군 북일면 비중리 선돌거리 寺址에서 그 예를 찾을 수 있겠다).

㉕中門推定址

유진태 씨 소유 밭 北端 주변일 것으로 추정되나 지금은 기와편만 흩어져 있고 초석 등이 보이지 않는다. 이 건물지 南쪽으로 약 20m 지점에 塔址가 있고 그 南쪽에 金·講堂推定址가 자리잡는다.

건물지 아래로는 다수의 無文塼이 수습되며 통일신라대의 것으로 보이는

線條文, 井字文, 細長한 樹枝文의 평기와가 눈에 띄고 있다.

각종 遺物

金堂址로 추정되는 건물지 앞에 方形의 塔址가 있는데 이 곳에 각종 石造物이 모여 있다. 주민들 얘기에 따르면 수년전부터 마을 곳곳에 흩어진 여러 석조물을 이곳으로 옮겼다는 것이다. 주민들은 아직도 이곳을 神聖한 곳으로 여기고 있는데 골동품상들의 여러번에 걸친 유혹에도 石造物을 매각하지 않았다는 것이다. 陰城~槐山 간의 대로에 위치했으면서도 寺址에 이같은 石造物이 잘 보존된 것은 이 때문이라고 하겠다.

㉮ 石塔옥개석(도판 ⑥)

주민들 얘기에 따르면 원래 이곳에 있던 석탑은 5층이었으며 1917년까지는 遺存해 있었다고 한다(忠北道. 三大史誌. 寺誌. 尹秉俊).

현재는 屋蓋石 1枚가 남아 있다. 이 옥개석은 화강암으로 조성됐

도판 ⑥. 층급받침이 3단인 석탑 옥개석.

으며 148cm×130cm, 高 59cm로 2枚로 구성된 옥개석 중 그 반쪽에 해당된다.

층급받침이 3단이며 鈍重한 감이 드나 轉角이 反轉되어 경쾌함을 일지 않고 있다. 현재 되어 옥개석 上面이 약간 매몰되어 괴임이 표현되었는지는 나타나지 않고 있다.

옥개석의 크기로 보아 초층 아니면 2층 옥개석이었을 가능성이 크며 巨塔이었음을 알 수 있겠다.

층급받침이 3단이고 전체적으로 鈍重한 느낌을 주어 高麗시대 석탑의 作風을 엿볼 수 있겠다.

㉯屋身石(도판 ⑦)

塔址 옥개석 옆에 있으며 正方形의 石造物이므로 석탑 屋身石으로 내다볼 수 있겠다.

각면에는 隅柱의 표현이 없으며 상면에는 擦柱圓孔이 파여 있다. 이 孔으로 보아 上層의 옥신석으로 내다보이며, 각면에 隅柱의 표현이 없는 것으로 보아 後補物이 아닌가 생각된다. 30×30cm. 높이 32cm, 孔徑 9cm.

도판 ⑦. 석탑의 屋身石.

㉰眼象石(도판 ⑧)

塔址 위에 도괴되어 있으며 石塔의 기단 하대석 面石으로 쓰여졌던 것이 아닌가 내다보인다. 左側面이 다른 석조물에 가리어 眼象의 수는 2구가 나타

도판 ⑧. 석탑의 기단석으로 쓰여졌을 것으로 보이는 안상석.

나나 眼象내에는 三山形의 귀꽃이 표현되었다.

眼象의 부드러움, 三山形 귀꽃의 표현 등 고려시대 유행하였던 모습을 보여준다. 이 眼象石은 이 寺址에 있던 石塔이 二成基壇이었음을 알려주는 것으로 미려, 웅장하였음을 엿볼 수 있게 해준다 하겠다. 크기는 68cm ×22cm.

도판 ⑨. 석등의 하대석과 臺座의 仰蓮石.

塔址 위에 화강암 조성의 연화대좌 仰蓮石 하나와 石燈部材가 놓여 있다.

앙련석은 佛像을 안치했던 臺座의 上臺石으로 보이며 나머지 部材는 현장에서 찾아지지 않고 있다. 이 석조물은 원형이며 下面에는 8각의 中臺石을 받을 수 있도록 8각으로 다듬었으며 촉孔은 보이지 않는다. 淺刻 2단의 부연 위에는 8각의 모서리마다 仰蓮을 조각했는데 연판 안에는 花形을 장식, 더욱 화려하게 하였다.

연판과 연판 사이에는 다시 커다란 8瓣의 寶相華文을 새겨 통식을 따르고 있다. 상면에는 불상을 안치할 수 있도록 판판하게 다듬었다. 新羅末~高麗初의 所作으로 보인다. 徑 66cm, 高 23cm.

石燈의 下臺石(도판 ⑨)은 8각으로 單瓣伏蓮을 조각했다.

연판은 厚肉하며 판끝은 反轉되어 古式을 따르고 있으며 瓣과 瓣 사이에는 間瓣이 표현되었다.

上面에는 竿柱를 받기 위한 2단의 8각 괴임이 陽出되었고 그 중앙에는 竿柱를 받기 위한 圓孔이 뚫려 있다. 徑 67cm, 高 22cm, 蓮瓣幅 19cm, 圓孔徑 19cm, 深 3.5cm.

㉤石燈竿柱石(도판 ⑩)

塔址 위에 도괴되어 있으며 도판 ⑨ 석등의 竿柱石이다. 8각이며 上·下面

에는 높이 2.5cm, 徑 16cm로 원촉이 있다. 竿柱 각면에는 아무런 조각이 없어 통식을 따르고 있다. 크기는 全長 76cm, 1辺長 10.5cm.

㈐石燈屋蓋石(도판 ⑪)
　塔址 위에 도괴되어 있으며 일부분이 파손

도판 ⑩. 석등의 竿柱石.

되었다. 下面에는 火舍石을 받을 수 있게 1단의 8각 부연이 마련되고 圓孔이 뚫려 있다. 여러 석재 속에 도괴되어 상면의 彫刻은 알 수 없다.
　石材로 보아 도판 ⑨, ⑩의 石燈부재를 볼 수 있으며 복원조치가 아쉽다고 하겠다. 徑 70cm, 一辺長 20cm.

㈑각종 瓦類
　이 寺址에서 주목되는 것은 각종 瓦當이다. 특히 연화문瓦當 중에서 몇가지 주목되는 점이 발견되었다. 이 寺址에서는 두 가지 종류의 기와가 수습되고 있다. 하나는 統一新羅系의 화려한 重瓣 연화문系이고 또 하나는 高句麗系의 문양에 가까운 高麗기와가 주

도판 ⑪. 석등옥개석. 복원조치가 절실하다.

종을 이루고 있다는 점이다. 두 종류의 발전된 형태 외에는 다른 무늬가 나오지 않는 것도 특징이라고 할 수 있겠다.
　中原京 시대 창건되었으므로 初創代의 기와는 新羅系의 기와를 사용하였

을 것는 자명한 일이라고 하겠다. 그러나 高麗代에 들어서는 이 지역이 高句麗의 故土이므로 高句麗式의 기운을 배제할 수는 없었을 것으로 보인다. 胎土가 거친 고려 때의 기와 중에서 고구려 기와를 닮은 연화문수막새가 다수 보이고 있다.

또 한가지 재미난 것은 統一新羅~高麗初 禪宗의 大道場이었던 충북 괴산군 칠성면 外沙里寺址에서 보이는 화려한 중판연화문과 똑같은 기와를 이곳에서도 사용하였다는 점이다. 이는 이 지역이 한내~달천으로 괴산과 지리적으로 가깝기 때문이라고 하겠다. 괴산과 음성지역 그 사이에서 기와를 구워 공급했을 것이라는 추정도 불러일으키고 있다. 이 기와의 발견으로 충북의 괴산, 음성지역에 대한 寺刹 조영에 관련한 여러 가지 중요한 해석이 기대되고 있다.

이 사지에서는 조선시대 기와는 거의 찾을 수 없다. 이 사지에서 보이는 기와무늬의 단조로움도 이 때문이 아닐까 생각된다.

도판 ⑫의 곱새 기와 (예성동호회・許仁旭 소장)는 사지내 주요건

도판 ⑫. 許仁旭 소장의 곱새기와.

물지 주변에서 수습한 것으로 이 사지에서 출토된 기와 중 가장 대표적인 것이다.

이 기와의 무늬는 外沙里寺址에서 출토된 기와와 동일하며(도판 ⑬) 周緣의 세장한 唐草文帶도 같다.

이 기와는 1條의 선문으로 된 子房 안에 여러 顆의 작은 蓮子를 배치하였고 子房을 중심으로 3重의 화려한 연판을 장식했다. 주연과 맞닿은 큰 연판은 끝이 뾰족하여 날카로우며 그 사이에는 忍冬무늬에 가까운 間瓣을 장식했다.

주연에는 唐草文帶의 흔적이 보이고 背面에는 線條文이 施文된 것이 나

타나고 있다. 태토는 모래가 약간 섰였으나 연질이고 색깔은 회흑색이다. 徑 14.5cm, 子房徑 8cm, 蓮瓣長 2.5cm, 周緣幅 1cm.

도판 ⑭의 기와(忠州北女中 소장)는 역시 중요건물지 주변에서 수습된 것으로 도판 ⑫와 동형이

도판 ⑬. 충북 괴산 外沙里 寺址에서 나온 同形의 연화문수막새.

나 거의 파손된 수막새이다.

子房은 결실되어 알 수 없으나 연판의 일부가 남았으며 周緣도 잘 남아 전체의 모습을 파악할 수 있게 해준다.

연판은 역시 3중판이며 판 사이에는 忍冬에 가까운 間瓣이 있고 그 주위로 線文帶가 표시되어 있다.

周緣과 細長한 唐草文이 장식되었는데 마멸이 심하다.

태토는 모래가 섰인

도판 ⑭. 張俊植 소장의 연화문기와.

연질이고 색깔은 회흑색이다. 現徑 9cm, 蓮瓣長 3cm, 幅 2.5cm, 周緣幅 1.5cm, 厚 2cm.

도판 ⑮의 기와(忠淸전문대 張俊植 교수)는 역시 중요건물지 주변에서 수습된 것으로 매우 주목되는 수막새이다.

子房은 결실되어 알 수 없으나 1條의 線文으로 두르고 그 안에 蓮子를 돌기시켰을 것으로 짐작되며 그 주위로 線文의 8瓣 연화문을 배치, 古式을 따르고 있다.

8판의 연꽃은 현재 3瓣만이 남아 있다.

瓣內는 1條의 線文으로 區劃하여 反轉되고 끝이 뾰족한 瓣端과 연결시키

瓣 사이에는 Y形의 간판이 장식되었는데 이 또한 古式을 따른 것이다.

주연은 무늬가 없는 素文帶에서 三國시대 막새의 전형을 따르고 있다. 이와 같은 동형의 기와가 忠淸北道內에서는 여러 곳에서 수습되는데 옛 高句麗 땅인 忠北 괴산군 문광면 逸名寺址(拙稿·忠北의 기와. p.14, 20), 청원군 북일면 비중리 선돌거리 古寺址 등지에서 보이고 있다. 線文으로 장식한 8瓣과, 素文의 周緣 등에서 고식을 따르려 했던 일면을 엿볼 수 있겠다.

색깔은 회청색이며 태토는 모래사 약간 섞인 경질이다. 徑 10.1cm, 蓮瓣長 2.5cm, 周緣幅 1cm, 厚 2.2cm.

도판 ⑮. 古式을 따르려 했던 주연이 素文인 연화문수막새(張俊植 소장).

도판 ⑯. 火跡이 나타나는 수막새(張俊植 소장).

도판 ⑯의 기와(許仁旭 소장)는 ⑮보다는 약간 시대가 떨어지는 것으로 역시 고식을 따른 예이다.

子房은 결실되었으며 연판도 8葉만을 남기고 있다. 판 사이에는 약화된 간판을 배치했다.

周緣은 素文으로 아무런 장식이 없어 도판 ⑮와 동형임을 알 수 있겠다. 이 기와는 모래가 섞였으나 연질이며 절이 불에 탔음을 알려주는 火跡의 흔적이 보인다. 現徑 11cm, 蓮瓣長 2.2cm, 周緣幅 1.2cm, 厚 1cm.

도판 ⑰의 기와(필자 소장)는 금당지로 추정되는 건물지에서 수습한 것으

陰城의 巨刹 中洞里寺址 223

로 이곳에서 발견된 수막새 중 가장 완형에 속한다.
　자방은 2條의 線文으로 되어 있으며 안에는 8顆의 연자가 돌기되었다. 선문으로 된 연판은 8판인 듯하고 현재는 4엽만이 잘 남아 있다.
　外區에는 크게 8綾의 선문장식을 주어 간판을 대신했는데 약화된

도판 ⑰. 子房이 잘 남은 형태인 연화문수막새.

모습이라고 하겠다.
　주연은 넓고 聯珠文帶가 돌려졌는데 많이 마멸되었다.
　도판 ⑮, ⑯보다 시대가 떨어지는 수막새로 前代의 양식을 계승하려는 생각에서 나온 것이라고 하겠다. 태토는 모래가 섞인 경질이다. 現徑 15cm, 子房徑 4.5cm, 蓮子徑 0.5cm, 蓮瓣長 3.5cm, 周緣幅 1.5cm, 두께 2cm.
　도판 ⑱의 기와(許仁旭 소장)는 중요건물지 부근에서 수습된 것으로 도판 ⑰보다도 시대가 떨어지는 수막새이다.

자방은 결실되어 알 수 없으며 연판도 현재 2葉만이 나타나고 있다.
　연판은 도판 ⑰보다 더 굵은 太彫이며 瓣內에도 縱線文의 장식이 가미되는 등 조잡한 인상을 주고 있다.
　外區에는 線文장식이 있고 周緣에는 굵

도판 ⑱. 太彫의 線文으로 표시된 연화문기와.

은 聯珠文帶가 돌려져 있다. 회흑색으로 모래가 섞인 경질이다. 現徑 9.5cm, 蓮瓣長 2.2cm, 厚 2cm.

도판 ⑲의 기와 (張俊植 소장)는 ⑱의 기와 보다도 시대를 내려볼 수 있는 細瓣의 연화문 기와로 많이 파손된 수막새이나 자방의 일부와 연판, 부연이 잘 남아 있

도판 ⑲. 끝이 뾰족한 細瓣의 연꽃을 보여주는 수막새.

다. 자방은 線文으로 표시된 듯하고 그 주위로 끝이 뾰족하고 幅이 좁은 연화문을 배치했다. 연판이 짧은 대신 子房은 매우 컸을 것으로 짐작이 간다.

연판은 4葉을 남기고 있으며 瓣內에는 선문대의 장식이 있고 간판도 太彫의 線으로 약화시켜 주연과 연결시키고 있다.

주연에는 聯珠文帶의 흔적이 보이는데 마멸이 심해 얼핏보면 素文으로 착각하기 쉽다. 모래가 섞인 경질이고 색깔은 회흑색이다. 現徑 13.5cm, 蓮瓣長 1.2cm, 長 2cm, 周緣幅 1cm.

도판 ⑳의 암막새(張俊植 소장)는 역시 중요건물지 주변에서 수습된 것으

도판 ⑳. 外沙里寺址에서 나온 기와와 똑같은 唐草文암막새.

로 괴산군 칠성면 外沙里寺址에서 출토된 암막새(拙稿・충북의 기와. p.94)와 동일한 무늬를 보여주고 있다.

天地部에는 정연한 聯珠文이 돌려져 있고 그 가운데 唐草文이 양각된다. 당초문은 太彫가 가까우나 섬세하며 기와의 오른쪽이 떨어져 나가 무늬의 전개를 알 수 없다.

태토가 곱고 연질이며 무늬가 섬세하여 신라말~고려초기의 작품이 아닌

가 생각된다. 現徑 12.5cm, 天地幅 6cm, 聯珠徑 1.5cm, 厚 2cm.

이 사지에서는 이밖에도 도판 ㉑(필자 소장)과 같은 당초문암막새와 도판 ㉒(許仁旭 소장)와 같은 異形의 암막새가 수습되었다.

도판 ㉒의 기와는

도판 ㉑. 필자 소장의 唐草文암막새.

現徑 8.5cm, 두께 1.5cm의 작은 기와로 원문 안에 蓮子를 배치, 壓捺한 것이다.

天地部의 사이가 좁고 수막새의 자방에 사용되는 연자문이 있는 것으로 미루어 瓦工이 여기로 만든 것이 아닌가 생각된다.

이 사지에서는 이밖에도 도판 ㉓과 같이 평기와에 樹枝文을 음각으로 장식한 기와(필자 소장)도 수습되었으며 도판 ㉔와 같이 銘文기와(필자 소장)도 찾아졌다.

도판 ㉒. 異形의 암막새.

명문기와는 金堂址으로 추정되는 건물지 주변에서 수습한 것으로 평기와에 글씨를 左書陽出시킨 것이다.

글씨는「公」,「相在用」등이 보이나 뜻을 해석할 수 없다. 이 기와는 이곳에서 출토된 기와 중 가장 유일한 銘文기와인 점에서 앞으로 사지의 이름과 연대 등을 밝히는데 하나의 자료가 되겠다. 現徑 18cm, 字徑 1.2cm×1.2cm, 厚 2cm.

맺는 말

百濟, 高句麗의 고토에 자리잡은 中洞里 사지는 신라 성대에 창건되어 고려 때에 흥성했다가 나라가 망하자 廢寺되었음 알 수 있겠다. 이 사지는 선종의 대도량이었던 괴산군 칠성면 外沙里寺址와 거의 같은 시기에 창건되었거나 또는 한때 같은 장소에서 기와를 공급받았을 가능성이 큼을 알 수 있겠다.

이 시대의 가람배치가 거의 南向, 혹은 東向이었음에 비추어 中洞里寺址는 臺地가 갖는 여건으로 인해서 北西向을 택한 것은 특이한 현상이라고 하겠다. 현장에 남아 있는 塔址, 혹은 建物址로 미루어 1탑식 가람배치임을 알 수 있고 신성한 예배전을 약간 높은 대지에 세운 것

도판 ㉓. 樹枝文이 陰刻으로 장식된 기와.

도판 ㉔.「公」,「上在用」 등이 陽出된 평기와.

도 이 시대에 나타난 가람으로서는 특수한 형식이라고 하겠다. 金・講堂을 高峻한 대지 위에 세운 예는 高麗시대에 유행되었던 것이다.

이곳에 남은 유물로 보아 석탑은 2成基壇에 眼象을 새긴 下臺石을 갖춘 雄麗한 거탑이었을 것으로 짐작되며 원래는 수많은 석조물이 있어 대도장의 면모를 갖추었음을 알 수 있겠다.

사지가 있는 음성 땅이 일시, 고구려의 「잉홀현」이었다는 점에서 고려 초기에 나타난 기와 중에 고구려系의 무늬가 일시 보인 것은 매우 주목되는 바라 하겠다. 이는 중원문화권이 갖는 복합적인 문화의 한 양상이라고 하겠다.

속단하기는 아직 이르나 조선하대의 기록인 음성읍지에 나오는 「甑山寺」가 이곳일 가능성도 없지는 않다. 이 사지의 이름을 찾는 학술적인 작업도 시급하다.

竹山 奉業寺址
(경기도 안성군 이죽면 죽산리 소재)

서울에 이르는 大路

竹山은 경기도 安城땅이다. 안성은 놋그릇의 고장으로 유명하다.

이곳은 안성에서 옛 길로 20여리라고 古記는 적하고 있다. 남쪽으로 鎭川과 경계를 이루고 북쪽으로는 옛 陽智縣과 50리 길이다.

옛날에는 충청도에서 서울(한양)에 이르는 대로였다. 삼국시대 경주를 떠난 신라군이 南川停(지금의 利川)에 다다르게 되는데 진천에서 죽산~이천의 도로를 이용했을 것이라는 학계의 說도 있다.

고려때 開京에 외적이 침입하면 王은 이 길로 피난했다. 다시 이 길로 돌아오곤 했다. 조선 英祖때 李麟佐가 청주 上黨山城에서 亂을 일으켜 서울을 공격할 때도 진천을 지나 죽산에 이르러 패했던 것이다. 世宗, 世祖 두 임금도 청주의 초정藥水와 俗離山에 거둥했을 때도 이 대로를 이용했다.

죽산은 이로 보면 옛 대로에 위치한 古縣이 되겠다.

죽산은 원래 백제의 땅이었으나 후에 고구려의 皆次山郡이었다. 그후 신라가 차지하여 介山이라고 이름을 고쳤으며 高麗 초년에는 竹州라고 고쳤다.

죽산이라고 이름한 것은 朝鮮 太宗 때인데 이때 郡과 縣의 이름이 州나 郡이 붙은 것은 모두「山」과「川」자를 붙여 府, 牧과 구별하였기 때문이다.

죽산이 유명한 것은 인물이 많이 나오기도 했지만 불교유적의 보고이기 때문이다. 사통팔달의 대로였기 때문에 가람의 조성이 많이 이루어졌던 것이다. 이래서 죽산의 들, 가까운 산간계곡에는 수없는 佛蹟이 있다.

죽산, 새 시가지 北쪽에 飛鳳山이 있고 그 옆에 유명한 竹州城이 있다. 비봉산은 예로부터 名山이며 불교 聖跡의 寶庫였고, 竹州城은 또 抗蒙의 호국

유적으로 이름나 있다.

옛 기록에 보면 竹州古城은 현 동쪽 5리가 되는 太平院이라는 곳의 北쪽에 있다고 쓰여 있다. 원래는 옛 驛에 달렸던 일종의 유숙처. 그러니까 竹州古城의 남쪽에 태평원이란 원이 있었다는 얘기가 된다.

이 태평원 가까이 고려때 거찰 奉業寺址(이죽면 죽산리)가 있다. 지금은 비록 사지에는 석탑과 당간지주가 남았지만 고려 盛代의 명찰다운 흔적을 역력히 보여주고 있다.

이 사지는 보물로 지정되어 있는 5층석탑을 제외하고는 사지에 남아 있는 유물이 널리 소개된 바 없다.

竹山大路에 우뚝 자리잡은 奉業寺址. 塔과 幢竿支柱를 철책으로 보존해 놓았다. 좌편으로 높은 산이 飛鳳山이다.

高麗의 開國의지에서 創建

奉業寺는 고려 초기에 창건된 것으로 보인다. 이같은 추정은 王建 太祖의 眞影(영정)을 모셨던 大伽藍이었기 때문이다.

奉業寺가 태조의 진영을 봉안했다는 기록은 高麗史 卷四十 世家 恭愍王 12年條에

12월 乙亥에 御駕(임금이 탄 수레)가 청주를 출발, 鎭川에 이르러 향연을 금하게 했다. 丙子에 竹州(죽산)에 이르러 太祖의 진영을 奉業寺에 알현했다(二月乙亥 駕發淸州 次鎭川 命禁中外仰駕 綵棚宴享 丙子 次竹州 謁太祖眞于奉業寺云云).

라 보이기 때문이다. 이 기록을 보면 공민왕이 紅巾賊의 침입으로 개경을 버리고 남쪽으로 피했다가 뒤에 개경이 수복되므로 청주·진천을 거쳐 竹山에 이르러 이곳에 있는 奉業寺에 들러 태조 왕건의 영정을 참배했다는 내용이 되겠다. 이 기록은 奉業寺에는 태조의 영정이 봉안되었고, 그 위치는 竹山임을 알려주는 내용이다. 왕건의 영정을 모신 거찰은 忠南 連山의 開泰寺에서 찾을 수 있어 奉業寺도 고려의 개국의지와 더불어 이때 창건되었을 것으로 내다보는 것이다.

죽산에 있었던 奉業寺가 죽산리의 사찰지로 비정되는 것은 古記에 사지가 비봉산 아래 있다고 기록되기 때문이다.

東國輿地勝覽 第八卷 竹山縣 古蹟條에

봉업사. 비봉산 아래에 있다. 고려 때에 태조의 진영를 봉안하였는데, 공민왕 12년 2월에 거가(車駕)가 청주를 떠나서 이 절에 들러 眞殿에 참배하였다. 지금은 석탑만 남아 있다(奉業寺 在飛鳳山下 高麗時安太祖眞 恭愍王十二年二月 駕發淸州次戾寺謁眞殿今只有石塔)

라 나타나기 때문이다.

奉業寺址에 나온 연세대학교 박물관 소장의 貞祐五年銘 金鼓는 이 사찰이 이 시대에도 매우 흥성하였음을 알리고 있다. 이 金鼓에는,

貞祐五年歲在丁丑 名字沙門?謙住于此 竹州奉業寺 發愿鑄成印

이라 되어 있어 A.D. 1217(고려 高宗 4년)에 沙門 ?謙에 의해 金鼓가 만들어졌음을 밝히고 있다. 이 金鼓의 출현은 또 이 사지가 奉業寺임을 알려준 귀중한 자료인데 13세기인 고려 중엽에도 매우 흥성하였음을 알려주고 있는

것이다(金鼓에 대해선 遺物편에 상세히 기록).

봉업사는 고려말에도 흥성하였고 또 중시된 것으로 보인다. 그것은 恭愍王代에 이르러 왕이 太祖의 眞影을 참배할 정도였기 때문이다.

이 사찰은 그후 고려의 멸망과 더불어 폐사된 듯하다. 輿地勝覽의 기록에도「塔만 遺存한다」고 되어 있어 이미 조선전기 이전에 없어졌음을 알 수 있겠다.

忠南 連山의 開泰寺, 忠北의 彌勒里寺址, 江原道 原州의 法泉寺 등과 같이 조선의 개국을 전후하여 폐사된 것으로 추정할 수 있겠다.

南向한 單塔式 伽藍배치

奉業寺는 비봉산을 背山으로 하고 정남형한 가람이었다. 5층석탑을 중심으로 그 남쪽에 당간을 세우고 북편으로 주요 건물을 세운 單塔式 가람으로 추정할 수 있다(도판 ①). 이는 신라 때부터 이어져 온 단탑식 가람의 유형이 고려전기에도 유행되었기 때문이다.

寺域의 북편에는 竹州古城이 있는데 그 아래에는 작은 사지가 산재, 봉업사를 중심으로 주변에는 많은 암자가 경영되었음을 알 수 있다.

㉮ 金堂址

5층석탑의 북편 유지로 보이는 곳에 瓦片이 다수 산란하며 봉업사의 금당지로 추정되고 있다. 유지는 매몰되어 있어 그 규모는 알 수 없으나 5층석탑이 거탑인 점에서 크기가 상당했었을 것으로 짐작된다. 석탑을 보존하기 위한 철책공사를 하면서 지하에 묵혔던 많은 와편이 나와 산란한데, 기와는 대부분 고려초기에 유행한 무늬가 많다.

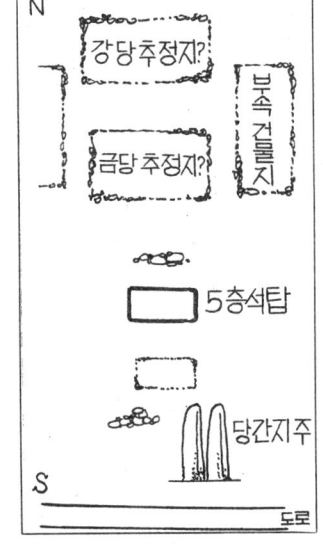

도판 ①. 竹山에 있는 奉業寺址의 가람 配置 추정도.

⑭講堂址 및 부속 건물지

금당지로 추정되는 유지에서 북편 일직선으로 약 10m 지점에 畓이 있는데 이곳이 강당지로 보이고 있다. 현재는 畓이 되어서 시와의 출토도 그리 많지 않은데 畓을 나눈 두렁에 이곳에서 나온 기와 무더기를 만들어 놓았다. 이 기와 무더기는 강당지에서 출토된 것으로 보이며 금당지 추정 유지에서 나온 기와들과 거의 동일하다. 역시 이 건물지도 지하에 매몰되어 규모를 알 수 없다.

이 사지의 부속 건물지는 사지의 동편에서 찾을 수 있겠다. 금당지·탑의 正東에 밭이 있는데 이곳에 瓦片이 많이 산재하고 있다.

남북의 길이가 길고 동서가 짧아 혹시 서향을 한 數間규모의 건물지가 아닌가 보인다. 그러나 정확한 규모는 알 수 없다.

5층탑의 서편, 畓에서도 간혹 기와조각이 출토되나 이곳에 건물이 있었는지는 알 수 없다.

사지의 대부분이 경작지가 되어 그 정확한 건물의 배치를 알 수 없는 것이 아쉽다고 하겠다.

雄麗했던 유물

奉業寺址의 현존 유물은 고려시대의 특성을 잘 지니고 있다. 석탑과 불상, 당간지주 등 모두 雄麗한 것이 특징이다. 신라의 정돈되고 미려함보다는 조금 소박하나 고구려의 故土를 회복하려 했던 의미를 엿볼 수 있게끔 크고 힘차다. 한가지 주목되는 것은 이곳 지역이 옛 길로 忠北, 忠南과 가까워 그 일대의 석탑·불상의 諸 모습과 비슷한 양식을 보이고 있다는 것이다.

①5층석탑(도판 ②)

보물 435호로 지정되었으며 고려시대의 특색을 보이는 거탑이다.

方形의 지대석은 수枚로 結構되어 있고 그 위에 1층의 기단을 얹고 있다. 기단 中石과 甲石은 모두 4枚로 구성되었는데 기단 面石에는 隅柱와 撑柱가 얇게 조각되었다.

甲石 上面에는 角形 2단의 괴임을 만들었고 그 위에 高峻한 塔身을 올려 놓았다.

초층 옥신석은 4枚로 되어 있고 각면에는 隅柱가 모각되었으며 남향한 1면에는 長方形의 감실을 모각하였다. 이 감실은 전대에 유행하였던 門扉의 한 양태로 보이는데 이와 같은 例의 석탑은 지방 사찰지 석탑에서 종종 찾을 수 있겠다.

각 면에는 아무런 彫飾이 없는 素文이며 각 隅柱의 표현은 5층까지 정연하다. 현 초층옥개석은 한 돌로 만들어졌으며 층급받침은 5단이고 추녀는 수평을 이루고 있다. 4隅의 轉角은 약간 反轉이 되어 장중하면서도 경쾌함을 잃지 않게 했다.

도판 ②. 보물 435호로 지정된 5층석탑.

2층의 옥신은 한 돌로 되었으며 1층에 비해 급격히 체감율이 떨어지는데 각 면에는 역시 隅柱가 모각되었다.

2, 3, 4, 5층의 옥개석은 1층 옥개석과 마찬가지로 平薄하고 추녀는 수평이며 4隅의 轉角이 약간 反轉되었다. 相輪部는 결실되었다.

이 5층석탑은 옥개석·옥신석에서는 신라 일반형 석탑의 양식을 일부 계승하고 있으나 기단의 약화, 감실의 모각 등에서 시대의 下限을 발견할 수 있겠다.

근년에 해체 수리되었는데 舍利具가 발견되었다고 한다. 全高 약 6m.

②幢竿支柱(도판 ③)

탑의 正南 약 30m 지점에 위치하며 경기도 地方有形文化財 89호로 지정되어 있다.

花崗岩 高柱로서 幢竿을 세웠던 竿臺는 매몰되었다.

內·外側과 前·後面에는 아무런 조각이 없으며 外側의 양쪽 모서리에 角을 지지 않게 한 흔적이 보인다.

柱頭는 內側面 정상에서 원호를 그리면서 경사를 이루었고 內側 정상에 당간을 고정시키는 장방형의 竿溝를 파놓았다.

柱身 內側에는 당간을 고정시키는 竿溝가 없는데 이는 상주읍 복룡동 당간지주, 경주 망덕사지 당간지주(보물 69호), 홍천 희망리 당간지주(보물 80호) 등에서 그 유례를 찾을 수 있다.

도판 ③. 지방유형문화재 89호로 지정된 幢竿支柱.

이 당간지주는 서편 지주 상단의 일부가 파손되었다.

③貞祐 5年銘 金鼓(도판 ④)

寶物 576호로 지정되어 있으며 현재 연세대 박물관에 소장되어 있다.

…竹州 奉業寺發愿 鑄成印…

이란 명문이 있어 이곳의 발원으로 이루어진 金鼓인데 A.D. 1217년(고려 高宗 4년)에 만들어진 것이다.

표면은 3條의 굵은 降起線으로 2區로 나누고 內區에는 같은 형식의 동심원을 돌려서 子房을 삼았다. 자방 안에는 9개의 蓮子를 배치하였고 同心 八

花形의 3條 陽刻線으로 장식, 화려함을 돋보이게 했다.

자방의 주위로는 모두 24瓣의 細瓣 연화문을 돌렸으며 각 瓣內에는 일직선의 線文을 장식했다. 연판의 끝은 뾰족한 인상을 주고 있다.

外區는 주연에 약화된 如意頭文을 정연하게 두르고 그 안에 세 속에 流雲文을 장식했다. 그 중 상단의 것은 2개의 流雲文을 대칭이 되도록 했다.

도판 ④. 연세대 박물관 소장 「貞祐五年」銘 金鼓.

측면에는 그 중심에 세로 降起線을 陽出하였고 끈을 달았던 3개의 고리가 있다. 銘文은 바로 이 側面에 있다.

이 金鼓는 자방 안의 큰 연자와 花形의 陽刻線이 주목되는데, 흡사 충북 중원군 미륵리사지, 충주시 안림동사지에서 나온 연화문기와의 자방과 너무나 흡사하다(도판 ⑤).

이곳에서 출토된 연화문기와들은 큰 자방안에 9顆의 蓮子를 배치하였고 또 同心 八花形의 장식을 돌리고 있는 것이다.

미륵리사지에 있는 5층석탑과 봉업사지의 5층석탑의 기단·옥신석

도판 ⑤. 미륵리사지(충북 중원군 상모면 미륵리)에서 나온 子房에 花形의 장식을 한 연화문 와당.(拙著, 충북의 기와, p.45, p.80).

형태가 같은 양식을 보여주는 점에서 재미난다고 할 수 있겠다.

이 金鼓는 表徑 61cm, 側幅 12.9cm이다.

④3층석탑(도판 ⑥)

봉업사지에서 북편으로 약 3~400m 지점에 3층석탑이 있으며 경기도 지

방유형문화재 78호로 지정되었다. 현장에 있는 안내문에는 신라말 고승 혜초국사가 건립했다는 전설이 내려온다고 쓰여 있으나 이를 믿을 수는 없다.

지대석은 수매로 되어 있으나 거의 지하에 매몰되었고 각형 2단의 괴임을 만들어 단층의 기단과 탑신을 올려놓았다.

기단 중대석은 4매이며 각 면에는 隅柱가 목각되었으나 撑柱는 없다.

甲石은 1매석이며 상면에는 16판의 伏蓮을 장식, 고려 탑의 특색을 보여주고 있다.

복련은 單瓣複葉으로 4隅에 1瓣, 그 사이에 3瓣씩을 장식, 모두 16瓣이 되게 했다.

도판 ⑥. 奉業寺址 북편, 「미륵댕이」에 있는 3층석탑.

甲石 상면에는 2단의 각형 괴임이 마련되어 3층의 탑신을 받고 있다.

6초층 옥신석은 1매석이며 각 면에는 隅柱가 모각되었고 다른 장식은 보이지 않는다.

초층 옥개석은 역시 1매석으로 구성되었고 추녀는 수평으로 平薄하다. 轉角은 약간 反轉되었으나 경쾌하지는 못한 편이며 층급 받침은 4단을 이루고 있다.

2층 옥신석에서는 체감율이 급격히 줄어 역시 5층석탑과 같이 高峻한 인상을 주고 있다. 역시 2·3층의 옥신에도 모두 隅柱가 모각되어 통식을 따르고 있다. 2·3층의 옥개석 층급 받침은 1층과 같이 모두 4단을 이루고 있다.

相輪部는 缺失되었다.

이 3층석탑은 5층석탑보다는 약간 후대의 소작으로 추정되고 있는데 甲石 上面에는 伏蓮의 장식을 가미한 단아한 고려 석탑의 한 예가 되겠다.

全高 약 3m, 地臺石 166cm×149cm, 中臺石 高 77cm, 幅 128cm, 隅柱幅 19cm, 甲石幅 136cm×148cm, 초층 옥신석 高 74cm, 幅 75cm, 隅柱幅 11cm.

⑤石塔部材(도판 ⑦)

도판 ⑦. 3층석탑 北便에 위치한 석탑. 기단은 잘 남았으나 상부가 많이 결실되었다.

도판 ⑥의 3층석탑 북편에 위치하며 원래는 아래 경작지에 있던 것을 현장에 있는 불상을 보수, 안치하면서 이곳으로 옮겼다고 한다.

지금은 기단과 탑신의 일부재가 남았으나 2층 옥신석, 3층 이상은 모두 결실되었다.

地臺石은 수매로 結構되었고 그 위에 單層 기단을 이루고 있다. 中臺石은 한 돌로 되었으며 각 면에는 隅柱가 모각되었다. 그러나 3층석탑과 같이 撑柱의 모각은 없다.

甲石은 1매석으로 되어 있고 下面에는 1단의 부연이, 上面에는 1단의 괴임이 彫出되어 탑신을 받고 있다. 甲石 상면은 아무런 彫飾이 없어 전면에 있는 伏蓮甲石의 3층석탑과 대조를 이룬다.

옥신석은 초층만 남았으며 2층 이상은 결실되었고 옥개석도 초층과 2층만을 남기고 있다.

초층 옥신석은 역시 1매석으로 이루어졌는데 각 면에는 隅柱가 모각되었고 다른 장식은 없다.

초층의 옥개선은 1매석으로 되었으며 처마는 수평이나 전각의 반전은 경쾌한 편이다.

낙수면은 급박한 편이고 층급 받침은 3단을 이루어 3층석탑보다도 약간 후대의 작품이 아닌가 추정된다.

옥신·옥개석의 크기로 보아 원래는 3층석탑이었을 것으로 보이는데 고려시대의 전형적인 小塔이라고 하겠다.

現高 약 160cm, 地臺石 199cm×194cm, 中臺石 幅 90cm×91cm, 高 60cm, 甲石 161cm×120cm, 屋身石 幅 61cm×61cm, 高 30cm, 屋蓋石 幅 95cm×95cm, 高 26cm.

⑥石造如來立像(도판 ⑧)

도판 ⑧. 보존상태가 좋은 石造立像.

원래는 밭 가운데 있었던 것을 근년에 현 위치로 이전, 안치한 것으로, 보기 드문 수작에 속하는 고려 초기의 石造如來立像이다. 이 불상도 경기도 지방유형문화재로 지정, 보존하고 있다.

방형의 지대석 위에 원형의 伏蓮臺座를 얹고 그 위에 佛身을 안치하였다.

佛身은 金銅佛에서 많이 보이는 腹部를 약간 앞으로 내민 자세이며 光背는 缺失되었다. 머리는 素髮이며 頭頂에는 肉髻가 큼직이 마련되어 있다.

이마에는 白毫의 흔적이 없고 양 귀는 길게 늘어져 어깨 가까이 닿고 있다. 눈은 반개 했으며 코는 정제되었으나 약간 마멸의 흔적이 있다.

원래 頭部와 佛身이 떨어져 있었던 관계로 목을 시멘트로 後補하여 놓아 三道의 흔적은 보이지 않으며 목이 짧고 가슴에 살이 쪄 자비스러운 모습을 잃지 않고 있다.

어깨는 균형이 잡혔고 法衣는 通肩으로 양 어깨에 걸쳐 아래로 흐르고 있다. 衣文은 가슴에서는 U자형이 되다가 두 다리에서는 타원형을 이루며 밑에서 V자형을 보인다. 발은 떨어져 나가 後補한 흔적이 나타나고 있다.

手印은 왼손은 아래로 내려 法衣를 잡은 듯하고 모든 손은 腹部 가까이 들어 與願印을 結하고 있다.

원형은 臺座는 8瓣의 伏蓮座로서 1단의 괴임을 陽出시켜 佛身을 받고 있다. 이 대좌의 伏蓮은 전면 3瓣은 제 짝이고 後面 5瓣은 보수 당시에 조성한 것이다. 蓮瓣은 單瓣으로 瓣內에는 寶相華文을 조식, 장식성을 가미하고 있다.

이 佛像은 口唇에서 오는 침울성, 衣文의 도식성, 대좌의 간략화 등으로 미루어 고려 초기의 것으로 추정되고 있다. 그러나 각부에서 통일신라 불상의 여러 양식을 엿볼 수 있어 그 특징을 발견할 수 있겠다. 뒷면에는 아무런 장식이나 조식이 없다.

全高 약 3m, 下幅 68cm, 臺座徑 122cm, 蓮瓣長 36cm, 幅 36cm.

도판 ⑨. 연화문기와의 파편. 고려시대에 유행하였던 세판이다.

이 石造如來立像 전면에 伏蓮 下臺石이 있는데 이 불상과는 관련이 없는 것으로 보인다. 이 伏蓮石은 지대석과 같은 돌로 이루어졌으며 그 중앙에 큰 원형의 홈을 파 중대석이나 간석을 받게 되어 있다. 伏蓮은 單瓣 8葉이나 間瓣의 배치 등이 약화되었고 사실적이 아니어서 후대의 소작이 아닌가 생각된다.

163cm×163cm, 伏蓮徑 120.5cm, 蓮瓣長 30cm, 幅 35cm.

각종 平瓦當類

奉業寺址에서는 瓦當類가 다수 출토된 것으로 사료되나 필자에 의해 조사된 것은 대부분 平瓦 뿐이다. 지난 80년도 쯤 충북대 박물관에서 사지를 조사, 수점의 연화문와당을 수습한 바 있었다. 주민들 말에 의하면 특히 불상을 보수할 당시, 주변에서 다수의 연화문기와가 출토되었다는데 그 行先을 알 수 없다는 것이다.

도판 ⑨의 기와는 이 사지에서 수습한 유일한 연화문와당편으로 거

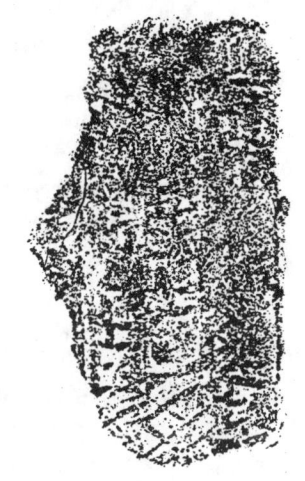

도판 ⑩. 「○○寺」銘 평기와.

의 파손되어 자방이나 전체의 모습을 이해할 수가 없다. 그러나 4葉의 연꽃을 남기고 있어 연꽃의 모양을 알 수 있게 해준다.

蓮瓣은 細瓣으로 고려시대부터 유행한 연화문을 보여주고 있는데 瓣을 나눈 線이 太彫를 이루고 있다. 색깔은 회흑색이고 軟質이다.

現徑 9cm, 蓮瓣長 3cm, 幅 1.5cm.

도판 ⑩의 기와는 이 사지에서 나온 유일

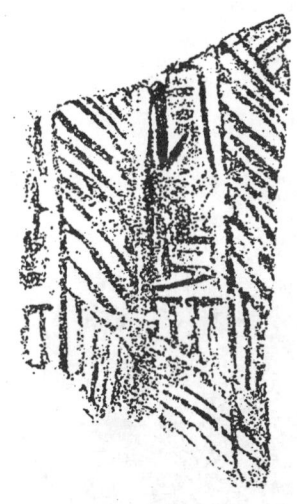

도판 ⑪. 「○○月○」銘 평기와. 상단 부분이 깨져 해독할 수 없다.

한 銘文기와이다. 글씨가 마멸되어 하단에 「寺」銘을 제외하고는 판독이 어렵다. 글씨는 해서로 左書하였는데 고려시대 많이 사용됐던 銘文기와의 字體임을 보여준다. 이 기와는 불상이 있는 미륵댕이 주변의 경작지에서 수습한 것이다. 모래가 섞인 軟質이다.

現徑 14cm, 字徑 2×3cm, 두께 2cm.

도판 ⑪의 기와는 강당지 추정의 유지 주변에 있는 와편더미에서 찾은 것으로 「○月○」銘을 보여준다. 글씨가 더 많았을 상단 부분이 깨져 해독할 수 없음이 아쉽다고 하겠다. 字體는 해서이고 古拙하며 左書 陽출한 것인데 글씨를 중심으로 좌우에, 太彫의 斜線文이 고려시대 기와의 특징을 보여주고 있다.

도판 ⑫. 평기와에 연꽃을 장식한 例.

회흑색이며 모래가 많이 섞인 硬質이다.

現徑 12cm×9cm, 字徑 4cm×2cm, 두께 1.9cm.

도판 ⑫의 기와는 역시 미륵댕이 주변에 있는 경작지에서 수습한 것으로 평기와에 연꽃을 장식한 예를 보여주는 유물이다. 이 기와무늬는 어떻게 보면 眼象같기도 한데 자세히 살피면 연꽃잎을 알 수 있겠다. 연꽃 주위로는 역시 太彫의 斜線文이 있어 평와무늬의 典型을 이루고 있다.

모래가 많이 섞인 硬質이며 색깔은 회청색.

도판 ⑬.

現徑 13.5cm×15cm, 蓮華文 幅 5cm, 두께 1.6cm.

이밖에도 이 사지에서는 도판 ⑬, ⑭, ⑮과 같은 여러 무늬의 평기와가 수습되었다. 도판 ⑬의 기와는 고려 말에 가까운 기와이므로 이 시대에 한차례 번와가 이루어졌음을 알려준다 하겠다.

耕作地로부터 保存을

竹山 奉業寺址는 고려 초기에 건립되었던 사찰임을 알 수 있겠다. 이 절에는 英主 王建 太祖의 眞影이 봉안되었으며 사명을 「奉業」이라 한 것은 이 때문이 아닌가 생각된다. 그러므로 봉업사는 忠南 連山의 開泰寺와 같이 고려의 숭고한 개국의지에 의해 발원, 창건되었다고 보아야겠다. 竹山이 삼국기부터 대로요, 군사적인 요충인 점에서 이 사찰의 창건이 갖는 의의도 컸으리라 생각된다.

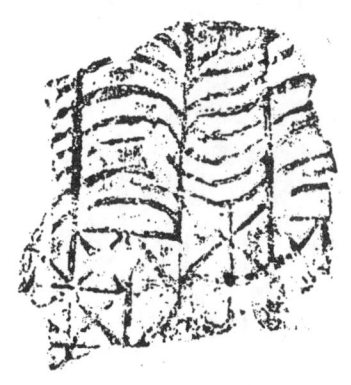

도판 ⑭.

奉業寺는 고려 전대를 통하여 중시되었던 것 같으며 말기까지 번성하였을 것으로 판단된다.「貞祐銘金鼓」는 바로 이 사찰의 옛 흥성을 알 수 있게 해주는 유물이 될 것이다.

도판 ⑮.

이 사지에는 고려 초기에 건립된 5층석탑을 위시하여 당간지주, 얼마 떨어지지 않은 곳에 3층석탑, 石造如來立像 등 유물이 유존해 있다. 이 유물들은 고려 초기, 신라문화의 영향을 그대로 이은 수작들로서 중부지방의 석조문화를 연구하는데 매우 귀중한 자료가 된다고 하겠다.

한가지 아쉬운 점은 사역의 전체

보존되지 못하고 石造 유물이 안치된 일부 작은 장소만이 철책으로 쳐져 보존되고 있다는 점이다. 이 사지에 대해선 아직 발굴 조사가 이루어지지 않았는데 많은 와편이 경작으로 인해 출토, 외지로 반출되고 있다는 것이 주민들의 얘기이다. 넓은 竹山들에 우뚝 선 奉業寺址에 대한 철저한 보존도 이 시대 하나의 책무가 될 것이다.

高麗初의 大刹…文東里寺址
(충북 청원군 남이면 문동리 소재)

文義는 百濟의 옛 땅

忠淸北道 도청소재지인 淸州에서 남쪽으로 약 50리 되는 곳에「文義」라는 곳이 있다. 행정구역상 표기는 淸原郡 文義面. 文義는 최근 大淸댐이 완공되어 湖畔으로 유명해졌다. 지금은 옛 자리가 수몰되어 山 중복으로 시가지를 이전하였지만 전통적인 고을로 널리 알려진 곳이다.

산수가 수려했고 兩班이 많았다. 얼마전까지도 장날이면 상투를 틀고 갓을 쓴 노인들이 제일 많았다고 한다.

百濟는 이곳을 一牟山郡으로 삼았다. 지리적으로 忠南의 燕岐땅과 인접해 있고 또 피발령 大嶺을 사이에 두고 회인과 가까워 두 곳을 領縣으로 둔 적이 있었다.

백제의 강대한 세력과 문화를 지녔던 곳이었기 때문에 통일 후에도 郡의 治所가 되기도 했다. 즉 景德王은 이곳은 燕山郡으로 개명했던 것이다.

고려 때는 淸州에 소속되었다. 그리고 고려 말에 이르러 衛社功臣 朴希實의 고향이므로 縣令을 두었다. 文義라는 이름은 바로 이때부터 비롯된 것이다.

文義와 가까운 곳에「文東」이라는 곳이 있다. 지금은 청원군 남이면에 편입된 곳이지만 옛날에는 文義의 文化圈에 속한 마을이었다.

바로 이 文東里에 古刹址가 있다. 지금은 옛 절터에 東華寺(주지・鄭元平)라는 庵子가 건립되어 香火를 올리고 있다. 그러나 옛 사역은 경작지가 되어 폐허가 되었다.

이 사지가 주목된 것은 지난 78년 李元根 박사(前 강릉대 교수)가 당시 청주대 조사반을 이끌고 조사, 학계에 보고하고부터이다. 이어 필자에 의해서 조사되었고 사지에서 수습된 각종 기와류가 주목되었다. 즉 백제의 영역이었던 관계로 瓦當도 주목되었다. 이 사지는 忠北道에서 간행된 三大史誌 寺誌(拙稿·東華寺) 편에 개괄적으로 소개되었을 뿐, 아직 보고서는 물론 論文이 발표된 바 없다.

創建은 10世紀初

문동리사지의 初創은 통일신라말~고려초로 추정되고 있다. 古文獻에도 보이지 않고 史蹟碑도 남아 있지 않아 유물과 기와 등을 통해 창건연대를 짐작할 수밖에 없다.

이 사지에서는 두께가 두꺼운 硬質의 線條文 평기와가 수습되고 있다(도판 ①). 線條文은 백제기와를 닮은 太彫인데 古式이다. 이로 미루어 상한을 통일신라말~고려초로 본다면 무리가 없을 것 같다.

도판 ①. 사지에서 수습된 평기와.

이 사찰은 고려 때에 크게 중흥을 이루었던 것 같다. 이는 사지에서 다량의 각종 연화문기와 수습되고 이 시대의 불상, 석재들이 산견되는 것으로 입증할 수 있겠다. 그러나 사명을 알 수 없을 뿐 아니라 기록도 나타나지 않는다.

이 사찰은 조선전기 이전에 廢寺된 것으로 추정할 수 있겠다.

사지에서는 조선시대의 와편은 거의 수습되지 않고 있다. 다만 조선후기에 건립한 東華寺 法堂 주변에서 산견될 뿐이다.

東國輿地勝覽 卷15 文義縣 佛宇條에

石岩寺 見佛寺 俱在九龍山 妙高寺 在國師郞山 維摩遂 在大明山
奉先庵 在槐方山 成佛寺 在摩勿城山

이라고 나와 문동리의 고사 이름이 나오지 않고 있다.

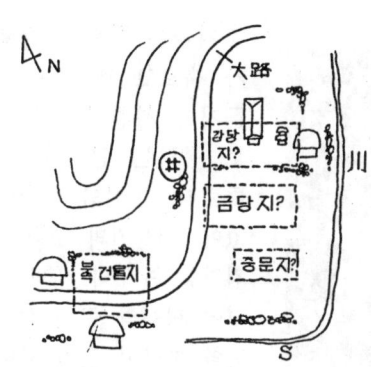

문동리사지 가람배치추정도.

九龍山, 國師郞山, 大明山 등은 文義 서편에 있는 산들이다. 문동리가 문의의 북편임을 생각할 때 輿地勝覽에 나오는 寺名은 관련이 없음을 알 수 있겠다. 輿地勝覽이 만들어진 시대에는 폐허가 되지 않았으나 생각된다. 전해 내려오는 얘기에는 壬辰倭亂 때 폐사되었다 한다. 그러나 이때까지 큰 가람이 존속되었다고 생각할 수는 또 없다고 본다.

東華寺의 鄭元平 住持가 전하는 말에 따르면 壬辰倭亂 때 倭兵들이 이곳을 지나가는데 갑자기 말발굽이 떨어지지 않더라는 것. 왜병이 이상히 여겨 주위를 보니 석불이 있어 칼을 빼 목을 쳤는데 목에서 피가 흘러 나왔다는 것이다. 이 전설은 임진왜란 당시에도 큰 가람은 아니지만 古址에 암자 정도가 유지되었던 것을 알려주며 倭賊에 의해 또 한차례 수난을 당했다는 것을 암시해 주는 얘기가 될 것이다(拙稿・三大史誌・東華寺篇).

寺傳에 의하면 지금의 東華寺는 약 300년 전에 城씨 門中에서 重建했다는 것이고 지금의 法堂은 1949년에 개수했다고 한다.

비록 古址는 폐허가 되었다 하더라도 지금까지 香火가 올려지고 있는 것은 다행스런 일이다.

一塔式 伽藍配置

이 사지는 평지에 위치하며 동남향을 한 가람이었다.

東華寺 앞 약 20m 떨어진 동남쪽 畓을 중심으로 중앙에 金堂을 주고 그

뒤에 講堂을, 그리고 좌우에 부속 건물을 배치했을 것으로 내다 보여진다. 三國時代부터 유행한 一塔式 伽藍배치의 예가 될 것이다.

지금의 東華寺 法堂은 동향을 하였으며 후대에 잘못 復建한 것이다.

㉮金堂址(도판 ②)

도판 ②. 金堂址 주변에서 찾아진 방형의 초석.

지금은 건물지 전체가 畓으로 변했다. 건물지의 서편에 花塘里로 통하는 큰 대로가 뚫렸다. 초석의 노출이 없어 건물지의 크기도 짐작할 수 없다. 다만 서편에 방형의 큰 초석이 반쯤 매몰된 것이 보이는데 혹시 금당지의 초석이 아닌가 생각된다. 건물지의 서편에 井址가 있는데 금당지에서 충토된 다수의 기와편이 주변에 산란, 큰 건물이었음을 알리고 있다.

蓮華文수막새와 均整 唐草文암막새의 대부분이 이곳에서 수습된 것으로 보아 건물은 매우 화려했을 것 같다.

㉯강당지(도판 ③)

지금 東華寺의 法堂이 건립된 곳으로 추정된다. 옛 사찰에 쓰여졌던 석재를 기단으로 삼아 그 위에 목조건물을 세웠는데 동향이다.

礎石(70×70cm)은 방형이며 다듬지 않은 자연석을 이용한 것도 있다.

초석들은 東華寺의 法堂을 건립하면서 원래의 위치에서 옮겨져 이 건물지의 정확한 규모도 파악할 수가 없다.

이 초석으로 보아 金·講堂은 方柱를 사용하였던 것 같은데 고려시대의 사지에서는 드문 예가 되겠다.

㉓ 中門址

金堂址로 추정되는 약 20~25m 전방에 瓦片이 산재한 곳이 있는데 이 사지의 中門址가 아닌가 내다 보인다. 초석들이 모두 지하에 매몰되어 규모는 알 수 없다.

도판 ③. 東華寺의 法堂. 고지의 講堂址로 추정되고 있다.

이 건물지에서 수습되는 기와는 고려시대 유행하던 樹枝文, 格字文이 시문된 평기와가 대부분인데 수차에 걸쳐 중수되었음을 알려주고 있다.

㉔ 부속 건물

이 사지의 서편에 草家가 두 채 있는데 이 곳에서 다수의 와편이 수습되어 古址의 부속 건물지로 보인다. 건물은 남향이었을 것이며 역시 초석 등이 지하에 매몰되어 그 규모를 파악할 수는 없다. 이 건물지 주변에서도 연화문 수막새다 수습되어 부속 건물에도 막새를 사용하였음을 입증하고 있다. 花塘으로 통하는 대로가 건물지의 중심을 뚫고 지나갔다.

遺物

이 사지는 그 크기로 보아 석조 유물이 많았을 것이나 무참히 파괴되어 현재는 佛像 1軀와 廢塔 1基만이 남아 있다. 불상이 잘 보존된 것은 동화사가 후대에 중건된 덕이라고 하겠다.

㉮ 石造 佛像(도판 ④)

東華寺 大雄殿의 主尊佛로 모셔지고 있으며 화강암으로 만든 毘盧舍那佛이다.

완형의 연화대좌를 구비한 거작으로 光背는 결실되었다. 자세는 결가부좌하였으며 곧게 섰으나 頭部를 파손하여 後補때 잘못으로 側面을 바라보게 하였다.

螺髮의 頭頂에는 肉髻가 있는 것 같으나 뚜렷하지는 않다. 넓은 이마에는 白毫가 보이고 코는 오뚝하나 색을 칠해 원만하였을 상호를 그르쳐 놓았다. 兩耳도 後補한 것이다. 어깨는 당당한 편이고 三道의 흔적이 보이고 있다.

手印도 마멸되었으나 右手를 아래로 하고 左手를 위로 하여 가지런히 모으로 있는 점으로 보아 右手 둘째 손가락을 左手로 잡은, 통식을 벗어난 智拳印을 結하여 毘盧舍那佛로 추정케 한다.

도판 ④. 石造佛像. 改全하여 원래의 모습을 잃고 있다.

法衣는 通肩이며 양어깨로부터 흘러 胸部에서 左右 양쪽으로 펴져 대칭을 이루고 있다. 衣文은 太彫이며 약화되었다. 그러나 背面에도 衣文의 조각이 보인다.

전체적으로 비만한 인상을 주고 있으며 衣文의 약화를 보아 통일신라 말~고려 초기인 10세기경의 작품으로 볼 수 있겠다. 全高 148cm, 頭高 51cm, 厚幅 70cm, 胸幅 45cm, 膝幅 109cm.

연화대좌는 上·中·下臺는 결구되었으며 보존상태도 양호한 편이다(도판 ⑤).

下臺石은 地臺石과 1매석으로 조성되었고 複瓣 8葉의 伏蓮이 화려하게 장식되었다. 各 瓣端에는 귀꽃이 약식으로 표현되어 시대적인 특징을 보여준다.

下臺石 상면에는 사다리꼴의 8각 괴임대가 있으며 中臺石을 받고 있다. 괴임대는 3단이며 상면의 1단 괴임은 몰딩으로 처리하였다.

8각의 中臺石에는 각 면에 兩隅柱가 모각되었고 面石의 眼象內에는 각종

도판 ⑤. 中臺石 각 면에 佛像을 陽刻했다.

불상이 화사하게 조각되었다.
 후면에는 향로를, 그 좌, 우면에는 합장한 좌상, 기타 5면에는 降魔触地印, 智拳印을 結한 如來像이 결가부좌로 양각되었다.」
 각면의 坐像에는 뚜 頭光과 擧身光이 표현되었다. 陽刻된 坐像은 릴리프가 강하나 佛頭는 마멸이 심하다.
 上臺石은 장엄한 8葉의 仰蓮을 조각했으며 그 중심에 珠形 5瓣의 연꽃을 장식했고 間瓣에도 花形을 배치했다. 下面에는 각형 副椽이 있으며 상면은 불상을 안치하기 좋게 판판하게 다듬었다. 이 상대석은 일부가 파손되었다.
 이 연화대좌는 조립이 잘못되어 중대석과 8각의 괴임이 맞지 않고 있다.
 이와 같은 대좌는 청주지방에서 산견되는데 이 시대에 유행하였음을 알려준다 하겠다.
 下臺伏蓮 高 24cm, 蓮瓣幅 49cm, 괴임 1边長 35.5cm, 中臺石 高 31.5cm, 兩隅柱幅 4cm, 上臺石徑 117cm, 高 25cm, 全高 약 88cm(지대석은 제외).

㈏ 三層石塔(도판 ⑥)

도판 ⑥. 3층 옥개석을 남긴 廢塔.

東華寺 大雄殿 앞에 있으며 3층 옥개석과 상대갑석만이 남은 폐탑이다. 이 석탑의 부재로 보이는 기단면석이 대웅전 디딤돌로 사용되고 있다. 이 기단면석에는 한쪽에 隅柱의 모각이 보이며 크기는 폭이 156cm이다.

상대갑석은 2枚로 된 듯하나 현재는 석탑을 안치하기 위해 上, 下 뒤집어 놓았다. 下面에는 부연이 보인다.

초층옥개석은 층급받침이 4단이며 낙수면은 완만한 편이고 轉角의 反轉은 심하지 않다.

2층 옥개석은 역시 층급받침이 4단이며 낙수면은 초층보다는 급박한 편이다. 轉角의 반전이 있어 경쾌하다.

3층 옥개석은 일부가 파손되었으나 층급받침은 역시 4단을 보이고 있어 같은 部材임을 알려준다. 상륜도 결실되었으나 覆鉢이 유일하게 남아 있다.

이 석탑은 각부의 양식이 고려대에 유행하던 통식을 보여 10세기 후반 조성으로 추정되고 있다.

㈐ 각종 瓦類

이 사지서 주목되는 것은 각종 와류이다. 이미 오래 전에 청주대 박물관 등에서 다수를 수습하였고 鄭住持에 의해 필자에게도 수점이 기증되었다.

이곳에서 출토된 기와류는 대부분 고려대 것으로서 신라기와의 典型을 따르지 않고 오히려 백제系의 양식을 잇고 있다는 점이다. 이것은 문동리가 百濟의 옛 땅으로서 지역적인 특수성에 기인한 때문이다.

도판 ⑦의 연화문수막새는 이 사지서 출토된 기와 중 가장 주목된다. 돌기된 원형은 자방 안에 6顆의 연자를 배치하였고 그 주위로 花形의 線文을 장식했다.

연판은 4葉이 확실하나 원래는 8瓣이었을 것으로 보인다.

연판은 끝이 뾰족하고 날카로우며 살이 졌다. 이같은

도판 ⑦. 정연한 子房과 蓮子, 끝이 뾰족한 연판이 주목되는 蓮華文수막새(筆者 소장).

형태의 기와가 扶余 가증리사지에서 출토된 바 있으며 돌기된 자방, 8瓣의 연화문 등이 古式을 잘 따르고 있다 하겠다.

연판 사이에는 역시 끝이 뾰족한 ◇形의 間瓣을 배치했는데 그 좌우로 꽃술이 장식되었다. 周緣은 결실되어 聯珠文의 배치는 확인되지 않는다.

자방 안에 花形의 선문을 장식한 예는 統一新羅∼高麗 초에 많이 보여 이 기와는 문동리사지 초창 기와가 아닐까 생각된다.

이 기와는 모래가 많이 섞인 硬質이며 火跡이 나타나 절이 불탔음을 알리고 있다.

現徑 11cm, 子房徑 3.5cm, 蓮子徑 0.4cm, 蓮瓣長 4.2cm, 幅 2cm, 두께 2.2cm.

도판 ⑧ 기와는 부속 건물지 주변에서 수습된 것으로 半破된 것이나 6葉의 연판을 잘 남기고 있다. 연판은 현재 남아 있는 6葉으로 보아 10葉 이상이었을 것으로 보이는데 도판 ⑦다는 시대가 조금 떨어진다.

자방의 파손도 심해 일부가 남았다. 자방은 太彫의 동심원 안에 음각을 이루게 했으며 큰 연자를 중앙에, 그 주위에 작은 연자를 배치했다.

연판은 끝이 뾰족하여 더욱 날카롭게 보이는데 자방과 접한 곳도 뾰족, 이색적이다.

間瓣은 ▽形을 이루어 백제기와에 보이는 고식을 따랐고 주연도 素文이어서 흡사 삼국기의 기와를 연상케 한다. 태토는 모래사 많이 섞인 경질이고 색깔은 회흑색이다.

現徑 12cm, 子房徑 3.5cm, 蓮瓣長 4.8cm, 幅 2cm, 周緣 幅 1.5cm, 두께 1.5cm.

도판 ⑨ 기와는 이 사지에서 수습된 가장 완형의 수막새로 도판 ⑦, ⑧보다는 시대가 떨어지는 것이다.

유난히 큰 자방에 모두 13瓣의 연판을 배치, 전형과 통식을 벗어나고 있다.

도판 ⑧. 百濟 기와의 古式을 따른 연화문수막새(필자 소장).

자방은 太彫의 동심원을 彫出시켜 만들고 그 안에 10余顆의 큰 연자를 배치했다.

연판은 길이가 짧고 幅이 넓으며 타원에 가깝다.

도판 ⑨. 가장 完形인 연화문수막새(필자 소장).

이와 같이 연판보다 자방이 큰 예는 백제말기부터 나오는데 고려시대에도 한때 유행했음을 알려주는 예라고 하겠다.

이 기와와 同形의 연판을 갖춘 기와가 지금은 水沒되었지만 金生寺址(충북 청원군 문의면 덕유리)에서 수습된 바 있으며 청주시 수동 傳牧岩寺址에서도 비슷한 기와(拙稿·忠北의 기와)가 나왔다. 周緣은 缺失되어 알 수 없다. 색깔은 회흑색이고 모래가 많이 섞였다.

現徑 13.5cm, 子房徑 6.8cm, 蓮瓣長 3cm, 幅 2.5cm, 두께 1.8cm.

도판 ⑩의 기와는 거의 파손되었으나 연판 일부와 周緣을 남기고 있다.

자방은 결실되어 알 수 없으나 연판이 작아 도판 ⑨와 같이 큰 자방이 아니었나 생각된다.

연판은 細長하며 끝이 뾰족한 重瓣의 형식을 취하고 있다. 間瓣은 생략되었으며 瓣 사이에 珠文을 배치했다.

고려 때 기와 중에 間瓣을 생략, 周緣에 배치할 聯珠文을 瓣 사이에 장식한 경우가 많은데 이 기와도 그러한 예라고 하겠다.

도판 ⑩. 연판 사이에 珠文을 배치한 수막새.

周緣은 素文으로 아무 장식이 없어 도판 ⑧과 같은 형식을 취하고 있다. 도판 ⑨의 기와보다 시대가 떨어지는 것 같으며 연판, 珠文 등이 모두 약화된 일면을 보여주는 작품이다. 모래가 섞인 황갈색으로 연질이다.

現徑 10cm, 蓮瓣長 3cm, 幅 1.2cm, 聯珠徑 0.3cm, 周緣幅 0.6cm~1cm, 두께 1cm.

도판 ⑪의 기와는 梁熙澤 소장으로 강당지 부근서 수습된 것으로 명문이 있는 수막새이다. 자방은 돌기되었으며 그 주위로 끝이 뾰족한 연판을 배치했다.

연판은 현재 5葉을 남기고 있어 원래는 8瓣~10瓣이었을 것으로 보인다.

瓣 사이에는 장식 대신 글씨를 양출했는데 마멸이 심하여 판독이 어렵다. 언뜻 보기에는 「中月寺 康…」으로 보이나 단정할 수는 없다.

도판 ⑪. 銘文이 있는 연화문 수막새.

周緣에는 聯珠文이 배치되었는데 이 사지에서 보기드문 예라고 하겠다.

이 기와는 자방과 연판이 약화되었고 태토도 경질이어서 麗末~朝鮮初에 만들어진 것이 아닌가 생각된다.

現徑 12.5cm, 子房徑 2.2cm, 蓮瓣長 3.5cm, 幅 1.7cm, 周緣幅 1cm, 두께 1.8cm.

도판 ⑫의 암막새는 이 곳에서 출토된 암막새 중 가장 고식으로 당초문을 소재로 한 것이다.

중앙에는 寶相華를 배치했고 양쪽으로 대칭이 되게 細長한 唐草文을 장식했다. 이 기와는 오른쪽 부분이 파손되었으나 왼쪽 부분이 잘남아 전체의 모습을 파악할 수 있게 해준다.

약간 돌출된 주연부에는 선문 안에 정연한 연주문이 배치되었다.

도판 ⑫. 唐草文 암막새(필자 소장).

도판 ⑬. 唐草文암막새(필자 소장).

한가지 주목되는 것은 地部 아랫면에도 細長한 당초문이 조식되어 화려함을 더해주고 있다. 이 기와는 初創年代에 제작된 것이 아니며 그 이후에 사용된 것으로 추정할 수 있겠다.

태토는 모래가 섞인 연질이다.

現長 18.5cm, 上臺幅 1cm, 下臺幅 0.9cm, 두께 1.5cm.

도판 ⑬의 기와는 거의 잘 남은 암막새로 섬세한 당초문을 소재로 한 것이다. 오른쪽 部分이 파손되었으나 왼쪽은 끝부분까지 남았다.

한가지 재미난 것은 왼쪽으로 2條의 세장한 唐草文을 배치한 대신 오른쪽엔 2條의 草文을 장식, 단조로움을 피하고 있다는 점이다.

대부분의 암막새가 중앙부를 중심으로 같은 무늬를 대칭이 되게 했는데 이 기와는 그러한 통식을 이탈하고 있다.

高麗初의 大刹 文東里寺址 255

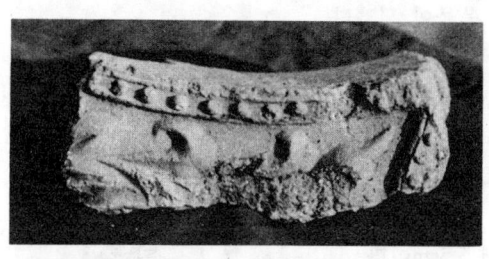

도판 ⑭. 忍冬文 암막새(필자 소장).

天地部의 주연은 돌기시켰고 작은 聯珠文을 배치했다.
이와 비슷한 細長한 草文의 암막새가 충남 扶余 金剛寺址 등에서 보이고 있는데 시대는 역시 고려 初에 멀리 떨어지지는 않을 것으로 보인다. 태토애는 모래가 섞였고 경질이다.

現長 22cm, 上臺幅 1.5cm, 下臺幅 0.9cm, 聯珠徑 0.3cm, 두께 2.2cm.

도판 ⑭의 기와는 太彫의 忍冬文암막새로 거의 파손되었으나 左端部分이 남아 있다.

周緣은 돌기시켜 2條의 선문 안에 정연한 聯珠文을 배치했으나 下臺부분이 파손되었다. 모래가 많이 섞인 경질이다.

現長 12cm, 上臺幅 1cm.

이 사지에서는 도판 ⑮과 같은 문양이 빈약한 당초문기와도 수습되었다. 도판 ⑫, ⑬의 초문을 모방한 것이나 힘이 없고 주연의 배치 등도 약화되었다. 이 기와는 금당지 주변 우물가에서 수습된 것으로 금당이 수차례에 걸친 번와가 이루어졌음을 알려준다 하겠다.

도판 ⑯는 동화사 소장의 치미편으로 法堂이 매

도판 ⑮. 金堂址 주변에서 수습된 唐草文 기와.

우 큰 건물이었음을 알려주는 유물이 되겠다.

이 치미는 삼국기나 통일신라기 所作보다는 작으나 타원형을 이루고 있고 비스듬히 層段을 이루고 있고 外側 中段에 耳形이 양출되었다.

左端 부분이 깨져 전체의 모습은 파악할 수 없다.

現長 35cm, 現幅 13cm, 두께 5.5cm이다.

이밖에도 이 사지에서는 層段무늬를 이룬 異形의 평기와(도판 ⑰)가 수습되었고 도판 ⑱, ⑲와 같은 고려시대에 유행한 전형적인 평기와가 수습되었다.

도판 ⑯. 동화사 소장의 치미편.

도판 ⑱의 기오는 細線의 빗살무늬와 수지문을 동시에 배치한 것으로 이 사지의 初創年代 소작으로 보이며 도판 ⑲는 굵은 樹枝文이어서 전성기인 고려 중기의 것으로 내다보이고 있다. 이같이 평기와 무늬도 다양, 숱한 번와가 이루어졌음을 알 수 있겠다.

맺는 말

문동리사지는 문헌에 보이지도 않고 事蹟碑도 없으나 初創은 여러 유물을 통해 考究해 본 결과 통일신라 말~고려 초로 추정할 수 있겠다. 사지가 소재한 문동리는 백제의 一牟山郡이었던 문의와 가깝고 또 충남 연기와 근접한 곳임을 알 수 있겠다.

도판 ⑰. 層段形의 평기와.

이 가람은 비록 10세기 초반에 창건되었으나 이를 주도한 인물들은 백제의 후손이었기 때문에 연화문기와 같은 데서 복고적인 면을 엿볼 수 있다. 이는 백제의 故土에서 산견되는 고려시대의 석탑, 혹은 여러 유물에서 나타난 복고풍과 같다고 하겠다.

또는 西原京이었던 청주와 근거리이면서 이 당시 유행하였던 전형적인 통일신라 기와를 모방하지 않고 문의 덕유리 金生寺址, 청원군 가덕면 계산리

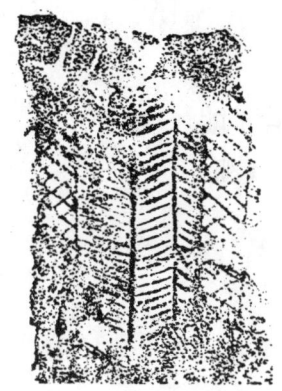

사지 등에서 출토되는 백제系의 양식을 고집한 것은 앞으로 연구과제가 된가 하겠다.

이 가람은 현장에 유존한 여러 유물을 통해 본 결과 조선초에 폐사되었음을 알 수 있었으며 朝鮮下代에 와 古址의 일부에 동화사가 중건되어 향화가 그치지 않고 있음이 확인되었다.

古址는 현재 경작지가 되어 가람의 규모를 확인할 수 없게 거의 황폐화 되었으며 사역을 가로지른 대로로 인해 크게 파손되었다. 그러나 대지의 여건 등으로 미루어 初創代는 一塔式 伽藍配置였을 것으로 추정되고 있다.

도판 ⑱. 세장한 수지문 평기와.

忠北 청주 근교의 여러 사지 가운데 문동리사지의 경우는 가장 많은 瓦當이 조사된 곳으로서 앞으로 주목되어야겠다.

특히 東華寺에 있는 석조유물은 청주지방에 얼마 안되는 巨作의 석불좌상으로 이 지역 佛蹟 연구의 중요한 대상이 된다 하겠다.

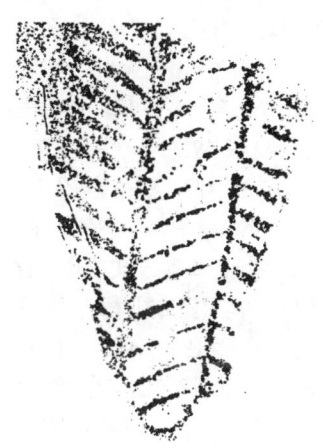

도판 ⑲. 太彫의 수지문 평기와.

禪宗의 大道場 外沙里寺址

(충북 괴산군 칠성면 외사리 소재)

달내 상류의 聖跡

임나(任那)의 땅과 中原京(지금의 충청북도 忠州지방)의 젖줄이며 이 땅에 세거한 무리들에게 문화를 전달하여 준 단내(丹川)가 있다.

이름하여 달천(達川). 우리말로 하면 「달래강」이 된다.

오누이의 이루어질 수 없는 비련이 있었다 해서 이같은 이름이 붙여졌다는 얘기도 있으나 아무래도 「달래」는 「단내」「달내」(達川), 즉 「비옥한 내(川)」라는 데서 연유한 것 같다.

중원의 넓은 들 비옥한 대지를 달내는 태고적부터 적셔 주고 있는 것이다. 돌을 갈라 쓰던 先史文化人들은 이곳 주변에 움집을 짓고 문화의 씨앗을 심었다. 기름진 토지, 풍부한 수원은 아주 적합한 생활공간이었기 때문이다.

신라인들은 이 내를 이용하여 漢江을 손아귀에 넣었고 문화의 이식을 꾀하였다. 중원경이 신라 제2의 首府가 된 것은 이 내를 통해 漢江에 이르는 이점, 즉 길목에 위치한 때문이라고 보아야겠다.

임진왜란 때 숙명의 장군 申砬은 이곳에다 배수진을 치고 왜적을 막으려 했다. 그러나 손도 제대로 한번 못쓰고 패전하였다. 신장군이 이곳 달내에 배수의 진을 친 것은 바로 漢江과 연결되는 중요한 길목이었기 때문이다. 왜군은 신입의 군을 밀고 파죽지세로 수도 漢城을 공략했다.

달내는 명산 俗離山에서 발원한다. 산 위에서 내리는 물이 동쪽으로 흐르는 것은 慶尙道의 낙동강에 들어가고 서쪽으로 흐르는 것은 靑川 槐江을 지나 달천이 되는 것이다. 달천의 물은 이래서 청정하고 맛이 있다.

임진왜란 때 명나라 장수가 달천을 건너다 물맛을 보고 『중국 여산(廬山)

의 수렴(水簾)과 같다」고 극찬했다. 조선 세종때 文臣인 李行(1352~1432)은 달천물이 제일이라고 즐겨 마시기까지 했다는 것이다.

옛 신라인들은 이 달천가에도 가람을 조영하여 국가의 안녕과 내세의 행복을 기원했다. 달내가 반듯한 대지면 돌을 다듬어 탑을 세우고, 法堂을 지었던 것이다. 그래서 무심히 보이기만 하는 달내 곳곳에는 불교의 聖跡이 도처에 산재해 있다.

충청북도 槐山郡 七星面 外沙里.

이곳은 바로 달내의 上流로서 新羅의 法宝가 고려 전대에 이르기까지 소중히 이어져 온 성역이다. 즉, 거대한 불교유적이 남아 있는 것이다. 이곳에서 배를 타면 槐江이 되고 곧 중원에 들어서는 달래강이 된다. 그래서 중원 경과는 근거리가 되었다. 이 聖域이 신라대에 이루어져 高麗下代에까지 중시를 받은 것은 바로 이 때문이라고 하겠다.

이 절터는 이미 오래 전부터 학계에서 중시해 오던 곳이었다. 그러나 그 寺名을 밝힐 수 없었다. 너무 심하게 파괴된 때문이다.

이곳에서 나온 각종 기와들은 매우 주목되는 것들이다.

한가지 아쉬운 것은 사지에 있던 많은 石造物들이 거의 외지로 이반되었거나 도난, 인멸되었다는 사실이다. 이 글은 지금까지 조사된 각종 유물과 최근에 새롭게 수습된 각종 瓦類를 소개하려는 뜻에서 이루어진 것이다.

逸名된 統一 新羅 가람

이 사지의 이름은 아직 밝혀지지 않고 있다. 寺域이 폐사된지 오래이고 또 현장에는 이를 고증할만한 자료가 빈약하며 문헌에도 기록이 없다.

그러나 한가지 생각해 볼 것은 사지가 있는 마을 이름이다.

이 마을 이름은「외사」이며 주민들 사이에서는 속칭「삼절」이라고 전해 내려온다. 행정구역상 표기로는 칠성면 외사리 삼성부락으로 되어 있다.

충북 중원군 신니면 「숭선부락」이 고려대의 「崇善寺址」, 혹은 충남 천원군 성거면 천홍리가 역시 고려 초기의 「天興寺址」인 것을 감안하면 이 절터가 있는 부락 이름도 그냥 지나치기에는 아쉬운 점이 없지 않다.

그렇다면 이곳 절의 이름은 「外寺」 아니면 「三星寺」가 되지는 않을까. 그러나 아직 이 사찰의 이름을 外寺, 三星寺 등으로 단정한 이들은 하나도 없다.

나 아직 이 사찰의 이름을 外寺, 三星寺 등으로 단정한 이들은 하나도 없다.

지난 78년 주변에서 수습된 浮屠碑片에는 주목되는 내용이 나타나고 있다. 이 비 조각은 현재 청주대 박물관에 소장되어 있다.

비문 중에

等號奉色追增○○燼葬于. 三○禪院○

이라 보이는 것이다.

비문이 많이 마멸되고 片에 불과해 뜻을 새길 수는 없지만 碑의 주인공인 禪師를 「三○禪院」과 주민들이 얘기하는 傳名 삼절(三寺)은 어떤 연관을 갖는 것일까. 이 문제에 대해선 앞으로 考究해야 할 과제라고 생각된다.

어쨌든 외사리사지는 절의 이름을 알 수 없어 초창연대는 물론 폐사연대도 정확히 이해할 수가 없다. 다만 현장에 남아 있는 유물과 출토되는 瓦類로서 그 시대를 추정할 수밖에 없다고 본다.

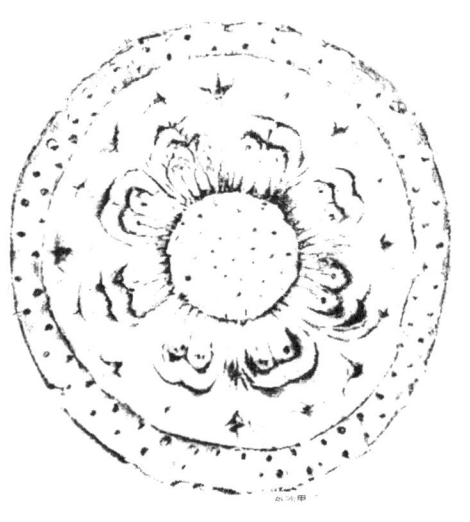

外沙里寺址에서 수습된 연화문기와.

절터에서는 다수의 통일신라 기와가 출토되고 있다. 때로는 이보다 약간 연대를 위로 볼 수 있는 線條文평기와(도판 ①)도 수습되고 있다. 이 기와는 회청색으로 사선의 무늬가 양출되어 있다. 이와 같은 기와로 보면 이 절의 초창시기는 統一新羅代 이후로는 절대 떨어지지 않는다고 볼 수 있겠다.

이 사지는 통일신라말부터 유행하였던 禪宗의 대도량이었음을 알 수 있다. 그것은 浮屠碑片에 나오는 여러 글 중에서 「禪師」가 다수 보이기 때문이다. 선사란 禪宗의 스님에게 내리던 法階의 하나로서 受禪師의 준말이 된다.

이 절이 禪宗의 大道場이었다면 麻谷寶徹의 法을 받은 無染를 시조로 하는 聖住山門에 달린 도량이었을 가능성도 없지 않다.

이 절은 고려 초기에 와서 더욱 번성을 했다. 浮屠碑의 주인공이 누구인지는 아직 밝혀지지 않았지만 그 禪師가 이 절에 자리잡고 후에 열반하여 큰 佛事가 이루어질 때가 가장 흥성의 시기가 아니었나 생각된다.

사지에서는 고려 초기에 만들어진 기와가 가장 많이 눈에 띄는데 이는 이 시기에 불사가 크게 이루어졌음을 알려주는 예라 하겠다.

고려 중기에 들어서 禪宗의 쇠퇴와 더불어 이 가람도 쇠퇴했다고 보아야 겠다. 그리고 고려와 더불어 운명을 같이 하지 않았나 생각된다.

도판 ①. 外沙里寺址에서 수습된 線條文 평기와. 이 절터의 初創 시기에 제작된 것으로 보인다.

이 가람이 조선초의 문헌에 나타나지 않기 때문이다.

즉 東國輿地勝覽 卷十四 槐山郡 佛宇條에

義相庵 在元城山 成佛寺 在松明山 普光寺 山馬寺 俱在 普光山

이라 돼 있어 이미 조선전기 이전에 없어졌음을 알 수 있겠다.

군대산을 南望한 伽藍

이 사지는 물 맑은 달내 상류를 서로 끼고 명산 군대산(軍垈山, 속칭 군자)을 南望하였으며 東으로는 낮은 구릉과 연결된 양지 바른 대지에 자리잡았다. 한마디로 正南向한 가람이었던 셈이다.

절터로 통하는 南쪽에는 幢竿支柱를 배치하였으며 이곳에서 약 80~100m 지점부터 건물들을 배치하였다.

건물지는 경작으로 인해 무수히 교란되어 그 실체를 파악하기 힘들다. 그러나 건물터에 산란되는 각종 기와로 그 옛 영화와 규모를 조금은 짐작할 수 있겠다.

지금은 폐가가 된 초가집(당간지주에서 북편) 주위에 많은 초석과 석탑의 기단 下臺面石 등이 있어 중요 건물지(金堂)가 아닌가 추정되며 이곳에서 약 30m 간격 북편에 또 건물지가 있어 강당지가 아닌가 내다 보이고 있다 (도판 ②).

두 개의 건물지는 초석이 형편없이 교란되고 또 밭작물을 많이 심어 그 규모를 알 수 없으나 南向한 점, 法堂 전면에 塔을 건립한 점 등으로 미루어 單塔伽藍式을 따랐음을 보여주고 있다.

주요 건물을 제외한 부속 건물지는 강당지로 추정되는 삼성부락 중심에서 동편 일대로 내다 보이는데 역시 이 일대의 초석, 단계석 등이 민가의 주초석, 혹은 디딤돌로 사용되고 있다.

민가에서 집을 지을 때 원위치에서 이전, 사용하였

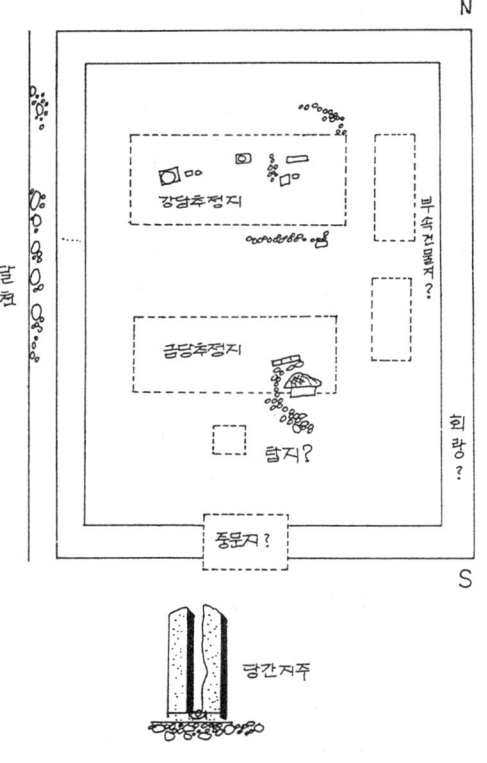

도판 ②. 외사리사지 가람배치 상상도. 정남향을 한 가람이었다.

을 것으로 보여 부속 건물지의 규모도 현재로서는 파악할 수 없게 되어 있다. 다만 정연하게 다듬은 단계석, 초석 등으로 미루어 부속건물도 원래는 미려하였던 것으로 추정된다.

각종 遺物

신라 때부터 흥성한 가람이었기 때문에 당초에는 우수한 석조건물이 많았었을 것이나 지금은 幢竿支柱만이 외롭게 서 있다. 외롭고 소박한 석조지주가 묵묵히 천여년 외사불적의 역사를 증명해 주고 있는 것이다.

지금은 서울 澗松미술관에 있는 보물 579호로 지정돼 있는 浮屠(일제시 日本人들이 본국으로 옮기는 것을 故澗松 全鎣弼 선생이 고가로 수습, 해외 유실을 방지한 뒤 서울 성북동 葆華閣 후원에 이전 보존함. 단국대 괴산지구 조사보고서 67)의 원위치가 바로 외사리사지이다.

이 浮屠(도판 ③)는 고려초기에 조성된 것으로

도판 ③. 외사리사지에서 옮겨진 고려 초기 추정의 浮屠. 보물 579호로 지정돼 있으며 澗松미술관에 소장되어 있다.(교원대 정영호 박사 제공).

추정되었으며 이미 日人 杉山信三의 著인 「朝鮮の石塔」, 鄭永鎬 박사의 「葆華閣의 槐山浮屠 (考古美術 제5권 제2호 통권 제43호)」 등에 소상히 나오므로 여기서는 언급을 피하겠다. 이 부도는 1964년 2월 3일(澗松의 大忌日)에 복원되었다.

①浮屠碑片(도판 ④)

지난 78년도 필자와 청주대 박물관 조사단에 의해 사지 서편개울가에서 발견되었으며 이해 청주대 박물관으로 옮겨져 보존되고 있다.
  이 碑의 殘片은 碑의 하단부분으로 짐작되며 세로로 쓴 楷書 11行의 글씨가 남아 있다.
  판독 된 내용을 적으면 다음과 같다.

請入干□□冥爲此新國□□□□□□□
祥自此來者如雲納之似海禪堂一傲黎禪則
機演美之爲美之宗幾扶　　皇化所以一人
絶　不絶?事如何　師云花源連夜發不待
挂勞若莫向水中(?)　歸(?)　自此禪門鳳擧法室龍興
之携靈□□□□□□則□萬□風□申慶
嬴□爲動變深慟□□□□□□之良賢
將返□汝□興□□□□□□　　　闕
等號奉色身追增□□　?葬 于三□禪院□
久遊於中國諸□今□□□山遺□□當門
　禪師禪山寶樹□海□□□□而□□能

  (이 碑文을 判讀하는 데는 청주대 박물관 朴상일 씨의 拓本 제공으로 도움을 받았음을 밝혀둔다. □부분은 글씨는 있되 判讀이 안되는 字임).

  碑文이 하단부분의 중간에 많은 글씨가 판독이 안돼 정확한 뜻은 알 수 없지만 대략 다음과 같은(意譯) 단서를 찾을 수 있겠다.
  ①이 碑文은 字體의 품격, 형태로 보아 고려 초기의 것으로 추정된다.
  ②이 碑文 첫 行에 나오는 「請入」「爲此新國」은 고려의 개국과 연관을 지을 수 있고
  ③「禪師」「禪山」이 많이 나와 九山禪門과 관련이 있으며 외사리사지가 禪宗의 道場임을 알 수 있다.
  ④禪師의 생애를 기록한 것으로 보여 澗松미술관에 있는 浮屠 주인공의 碑文으로 볼 수 있다.
  이밖에도 碑文 중에 보이는 「法室龍興」「葬于三□禪院」은 외사리사지의 寺名과 어떤 관계를 지니고 있는 중요한 내용이며「師云 花形連發不待」「禪

禪宗의 大道場 外沙里寺址

도판 ④. 외사리사지에서 필자 등에 의해서 발견된 浮屠碑片. 11행 130자가 판독되었다.

山寶樹」 등은 주인공의 이름을 밝혀 줄 수 있는 글이라고 하겠다. 그리고 「自此來者 如雲納之似海」의 文句는 충북 중원군 동량면 하천리에 있는 法鏡大師慈燈塔碑 등 고려초 崔彦撝가 撰한 碑文 중에 많이 나오는 내용이므로 이 碑도 그의 小撰이 아닌가 하는 의심을 갖게 하는 것이다. 崔彦撝는 大師들을 사모하여, 禪師가 寺域에 있으면 무리들이 구름같이 몰려 바다처럼 이루었다는 표현을 잘 썼던 것이다. 이 碑文에 대해서는 앞으로 학계의 보다 깊은 연구가 있었으면 하는 마음 간절하다.

②幢竿支柱(도판 ⑤)

화강암으로 만든 전형적인 석조지주로 완전한 모습이다. 지대석은 매몰되어 보이지 않고 장방형의 석주외면에는 아무런 조식이 없다.

양 기둥 사이에는 원형의 竿臺를 놓아 幢竿을 받게 하였는데 그 위에는 2단의 圓座를 마련, 받침을 삼았다. 지주의 안 面 머리부분에는 장방형의 홈을 파서 幢竿을 고정하는 杆을 꽂아 끼웠던 것 같다.

이 당간지주는 외면에 약간의 장식이 성행하던 고려초기의 모습과는 달리 소박한 것이 특징인데 경주 望德寺址 幢竿支柱(보물 69號) 등과 형태가 흡사, 초창시기에 조성된 것이 아닌가 보여지고 있다.

이 유물은 문화재 지정이 시급하며 주변의 보호책 시설 등도 아쉽다.

實測値는 전체 높이 3m24cm, 全高 1m60cm, 支柱幅 38.5cm, 두께 60cm, 竿臺外徑 60.5cm, 內徑 51cm.

③眼象石(도판 ⑥)

폐허가 된 초가의 장독대에 놓여 있으며 그 용도는 자세하질 않다. 혹시

석탑 기단 下臺石의 面石 혹은 佛臺座나 石燈下臺石의 부재가 아닌가 내다보여진다.

眼象이 음각된 면에는 위·아래에 무늬가 없는 1단식의 괴임이 조각되어 있고 撐柱를 조각, 각 區間에 1구씩의 안상을 배치했다. 안상 3구 중 2구는 완전하며 1구는 반가량이 파손되었다.

실측치는 現長 1백22cm, 높이 18cm, 탱주폭 4cm, 안상 크기 26.5cm, 높이 8.5cm이다.

④화려한 기와류

외사리사지에서는 많은 瓦當類가 수습되었다. 統一新羅 성대의 대도량다운 면모를 여실히 보여주고 있다. 사찰이 고려 하대에 없어진 때문인지 조선시대의 기와는 하나 보이질 않는다.

도판 ⑤. 寺址 입구에 세워져 있는 당간지주. 문화재 지정이 시급하다.

이곳에서 산견되는 기와들은 거의가 경주 도성에서 유행했던 것들이 대부분이다. 그러나 간혹 독특한 무늬를 가지고 있는 기와도 없지 않다. 정교하고 세련된 아름다움이 도성에서 제작된 것보다 더한 것들도 있다.

도판 ⑦의 기와는 초창연대의 것으로 추정되는 연화문수막새이다. 이와 같은 무늬의 기와가 경주 雁鴨池 등에서 찾아져 통일신라 盛代의 소작이 아닌가 추정된다.

음각된 자방 안에는 9顆의 연자가 배치되었고 그 주위로 8瓣의 연화문을 장식하였다. 연꽃은 厚肉한 重瓣이며 신라양식의 독특한 이미지를 보여준다.

禪宗의 大道場 外沙里寺址 267

도판 ⑥. 폐허된 草家의 장독대에 놓인 안상석.

間瓣의 배치도 均整하며 線文帶를 사이에 둔 정연한 聯珠文이 시대적인 일면을 보여준다.

드림새와의 각은 직각이고 태토는 모래가 많이 섞이지 않은 연질이고 색깔은 회흑색이다. 사진은 동형의 깨진 부분을 같이 맞추어 완형의 모습을 시도해 본 것이다.

現徑 13cm, 子房徑 3cm, 연꽃長 3.5cm, 聯珠徑 0.5cm, 두게 2cm.

도판 ⑧의 기와도 역시 羅末~麗初로 추정되는 연화문수막새로 지금까지 충북지방에서 조사된 기와 중 가장 화려한 걸작품에 속한다. 이 기와는

도판 ⑦. 외사리사지 초창 연대의 기와로 보이는 연화문 수막새. 정연한 자방이 주목된다.

반이 파손되었으나 子房, 연꽃, 周緣이 잘 남아 복원이 가능하다.

268 한국의 廢寺

도판 ⑧. 충북지방에서 출토된 연화문 기와 중에서 가장 걸작품에 속하는 重瓣 연화문 기와.

線文으로 된 자방안에는 작은 연자가 정연히 배치되었고 그 주위로 3重瓣의 연꽃을 8瓣 배치했다. 연꽃은 현재 2瓣이 완전하다.

제일 작은 첫 연꽃에는 반을 區劃하여 忍冬문을 장식, 화려함을 더해주고 있다. 제일 큰 연꽃은 끝을 뾰족하게 하여 날카로운 인상을 주고 있고 瓣 사이에 나뭇잎 모양의 間瓣과 線文帶를 장식, 가능한 기교를 다 부렸다.

周緣에도 화려한 唐草文을 새겼는데 그 아름다움은 이에 비견할 작품이 없다. 이같이 중판 연화문에 당초문의 주연을 가지고 있는 기와는 경주 昌林寺址 등에서 볼 수 있다.

작은 기와 하나에도 이같이 섬세한 예술적 신기를 보여준 옛 외사리 성역의 주인공들은 정말 멋의 藝人이었을 것이다.

이 기와는 現徑 11cm, 子房徑 4.5cm, 蓮瓣長 4.2cm, 주연幅 1.3cm이다.

도판 ⑨의 기와는 와사리사지에서 수습된 가장 완형의 연화문기와로 도판 ⑧보다는 약간 시대가 떨어지는 기와이다. 그러나 완형이고 자방과

도판 ⑨. 가장 完形인 연화문 기와. 子房의 연자와 주연의 聯珠文帶가 주목된다.

주연 등이 특색을 보여 주목되고 있다.

이 기와도 도판 ⑧과 같이 선문의 자방 안에 작은 연자를 많이 배치하였고 주위에는 重瓣의 8葉 연화문을 장식하였다. 연자는 30顆가 넘는다.

間瓣의 배치는 상당히 약화되었으며 치졸한 線文을 사이에다 장식, 도판 ⑧의 섬세함을 따르려 한 흔적을 보이고 있다. 그러나 기와의 품격은 도판 ⑧에 미치지 못하고 있다.

주연은 통식을 벗어나 작은 聯珠를 2重으로 돌려 전체적인 흐름을 따르고 있다. 즉 연꽃을 중판으로 배치한 양식을 주연에도 응용한 것이 아닐까.

드림새와의 각은 직각이며 색깔은 회청색인데 모래가 섞인 경질이다.

現徑 13.8cm, 子房徑 4cm, 蓮瓣長 3cm, 周緣幅 1.2cm, 두께 2cm.

도판 ⑩의 기와는 ⑧, ⑨과 역시 같은 형으로서 이들 기와와는 약간 다른 모습을 보여주고 있다.

역시 線文으로 된 자방 안에는 작은 수과의 연자가 있고 그 주위로 4瓣의 연꽃이 남아 있어 원래는 8瓣 기와로 내다볼 수 있겠다.

도판 ⑩. 화려한 重瓣의 연화문 기와. 연판이 조금 넓어졌다.

도판 ⑪-A. 주연을 결실한 도판 ⑪-B와 동형의 기와.

련화된 인상을 주고 있다.

연꽃은 정연하며 작은 연꽃 안에는 역시 忍冬무늬와 같은 장식을 넣어 장식성을 더욱 가미하였고 주연과 연결된 제일 큰 잎은 瓣端이 뾰족, 反轉된 양식을 보여준다.

넓고 큰 周緣에는 서로 대칭이 되게 聯珠文을 장식하였다. 자방의 연자와 주연의 聯珠는 도판 ⑨의 기와보다는 정연, 세

現徑 13.8cm, 子房徑 4cm, 蓮瓣長 3.6cm, 周緣幅 1.2cm.

도판 ⑪ A·B의 기와는 고려 연화문 수기와를 잘 남기고 있어 전체의 모습을 파악할 수 있다.

자방은 돌기되어 있으며 그 주위로 약간 곡선을 이루고 있는 선문대가 마련되었고 정연한 복판연화문을 장식, 고려시대 유행하던 기와의 통식을 따랐다.

연판은 厚肉한 편이

도판 ⑪-B. 외사리사지에서 출토된 고려대의 연화문 수막새. 이 시대에 중수가 이루어졌음을 알려주고 있다.

고 間瓣도 완연히 나타나 있는데 각부가 모두 퇴화한 양식을 보여 시대는 고려초기 이후로 떨어지겠다.

주연은 장식이 없는 素文이고 좁으며 도판 ⑧, ⑨의 기와와는 대조적이다. 이와 비슷한 기와가 충북에서는 다수 보이는데 중원군 동량면 하천리 淨土寺址, 중원군 금가면 유송리의 傳金生寺址 등에서 찾아진 기와에 같은 무늬가 나타난다.

現徑 13cm, 子房徑 4cm, 蓮瓣長 3.5cm, 周緣幅 1.2cm, 두께 1.7cm.

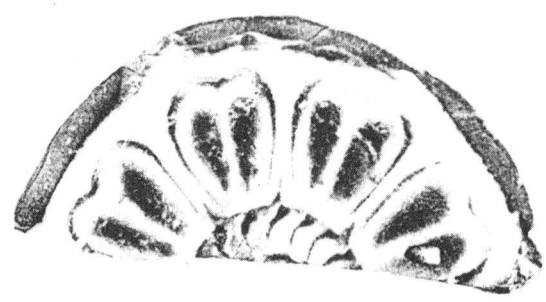

도판 ⑫. 간판이 없고 연꽃의 폭이 조금은 넓은 연화문 기와.

도판 ⑫의 기와는 도판 ⑪과 동형이나 시대를 조금 내려볼 수 있는 수막새다.

자방의 형태는 도판 ⑪과 같고 역시 연판도 같은 형태의 복판연화문이나 약간 폭이 넓다. 한가지 다른 점은 도판 ⑪에서 보이는 간판이 생략되었다는 점이다.

선문대의 자방을 중심으로 약간 돌기되었으나 주연 가까이는 배치하지 않았다.

주연은 역시 素文帶여서 도판 ⑪의 형식을 따랐고 태토도 곱고 회흑색이다.

現徑 13cm, 蓮瓣幅 2.5cm, 주연幅 1.2cm, 두께 1.7cm.

도판 ⑬의 수막새는 이 사지의 강당지 부근에서 수습된 기와로 형태가 아름다운 細瓣의 연화문기와이다. 큰 자방은 선문으로 표시하였고 그 안에 연자 대신 다시 8瓣의 연꽃을 배치, 통식을 이탈하고 있다. 자방 내의 연꽃은 끝이 뾰족한 것이 특징이며 자방을 중심

도판 ⑬. 線文의 子房 안에 연꽃을 장식한 화려한 연화문 기와. 강당지 부근에서 출토된 것이다.

으로 배치한 연판과 조화를 이루고 있다.

원래의 연판은 16瓣이었을 것으로 보이며 지금은 기와가 깨져 12瓣이 남아 있다. 연판의 끝은 뾰족하며 그 주위로 다시 線文으로 연꽃을 싸 장식성을 가미하고 있다.

주연은 線文 위에 2 重의 聯珠文을 배치하여 통식을 이었으나 변화를 준 느낌이 든다. 장식성을 중요시한 고려대의 기와로 보이며 이와 동형의 기와가 사지에서 다수 산견되고 있다.

도판 ⑭. 흡사 百濟 와당을 방불케 하는 외사리 기와. 연판이 주목된다.

現徑 11cm, 子房徑 5cm, 蓮瓣長 2.7cm, 주연 幅 1.2cm, 두께 1.5cm.

도판 ⑮. 삼국시대 막새를 본뜬 고려 기와. 큰 子房과 돌기된 연판이 재미있다.

도판 ⑭의 기와는 연시 고려대의 소작으로 보이며 부속 건물지에서 수습된 기와이다. 이 기와는 거의 파손되어 자방과 주연을 알 수 없게 되어 있고 4葉의 연판이 남아 있다.

연판은 흡사, 百濟瓦當片을 보는 듯 넓고 厚肉하며 끝은 ⌒형으로 부드럽고 아름답다. 그러나 자세히 보면 연꽃을 음각으로 표현하였고 간판도 약화시켰으며 자방도 격이 떨어져 고려작의 일면을 보여주고 있다.

고려대에 와서 삼국기 기와 형태를 어느 정도 모방하는 시대가 있었는데 이 기와도 그런 예가 아닌가 생각된다.

이같은 형의 기와가 백제의 舊土였던 충청북도 청주 근교에서 다수 보이는데(拙稿·청주 근교 연화문 瓦當硏究 I·서원학보 창간호·81) 괴산 도원리 절터, 청주 우암산 觀音寺 古寺址 등에서 찾아지고 있다.

이 기와는 색깔은 회흑색이고 모래가 많지 않은 연질인데 現徑 10.7cm, 蓮瓣長 2.7cm, 두께 1.6cm이다.

도판 ⑮의 기와도 부속 건물지 주변에서 수습한 것으로 삼국기 막새를 모방하려는 흔적을 보여준 고려 기와다.

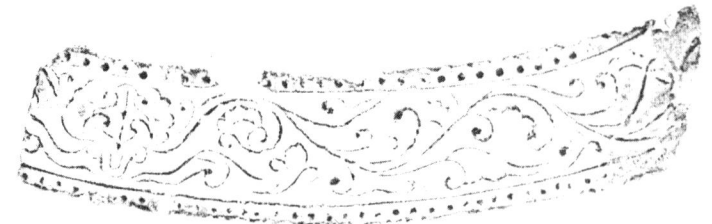

도판 ⑮-A. 講堂址 부근에서 수습된 細長한 唐草文 암막새. 신라시대의 수법을 보여주고 있다.

禪宗의 大道場 外沙里寺址 273

자방은 鬼目文처럼 돌기되어 있고 그 주위로 2瓣의 연꽃이 남아 있다. 연판도 선문으로 주위를 싸 돌기시켰으며 간판도 배치하였다. 주연도 아무런 장식이 없는 素文인데 이는 삼국기 기와 형태를 모방하려는 데서 비롯된 것이 아닌가 생각된다.

도판 ⑯. 외사리사지의 초창에 사용한 것으로 보이는 寶相華文 암막새.

이와 같은 형태의 기와가 고려시대 사지에서 다수 보이고 있다.

이 기와는 회청색이며 모래가 섞인 경질이고 現徑 11cm, 蓮瓣長 4cm, 周緣幅 1.1cm, 두께 2.5cm이다.

외사리사지에서는 다수의 암막새가 수습되었다. 통일신라 말기의 細長한 당초문기와에서부터 寶相華文, 雲文에 이르기까지 다양한 면을 보여주고 있다. 이들 암막새는 거의 경주 도성에서 사용되었던 무늬를 모방해온 것으로서 이 가람의 흥성을 짐작할 수 있겠다.

고려대에 와서는 암막새에 太彫의 唐草文 鬼面, 鳳凰紋 등을 많이 사용한 것 같다.

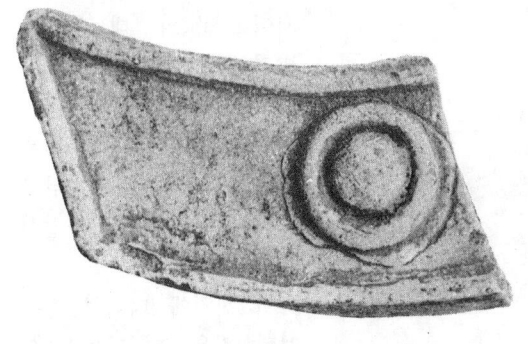
도판 ⑰. 고려대에 유행했던 鬼目文 암막새.

도판 ⑯, ⑰의 기와는 이 사찰의 초창대에 사용한 것으로 보이며 도판 ⑰는 역시 고려대에 제작한 것이다. 도판 ⑱은 새무늬로 雲文이 재미있게 표현되었는데 제작시기는 羅末~麗初로 추정되고 있다.

수막새가 다양한 것처럼 암막새도 매우 다양한 일면을 보여주고 있는데 이는 羅末~高麗 全代를 통해 숱한 중수와 번와가 이루어졌음을 알려주는 것이라고 하겠다.

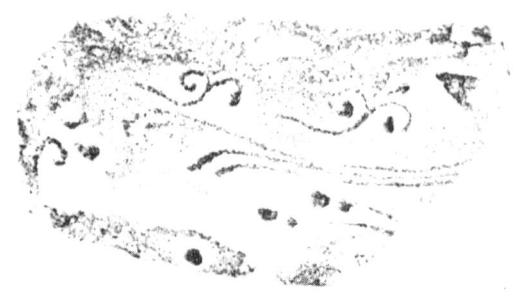

도판 ⑱. 새무늬 암막새. 雲文과 새무늬가 조화를 이루고 있다.

이밖에도 이 사지에서는 도판 ⑲과 같은 鬼面瓦의 片, 蓮華文塼(도판 ⑳), 새장식(도판 ㉑)이 수습되어 가람이 존속할 당시 얼마나 미려한 도량이었나를 알려주었다. 이들 圖版의 유물들은 통일신라대의 소작으로 추정된다.

한편 도판 ㉒와 같은 銘文평기와가 수습되었는데 글은 「大匠-○頁」이어서 기와를 만든 「瓦匠」의 이름이 나타나고 있다. 이 명문기와는 樹枝文 위에 口廓을 만들고 그 안에 左書로 楷書 양각하였다. 이 글씨 아래로는 잔은 口廓 안에 「卍」字를 각자하여 寺域임을 표시하고 있다.

이 기와는 크기가 22cm, 字徑 3cm, 두께 2.5cm이다.

보존대책 절실

외사리사지는 지금까지의 유물을 검토해 본 결과 통일신라 성대에 창건되어 禪宗의 대도량으로 발전하였고 그후 고려대에 와서도 크게 중시되었음을 알 수 있겠다. 지금은 비록 당간지주만 외롭게 남은 폐허의 영역이지만 통일신라의 聖蹟이었다.

도판 ⑲. 사지에서 발견된 鬼面瓦.

이 사지에 대해선 향후 보다 깊은 연구가 있었으면 한다. 浮屠碑片에 대한 해석, 각종 기와에 대한 보다 깊은 고찰, 명문기와에 대한 해석, 발굴 등 확대된 조사가 더 필요하다고

禪宗의 大道場 外沙里寺址 275

도판 ⑳. 신라 연화무늬가 새겨진 塼.

생각된다. 민가의 초석이 된 단계석, 장독대로 쓰여지는 眼象石은 도난, 인멸위기로부터 보존되어야겠다. 金堂, 講堂址는 매년 耕作으로 훼손되어 瓦片이 산란하여 더 큰 파괴가 이루어지지 않도록 조치되었으면 한다.

서라벌이 아닌 신라 도성 밖, 즉 달내 상류에 세워진 「外寺(?)」가 아닌가.

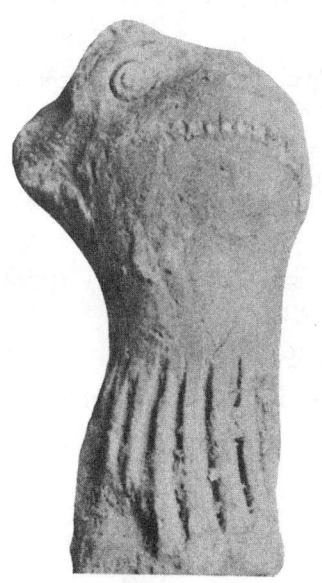

도판 ㉑. 건축물에 사용되었을 것으로 보이는 새장식.

도판 ㉒. 「大匠」이 左書로 새겨진 명문 평기와.

中原京 金生寺址
(충북 충주시 금가면 유송리 소재)

漢江변의 古址

金生寺址는 백제의 고지인 忠北 충주시 금가면 유송리 漢江변에 위치한 통일신라대의 유적이다.

충주에서는 목행行 國道로 약 20분이 소요되는 거리이며, 절터는 속치 유송리 반송부락 동편 江岸에 자리잡고 있다.

이 사지는 지난 74년도 輿地勝覽의 기록을 토대로 필자가 중심이 된 西原學會(청주)에 의해 첫 조사가 이루어졌고 그 뒤 여러 대학, 혹은 학술단체의 많은 답사가 이루어진 바 있다.

신라의 명필 金生(711~791)이 國原(지금의 충주·중원)에서 일시 거주했다는 고기가 있다는 점에서 이 사지는 주목되었다.

이 사지에서는 근년에 중원지방 유적조사에 혼신의 노력을 기울이고 있는 예성동호회에 의해 더 많은 조사가 이루어진 바 있는데, 다수의 기와가 수습되었다. 특히 기와 중에서「金生寺」를 입증하는데 하나의 단서가 되는 명문기와도 찾아져 주목되었다.

名筆 金生과 金生寺의 위치문제

金生은 신라 聖德王代의 명필로 字는 知瑞, 별명은 玖라고 했고 隸行草書에 능해 海東의 書聖이라고 불렀다.

三國史記 卷第四八 列傳 第八 金生條에는 다음과 같이 기록된다.

金生은 신라 사람이나 그 부모가 미천하였으므로 그 세계(世系)를 알지 못한다. 그는 聖德王十年에 출생하였는데 어려서부터 글씨에 능하여 평생에 다른 재주를 익히지 아니하고 나이가 80세가 넘도록 오히려 붓을 들고 글쓰기를 쉬지 아니 하였고, 隸書와 行書, 草書가 모두 神筆로 지금도 왕왕히 그의 진짜 필적이 남아 있어서 학자들이 귀중한 보배로 여긴다. …(金生 父母微 不知其世系 生於景雲二年 自幼能書 平生不攻藝 年踰八十 猶操筆不休 隸書行草皆入神 至今往往有眞蹟 學者傳寶之云云)

金生은 신분이 높은 집안 출신이 아니며 그가 書藝를 게을리 하지 않아 당대의 名筆로서뿐 아니라 뒤에는 神筆로까지 崇仰을 받았다는 내용이라고 하겠다.

金生의 筆蹟은 王羲之에 비교까지 되었는데 그것이 유명한 고려때 학사 洪灌이 중국에 가서 그곳 학자들을 놀라게 했다는 기록이다.

역시 三國史記 金生條에

고려 甫宗代에 학사 홍관이 진봉사를 따라서 宋으로 들어가 변경의 객관에 묵었는데 이때 한림대조 楊球와 李革이 宋帝의 명령을 받들고 객관에 이르러서 족자의 글씨를 청하므로 홍관은 金生의 行草書 1권을 내보이니 두 사람은 크게 놀라면서 말하기를 「뜻밖에 오늘 왕우군(王右軍·왕희지)의 手書를 얻어볼 수 있었다」하므로, 홍관은 「이는 그것이 아니고 신라 사람 金生이 쓴 글이다」하니, 두 사람은 웃으면서 말하기를 「天下에 王右軍을 제외하고는 어찌 이러한 묘필이 있겠는가? 하므로 홍관이 여러번 이를 말하여도 믿지 아니하였다(…崇寧中 學士 洪灌隨進奉使入宋 舘於汴京 時翰林待詔楊球 李革奉勅帝至舘 書圖族 洪灌以金生行草一卷示之 二人大駭曰 不圖今日得見王右軍手書 洪灌曰 非是此萬新羅人金生所書也 二人笑曰 天下除右軍 焉有妙筆如此哉 洪灌屢言之 終不信云云)

라 기록되는 것이다.

高麗史 列傳 卷第三十四 洪灌條에 보면

灌은 힘써 배우고 글씨를 잘 썼는데 新羅 金生의 筆法을 본받았다. 운운…(灌 力學善書 效新羅金生筆法云云)

라고 나와 洪灌이 평소에 金生을 흠모하고 그의 手書를 가끼이 했음을 알려주고 있다.

어쨌든 金生은 명필로서 우리나라 書藝史의 祖宗이라고 하겠다. 그러나 한가지 아쉬운 것은 眞蹟이 하나도 현존하지 않고 있다는 점이다. 가장 대표적인 것은 昌林寺碑. 白月栖雲碑(文一平・韓國의 文化・乙酉文庫 72) 朗空大師碑로서 金生의 親筆을 集字한 것이고 帖으로는 田遊岩山家序(도판 ①)와 그밖에 「海東名蹟」과 「大東書法」 가운데 수점이 보이고 있다 (任昌淳・韓國美術全集 ⑪ 書藝・同和出版公社).

소략한 三國史記의 기록을 보아서는 金生이 어디에서 태어나 살았고 또 언제 세상을 떠났는지 나타나지 않고 있다. 다만 金石文에서 나타나는 바와 같이 「好佛不娶」한 생을 산 것은 틀림없다 할 것이다.

金生은 中原 사람으로 구전되어 왔다. 신라의 3대 예술가인 樂聖 于勒, 文章 强首, 書藝 金生이 모두 중원에 살았다고 보는 것이다.

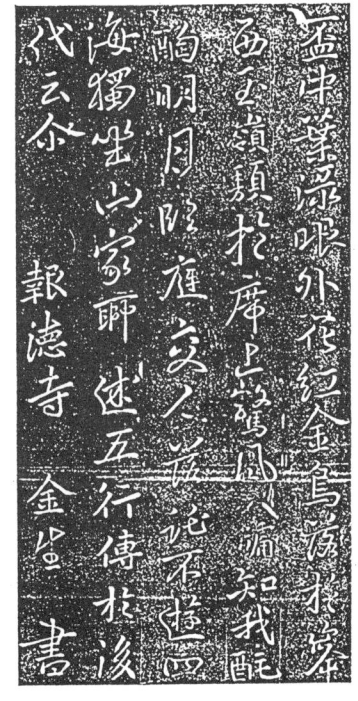

도판 ①. 金生의 친필인 「田遊岩山家序」.

于勒과 强首는 三國史記에, 중원에서 생거, 출생했다고 정확히 기록되기 때문에 문제가 되지 않지만, 金生은 명확하지 않다. 그러나 주목되는 것은 다음의 기록이다.

東國輿地勝覽 第十四卷 忠州牧 佛宇條에

金生寺 在北津崖 金生 新羅人 父母微云云… (中略) 生 修頭陀行居是寺
因以爲名

이라 나온다.

즉 金生寺는 북진 언덕에 있으며 그가 두타의 고행(僧이 돌아다니며 걸식함을 말함)을 닦고자 이 절에 있었으므로 이같은 이름을 삼았다는 뜻이다.

金生을 옛부터「中原人」이라고 한 것은 바로 이 輿地勝覽의 기록에서 나온 듯한데 그가 평생을 이 절에서만 보냈다고는 믿기 어렵다. 수행을 위해 얼마동안 거처했을 가능성이 있는 것이다.

어쨌든 지금까지 확인된 사지 중「金生」과 관련된 이름을 가진 사지는 中原의 金生寺址와 忠北 淸原郡 文義面 留德里 金生寺址(지금은 水沒)라는 점에서 주목된다 하겠다.

그러면 輿地勝覽에 기록되는 金生寺址를 지금 가금면 유송리의 반송부락으로 比定할 수 있을 것인가?

輿地勝覽 山川條에는 金生寺가 있다는 北津을 다음과 같이 기록하고 있다.

北津, 在州北十里. 源出江陵府五臺山

즉 충주목에서 북쪽으로 10리에 북진이 있으며 물 근원을 江陵府 오대산에서 나온다는 뜻이 된다.

가금면 유송리는 실제로 지금의 충주시서 서북쪽으로 약 4km의 거리에 위치하고 있다.

金相顯이 지은 예성春秋(1958·忠北道·中原郡敎育區廳) 佛敎편에도 盤松리를 金生寺址로 보고 있다.

金生寺. 邑北 十里許인 金加面 盤松里에 在하였는데 盤松里後 北倉山上에서 南天을 望見하면 犬門山(今彈琴臺) 절벽이 聳立 數百丈이나 되고 漢江上流의 水深이 數千尺이 超過한 中 日常舟楫이 密泊하여 風景이 絶勝하였으므로 金生이 盤松里後 北倉山上에 創寺居住하고 一平生 佛學을 硏究하고 翰墨에 종사하여 隸書에 名筆이 되어…云云

그는 또 유적 유물편 金生堤라는 내용에서 반송부락에 옛부터 내려오는 전설을 수집 기록하고 있다(현지 주민들의 얘기를 金豊植 博士도 「中原의 香氣」에 수록하고 있음).

　　金加面 盤松里에 있는 金生堤防은 신라 때의 道僧이며 명필인 金生이 이곳에서 출생, 거주하였으며 당시 漢江강수가 盤松洞便으로 침류하여 대지가 매년 유실되므로 이를 방지하기 위해 築堤하였다고 한다. 堤防은 석축이며 大石으로 數百米에 亘하는 장거리를 축조하였는데 干今 천 餘年의 세월이 흘렀으나 파괴처가 別無하여 地方住民들은 金生의 道術로 이를 築城하였다고 하여 奇話로 전해 내려오고 있다.

金相顯은 행정가로서 전문가가 아니지만 반송리를 金生寺址로 제일 먼저 내다본 선구자격인데 다음의 기록은 더 이에 접근한 재미있는 기록이라 하겠다.

역시 金生堤 편에

　　전설에 의하면 盤松洞 70餘戶의 基地가 新羅當時에는 寺址였다고 한다. 現今에도 柱礎와 破瓦가 處處에 다수 散見된다. 金加面名이 元金生 元加次 兩面이 합하여 金加面으로 改稱되었는데 金生面은 金加面의 南半部이며 이 金生이라는 面名이 上記 金生道僧의 名義를 따서 稱名된 것이 아닌가 한다.

라 나오는 것이다. 당시에 현장답사를 실시했음을 알 수 있다.

　필자도 이곳을 처음 답사한 74년·75년 이른 봄 당시 古址에 남아 있던 古家에 살고 있는 李學鳳 옹(지금은 故人·당시 古稀)으로부터 金生筆堤防에 대한 전설을 들은 바 있었다. 이는 金相顯 著의 「예성春秋」와 金豊植 著의 「中原의 香氣」 내용과 일치하는 것이었다.

　古記의 내용과 현지 주민들이 들려주는 口傳, 寺址에 유존한 여러 유물을 감안해 볼 때 이곳을 興地勝覽에 나오는 金生寺의 위치로 비정하는 데는 무리가 없을 것이다.

新羅때 初創

이 사지의 초창은 명필 金生이 생존해 있던 8세기경으로 내다볼 수 있겠다. 金生이 설령 창사하지 않았다 하더라도 이 시기에는 이미 향화가 올려졌을 것이 분명하기 때문이다.

통일신라 聖德~景德王代는 문화의 절정기로서 국내의 여러 곳에서 큰 가람이 많이 창건되었다. 聖德王 17년(719 A.D.)에는 甘山寺가 창건되었으며 同王 24년(725 A.D.)에는 法泉寺가 이루어졌고, 景德王 10년(751 A.D.)에는 大相 金大城에 의해 유명한 佛國寺가 창건되는 등 불교문화가 극성을 이루었다. 이러한 문화의 기운에 힘입어 지방의 여러 곳에서도 가람의 조영이 이루어졌던 것이다.

중원은 신라의 제2 首府格인 中原京이었기 때문에 이 地域에서도 많은 사찰의 창건이 이루어졌을 것은 자명한 일이다. 金生寺는 이 시대의 소산이라고 하겠다. 金生寺址가 이때 창건된 것을 알려주는 것은 古址에 유존한 여러 석조물의 破部材와 古瓦들이다. 이 유물들은 8세기경 흥성했던 金生寺의 모습을 또 입증해 주고 있다.

金生寺는 金生의 修道處로서 한때 중원에서는 주목을 받은 것 같다. 건물을 조영하기 위해 축조한 金生堤는 당시 상당한 佛力에 의해 이루어진 대규모의 土木工事이다. 이는 金生寺가 中原京의 주목을 받지 않고는 이룰 수 없었던 역사가 되기 때문이다.

金生寺는 고려 때에도 흥성을 누린 것 같다. 많은 중수가 이루어진 것이 사지에 산란한 여러 기와에서 알 수 있다. 고려의 국운이 한창 흥성할 때에 중원은 충주가 되었으며 뒤에는 몽고군을 격퇴하여 고종 41년(1254 A.D.)에는 國原京으로 승격되기도 했다. 「國原」은 고구려의 이름이었는데 이때 고토의 이름을 격상시킨 것은 재미있다고 하겠다.

이때에도 金生寺는 중요시되어 여러 차례 중수가 있었던 것 같다.

이 사지는 조선전기까지도 존속했다. 그것은 輿地勝覽의 기록에 존속된 사찰로 나타나기 때문이다. 그러나 이 시기에는 옛 규모는 찾을 수 없는 퇴락한 가람이 아니었나 생각된다.

擇里志에 보면 재미난 기록이 있다.

朝鮮 中宗代 名賢이었던 灘叟 李延慶(1488~1552)이 바로 北倉의 서쪽 강가에서 은거하며 살았다는 것이다.

八道總論 忠淸道條에

> (前略) 彈琴臺渡江而北爲北倉 有臨江岩石之勝 倉西卽己卯名賢 灘叟 李延慶之所居 子孫十代科甲不色 人謂江上名基 云云

이 기록은 北倉의 강을 임한 바위의 경치가 좋은데 곧 己卯名賢 李延慶이 살던 곳이며 그 자손 10代가 끊임없이 과거에 합격하여 남들이 강가에 있는 좋은 터라고 했다는 내용이 되겠다.

北倉터는 지금은 그 위치가 확실히 밝혀지지 않았으나 金生寺址와 가까운 위치가 아닌가 추정되며 北津(金生寺가 자리 잡은 곳)과 그리 멀지 않는 곳에 위치했을 것이 틀림없다.

輿地勝覽에도

> 北倉 在北十里 金遷北岸云云

이라 되어 北津가에 있음을 알리고 있다.

그러면 李延慶이 은거한 곳이 바로 北倉의 서편 金生寺址(강을 임한)가 아닐까.

李延慶이 충주에 낙향한 때가 乙卯士禍 직후(1519 A.D.)이니 이때에 이미 金生寺의 향화는 꺼지지 않았나 생각된다. 金生寺는 이후 복건되지 못하고 민가가 들어섰으며 일부 유지는 경작지가 되어 오늘에 이르게 된 것 같다.

伽藍배치

金生寺는 낮으막한 반송산을 뒤(西)로 하고 東望했던 것 같다(도판 ②). 동편으로 남한강과 접한 이유도 있겠지만 남쪽으로는 낮은 산이 가로 막아 시야를 가로막는 불리함을 배제했기 때문이다.

사지에 남아 있는 古建築物(李錫宰 씨 소유) 조선 甫宗代(74·75년도 望瓦

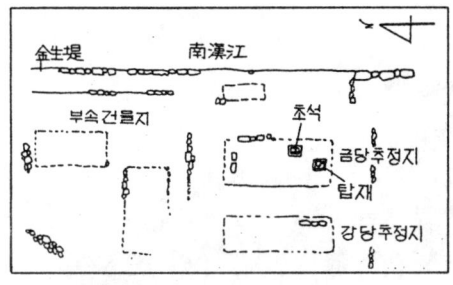

도판 ②. 金生寺址의 가람배치 추정도.

에 康熙年間을 확인하였음)에 건립된 것인데 역시 東望配置했다. 이 사지의 금당·강당 등 주요 건물지는 李氏의 古家가 있는 일대로 추정되고 있으며 이는 이 일대에서 다수의 많은 石材와 塔部材 瓦塼의 산란함이 보이기 때문이다.

그리고 기타의 부속 건물지는 사지 북편의 역시 東望한 경작지와 李氏의 古家 북편 일대 등으로 추정되고 있는데 반송부락 거의 전체에서 와편이 산란한 것을 보면 당시 규모가 상당했음을 알 수 있겠다.

①金堂址(도판 ③)

李氏의 본채는 지난 70년대말 고가를 헐고 다시 지은 것인데 유지에 산란한 長大石, 塔材를 이용했다.

금당지의 규모는 유지가 완전히 교란되어 확인될 수 없으나 거대한 장대석으로 1단의 그리 높지 않은 축대를 마련하고 건물을 세운 것을 알 수 있다. 그것을 康熙年代에 세운 사랑채의 건물이 잘 남아 있기 때문이다.

李氏의 마당 나무토막을 쌓아놓은 곳에는 圓形柱座 石材가 뒹굴고 있는데 2段彫出을 보이고 있어 초창 당시의 것으로 추정되고 있다.

李氏의 사당 북편에 있는 기와를 쌓아놓은 곳에는 花壇을 조성하기 위해 일부 석재를 이용한 곳이 있는데 주변에 초석들이 매몰되어 있음을 확인할 수 있다. 새로 건축한 건물의 동편 추녀 아래는 잘 다듬은 화강암 석재를 뜰돌로 사용하고 있으며 모두 고지의 석재로 보이고 있다.

②강당지

금당지의 서편 일대로 보이며 지금은 李氏家의 담장, 경작지가 되었다. 주변에서 다수의 塼과 瓦片이 散亂하여 석재의 파편도 보인다.

오랜 세월이 흐르는 동안 지하 유구가 완전히 교란되어 규모를 파악할 수 없다.

도판 ③. 金堂址로 추정되는 李錫宰 씨의 古家.

③부속 건물지(도판 ④)

李氏의 고가에서 북편 약 20m~30m 떨어진 일대에 東望했을 유지가 있는데 이곳에서 다수의 瓦片·塼이 산란하고 있다.

金生堤 위에 1段의 土石築 臺地를 높이고 건물을 세운 흔적이 보이고 있다. 건물 규모는 초석 등이 지하에 매몰되어 알 수 없으나 여러 棟의 건물이 있었을 것으로 추정된다.

이 건물지 北端에서 완형의 수막새가 수습되었고 築臺 아래까지 와편이 산란, 그 규모가 상당했음을 알려주고 있다.

유물

金生寺는 파괴도가 심하여 사지 안에는 이렇다 할 유물이 남아 있지 않다. 이미 고인이 된 李學鳳 옹에 의하면 오래 전부터 도굴꾼들이 금속탐지기를 동원, 수차례 사지를 파헤쳐 금속류를 도굴해 갔다는 것이다. 李氏의 집 장독대 앞에 석탑의 옥신석에 가까운 방형의 석조물이 있는데 그 상면 중앙에 원형의 孔이 있어 혹시 舍利장치를 했던 것이 아닌가 추정되고 있

도판 ④. 土石築으로 臺地를 높인 부속건물지.

다(도판 ⑤).
 이 석조물은 4面에 아무런 조각이 없으나 서쪽을 향한 면에 隅柱에 가까운 模刻의 흔적이 있는 것 같다. 이 석조물이 석탑의 屋身이었을 경우 초층에 해당되었을 것으로 보이는데 크기는 75×74cm, 孔徑 18cm, 深 15cm로서 탑은 中型이었을 것이다.

도판 ⑤. 塔屋身으로 보이는 方形의 石造物.

 李氏의 집 본채 마당에 석탑의 甲石으로 보이는 板石形의 석재가 1枚 놓여 있는데 하면에는 角形 1段의 부연이 보이고 있다(도판 ⑥). 이 돌은 여러 枚로 이루어진 甲石의 일부재로 보인다. 장독대 앞에 놓인 방형의 돌과 같은 석탑의 동일 부재로 봐도 무리는 아니겠다.
 이 사지에서는 많은 기와가 수습되었다. 그중에서도 예성同好會에 의해 많이 찾아져 소장되고 있다.
 도판 ⑦의 수막새는 강당지로 추정되는 유지에서 수습된 것으로 김생사의

도판 ⑥. 석탑의 甲石으로 보이는 板石形의 석재.

초창연대에서 멀리 떨어지지 않는 유물로 보인다. 이 기와는 거의 파손되었으나 일부가 잘 남아 전체의 모습을 파악할 수 있다. 자방은 결실되어 알 수 없으며 그 주위로 複瓣의 정연한 연화문을 장식했다. 장식의 연화문은 현재 2瓣이 남아 있으나 원래는 8瓣이었을 것으로 보인다. 外區에 배치된 寶相華文은 자방 주위에 장식된 연화문 사이에 하나씩 보이는데 신라 때 유행한 細長한 당초문을 연상케 한다.

도판 ⑦. 講堂址로 추정되는 유지에서 수습한 수막새.

寶相華文은 현재 3瓣을 남기고 있으나 원래는 8瓣이었던 것 같고 瓣內에는 忍冬文에 가까운 작은 장식이 있다.

寶相華文 사이에는 통식에 따라 간판이 있는데 돌기되었다.

주연에는 정연한 聯珠文이 배치되었다. 이와 동형의 연화문기와가 이곳에서 그리 멀리 떨어지지 않은 가금면 塔坪里寺址에서 수습된 바 있어 지역적인 면을 보여 주고 있다. 태토는 모래가 약간 섞인 경질이고 새깔은 회흑색

도판 ⑧. 부속건물지에서 수습된 완형의 수막새.

이다. 現徑 13.5cm, 寶相華文幅 3.2cm, 厚 2.1cm.

도판 ⑧의 연화문 수막새는 부속 건물지 북단에서 수습(필자 소장)한 것으로 金生寺址에서 출토된 기와 중 가장 완형에 속한다.

원형의 자방은 돌기되었으며 안에는 모두 8顆의 연자가 배치되었다.

자방 주위에는 모두 6瓣의 複瓣연화문을 장식했으며 瓣과 瓣 사이에 약화된 形의 간판을 배치했다. 주연과 연판 사이의 外區는 넓은 空間을 만들고 장식을 하지 않았다.

주연은 좁으나 정연한 蓮子를 배치, 통식을 따랐는데 복판이지만 6판의 연화문을 배치한 것은 지역적인 특성을 얘기해 준다.

이와 동형의 기와가 충주 근교에서는 淨土寺址(동량면 荷川里) 등에서 수습된다. 태토는 모래가 섞인 경질이고 색깔은 회흑색. 現徑 14.5cm, 子房徑 4.5cm, 蓮瓣長 3.5cm, 幅 4.5cm, 周緣幅 0.7cm, 聯子徑 0.5cm.

도판 ⑨의 막새는 역시 부속 건물지 주변에서 수습한 것으로 도판⑧과 같은 시기에 만들어진 동형이다.

현재 기와는 반파되었으나 자방과 연판 일부, 주연이 남아 있다.

자방은 돌기되었고 聯子의 흔적이 보이며 複瓣의 연화문이 2葉 남아 있다.

주연은 파손되어 聯珠文이 있었는지는 나타나지 않는다. 드림새와의 각은 직각이다.

도판 ⑨. 부속건물지 주변에서 수습된 半破된 연화문 수막새.

태토는 모래가 섞인 경질이며 색깔은 회흑색을 보여준다. 現徑 13.5cm, 厚 2cm.

도판 ⑩의 수막새는 忠州北女中 박물관 소장으로 도판 ⑧, ⑨보다는 시대가 떨어지는 막새가 된다.

자방은 1條의 동심원을 돌기시켜 구성했는데 반만 남기고 있으며 안에는 여러 顆의 蓮子를 배치했다.

연판 주위로는 細長한 복판연화문을 배치시켰는데 정연하지 못함을 보여 주고 있다.

자방이 크고 연판이 細

도판 ⑩. 忠州北女中 소장의 수막새.

長하여 주연과 맞붙고 있는데 주연 끝에는 병주문이 장식되었다.

자방 내의 연자 배치와 연판의 역화 등 시대는 고려대의 것으로 볼 수 있겠다.

태토는 모래가 약간 섞인 경질이고 색깔은 회흑색이다. 現徑 12.5cm, 子房現徑 2cm, 蓮瓣長 3.5cm, 周緣幅 2.2cm, 厚 2.2cm.

도판 ⑪의 암막새는 金生寺址에서 나온 유일의 瑞鳥文암막새로 매의 재미있는 예라고 하겠다. 이 기와는 忠州北女中 소장으로 근년에 부속 건물지 주변에서 수습된 것으로 알려지고 있다.

기와는 반파되었으나 左端 부분이 잘 남아 있으며 왼쪽 공간에 「壬辰」이라는 干支를 左書 양출하였다.

瑞鳥文은 신라의 都城에서 출토되는 것과는 달리

도판 ⑪. 壬辰이 左書陽出된 瑞鳥文 암막새.

수법이 치졸하고 품격이 떨어지고 있는데 고려대의 것이 아닌가 추정된다. 중앙에 있는 瑞鳥文은 왼쪽에 있는 서조문보다는 좀 더 컸을 것으로 보이나 파손되어 그 모습을 알 수 없다.

천지부에는 역시 聯珠文을 장식한 흔적을 보이고 있다. 태토는 모래가 섞인 경질이나 색깔은 황갈색이다. 現徑 10.5cm, 周緣幅 0.5cm, 厚 2cm, 字徑 1×1cm.

도판 ⑫의 기와는 역시 忠州北女中 소장의 기와로 金生寺址에서 張俊植 교수에 의해 수습된 것이다.

아무런 장식 무늬가 없는 平瓦에 「月日金□」을 左書陰刻한 것이다. 이 사지가 김생사임에 비추어 매우 주목되는 銘字瓦라고 하겠다.

下段部가 결실되어 어떤 결론을 내리기는 어려우나 대개 다른 銘字瓦의 예를 비추어 본다면 「月日金田囲疆…」 등으로 이어지지 않았을까. 어쨌든 金生寺址에서는 이보다 더 많은 글씨가 새겨진 銘字瓦의 출현이 가능하기 때문에 앞으로도 주의가 요청된다고 하겠다. 現徑 14cm×12.5cm, 字徑 4cm.

도판 ⑫. 「月日金」이 左書양각된 平瓦. 忠州北女中 소장.

이밖에도 이 사지로서는 太彫의 당초문기와(충북대 박물관 소장), 忍子冬文, 암막새 등이 수습되었으나 모두 고려 하대의 것으로 추정되고 있다.

맺는 말

金生寺址는 통일신라 명필 金生이 한때 中原京에 있으면서 修道의 場으로 삼은 명찰이었음을 알 수 있겠다. 이 사지는 신라의 문화 기운이 왕성한 8세기 초~중반에 창건되어 法燈이 조선 초기까지 이어졌음도 확인되었다. 후에 抑佛이 강조되었던 시기부터 자연 쇠잔하여 폐사되었다가 후에는 重建되지 못했음도 알 수 있겠다.

金生寺는 통일신라 중원경의 큰 가람으로 번성했었음이 고지에 유존한 유물로 확인되었다. 江岸에 축조된 석축은 거대한 토목공사로 이루어진 것으로서 앞으로 토목공학 측면에서 연구돼야 할 과제이다. 이를 이 글에서 다루지 못하는 것이 못내 아쉽다고 하겠다. 이처럼 거대한 규모늬 토목공사를 대지를 조성하고 그 위에 가람을 조영한 예는 그리 흔하지 않다.

사지의 지형과 현존 건물, 기와의 散亂度 등을 검토한 결과 가람배치는 東妟한 대웅전 뒤 서편에 강당을 두고 북편에 역시 동·남향한 부속 건물을 둔 異型으로 추정되었다.

이 시대의 평지 가람이 남북 일직선상에 中門·金堂·講堂을 배치한 통식과는 약간 다름을 보여준 예라고 하겠다. 북편 東·西가 좁고 남북이 긴 대지에 여러 棟의 부속 건물을 둔 것은 한강을 관망하기 좋은 지형을 이용한 착안이라고 하겠다.

이 사지에서 출토되고 있는 기와들은 통일신라~고려대의 것으로서 그 중에는 寶相華文, 蓮華文이 주류를 이루고 있다. 寶相華文기와는 이곳 사지와 가까운 塔坪里寺址에서 보이는 寶相華文과 문양의 형태가 동일계로서 지역적으로 한때 유행했던 일면을 보여준다고 하겠다.

金生寺址에 고려대의 연화문, 당초문기와가 많이 수습되고 있는 것은 이 시대에도 여러 차례 중수가 이루어졌음을 알려주는 것이라고 하겠다.

이 사지는 심히 파괴되고 교란되어 당초의 유구를 확인할 수 없으나 더 파괴되지 않도록 조치되어야겠다. 옛 中原京이 신라 지방문화의 한 지역적 중심이 되었던 만큼, 그 한 예를 파악하는 좋은 자료로서 보존되었으면 하는 마음이다.

黃驪縣의 大刹 法泉寺址
(강원도 원주시 부론면 법천리 소재)

黃驪縣에 있던 大伽藍

지금의 驪州땅은 옛날 黃驪라 불렀다.

동은 충청도의 충주까지 44리이며 강원도 원주 경계까지는 10리에 위치해 있고 서로는 이천까지 28리가 된다고 했다. 그리고 물길로 서울가지는 1백90리에 달한다고 輿地勝覽은 기록한다. 한때 백제의 고토였던 중원에서는 옛 黃驪縣땅이 물길로 이웃이 되었다.

達川과 南漢江이 합류하는 彈琴臺에서 一葉의 片舟로 항진해도 그리 멀지 않은 거리다. 즉 소금배가 와 닿았던 牧溪를 지나면 蘇台나루이고 이곳을 지나면 德隱에 이르며 경치 그윽한 江나루를 지난다 치면 단강이 된다. 단강을 지나면 암나루(丹岩津)에 이르고 그 길로 조금 내려가면 바로 驪州땅이었던 것이다.

애초 신라가 한때 고구려의 골내근현(骨乃斤縣)이었던 이 땅을 차지했을 때도 그들은 이 江을 이용했을 것이 틀림없다. 그래서 漢州를 개척하고 북한산에 순수비를 세웠지 않았을까.

그래서 이 江은 신라의 문화를 이어준 인연의 큰 강이 되었다.

조선초기의 학자인 徐居正(1420~1488)은 驪江을 가리켜 이렇게 얘기했다.

驪江의 물은 月岳에서 근원하여
달천과 합하여 金灘이 되고
仰岩을 거쳐 蟾水와 만나 달려 흐르며
점점 넓어져 여강이 되었다

물결이 맴돌아 세며 맑고 환하여
사랑할 만하다

徐居正은 驪州의 江을 아름다운 江이라 한 것이다.

고려대에 큰 절로 유명하였던 法泉寺는 지금 江原道 原州市 富論面이 되었지만 바로 여주의 옛 땅 黃驪縣에 속해 있었던 절이었다.

그래서 古記에는 모두 黃驪縣 法泉寺라고 되어 있다.

이 절은 驪江에 이르는 암나무(丹岩津)에 위치하여 한때는 크게 번성하였던 것이다. 수로로 남경이었던 한양과 가까웠고 수도 개경의 출입이 용이하였다. 신라가 중시하여 문화의 향훈이 듬뿍하였던 中原(충주), 北原(원주)와도 근거리였다. 그 중간에 위치한 관계로 法泉寺는 국중의 대가람으로 중시되었던 것 같다.

고구려의 옛땅을 회복한다는 왕실과 민족의 정신이 왕성하고 국력이 홍성하였던 고려 초기의 史書에 이 法泉寺는 수없이 등장하고 있다. 이는 이 가람이 국찰로서 매우 중시되었다는 점을 암시해주는 것이라고 얘기할 수 있겠다.

그러나 불행하게도 지금은 거의 황폐되었다. 밭가운데 우뚝 선 幢竿支柱는 외롭기 그지없고 寺域에는 동리가 들어서 거의 파괴되었다. 다행히도 국보로 지정된 사역의 일부인 碑殿(浮屠殿이라고 부르는 것이 可할 듯함)은 지난 60년대 중반에 발굴, 보수된 이래 잘 보존이 되고 있다.

고려 초기, 강대한 민족의 힘으로 이뤄져 번성이 극치를 이루었던 法泉寺址의 제면모를 알아보기로 한다.

高麗와 함께 運命을 같이

法泉寺는 고려 초기에 건립되었다고 하나 史蹟碑도 遺存하지 않음은 물론 古記에 그 창건연대를 밝힐만한 자료가 없어 창건연대는 명확하지가 않다.

다만 현장에 남아 있는 석조유물과 古瓦片으로 미루어 통일신라 말~고려 초기에 창건되지 않았나 짐작된다. 지난 66년도 이 일대에 대한 발굴조사를 담당한 바 있는 金東賢은

法泉寺는 고려 초기에 건립된 국가대찰로서 특히 智光國師의 住刹로 이름이 높다(考古美術자료 제2集 高麗法泉寺智光國師塔碑 調査槪要)

라고 기록하고 있다.

그러나 사역의 여러 곳에서 통일신라대의 것으로 추정되는 다수의 선조문평기와조각(도판 ①)이 수습되어 고려초기 이전에 이미 법등이 밝혀지지 않았나 생각된다.

法堂址 주변에서 필자에 의해 수습된 이 평기와는 두께가 얇을 뿐 아니라 모래가 많이 섞이지 않은 赤褐色 계통의 軟質기와이다.

이 가람은 고려초기 文宗代 智光國師 解麟(984~1067)이 만년에 住持로 부임하고 후에 涅槃함으로써 더욱 큰 가람으로 번영을 얻은 것 같다.

그것은 고려 宣宗 2년

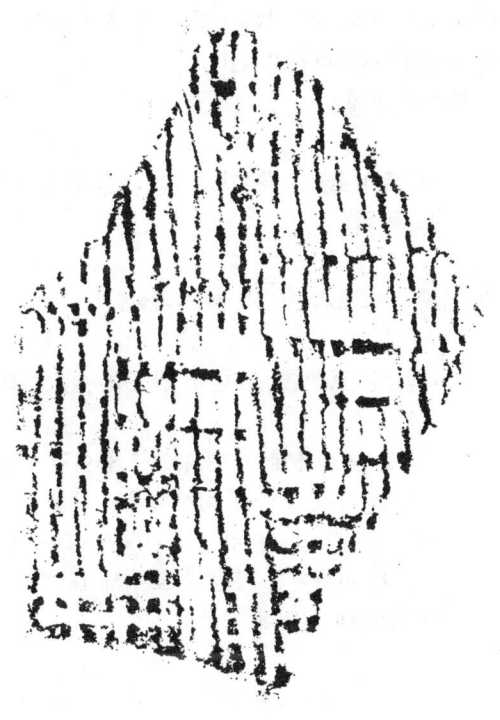

도판 ①. 法堂址 주변에서 수습된 두께가 얇은 평기와.

1085 A.D.에 이 절에 智光國師의 浮屠와 塔碑, 이를 안치하기 위한 浮屠殿이 건립되었기 때문이다. 이 시기를 전후하여 가람이 크게 중수된 것으로 내다볼 수 있겠다.

智光國師가 만년에 法泉寺에서 있었다는 기록은 浮屠殿에 유존한 國寶 59號 法泉寺智光國師玄妙塔碑文 중에 보인다.

…(前略) 師欲歸安于法泉寺 畿興暮齒地嗟縷陳身退三上需頭之奏確執懇辭云云

라는 기록이 보이고, 高麗史 卷第八 文宗二十一年條에

  …(前略) 九月 丁酉 國師海麟請 老還山云云

이라 되어 있다. 이 기록은 國師가 몸이 늙어 산(法泉寺)으로 돌아갈 것을 王에게 청했다는 내용이 된다.
 同碑文 중에

  …(前略) 上優詔從之九月二十二日 駕幸玄化寺 特設闍院 僧齋兼置寅餞之莚訖云云

과 高麗史 卷第八 文宗二十一年條에

  …(前略) 王親餞于玄化寺 賜茶藥 金銀器皿 綵段寶物云云

라는 기록은 王이 國師가 法泉寺에 돌아갈 결심을 하자 친히 현화사에서 송별하고 여러 가지 보물을 하사했다는 내용이 되겠다.
 國師가 法泉寺로 돌아간 해는 1067 A.D이며 이해 10월에 涅槃했으니 대대적인 重創이 이루어진 해는 이로부터 18년 후인 셈이 된다.
 智光國師塔碑 뒷면에

  大安元年 歲在乙丑仲秋月 日樹 臣 李英輔臣張子

라는 건립연대가 기록되고 있어 이를 알려주고 있다.
 法泉寺는 그 이후로도 매우 중요시되었다.
 고려 毅宗은 몸소 이 절에 행차하기도 했다.
 高麗史 卷第十八 毅宗十四年條에

  …(前略) 戌午 王 如玄化寺 辛酉 遂幸法泉寺云云

라 기록되어 王이 玄化寺에 이어 法泉寺에 행차하였음을 알려주고 있다.

法泉寺는 13세기 초반 글안병의 침입을 받은 것 같다. 고려 高宗 4년 1217 A.D.에 글안은 原州, 東州 등지에 침략, 破竹之勢로 제천 등지로 휩쓸 때이다. 古記에 보면 高麗軍이 글안병을 쫓아 法泉寺에 내려갔음을 알려주고 있다.

이 기록에선 당시의 法泉寺가 黃驪縣(지금의 驪州)에 속해 있음을 알려주는 내용이 포함되어 있어 재미난다.

高麗史 卷一百三 列傳 卷第十六 金就礪條에

…(前略) 官軍追賊至 黃驪縣法泉寺 移禿次岾云云

이 보이기 때문이다. 이 高麗史 列傳의 기록은 官軍이 글안병을 추격하여 황려현 법천사에 이르러 독산으로 옮겼다는 내용이 되겠다.

高麗史節要 卷之十五 高宗安孝大王 丁丑 四年條에도

…(前略) 中軍前軍 追丹兵于忠原兩州間 法泉寺 移禿次岾云云

이라 기록되어 있어 글안의 침입을 받았음을 알려준다.

古記에는 글안의 침입으로 가람이 크거나 훼손되었다고는 나타나지 않으나 다른 예를 보아서는 피해가 있었을 것으로 짐작이 간다.

寺域에 유존한 여러 유물로 보아 法泉寺는 고려와 함께 운명을 같이 한 것으로 짐작이 간다. 寺域 안에는 조선시대에 만들어진 유물이 하나도 남아 있지 않다. 그러니까 조선이 개국하자 廢寺되었다고 보아야겠다. 그래서인지 조선전기에 이루어진 東國輿地勝覽 驪州牧 佛宇條에 나타나지 않고 있다. 이 문헌에는 報恩寺, 井泉寺, 下北寺, 鐵甲寺, 長興寺, 鷲岩寺, 上院寺, 高達寺 등이 보일 뿐이다.

新羅의 榮華가 이어진 大伽藍

고려는 비록 고구려의 구토를 회복하겠다는 의지를 내세웠지만 문화는 신라의 것을 그대로 이어왔다. 신라의 마지막 왕인 敬順王은 나라를 고려에 넘기고는 개경에 거주하였으며 그는 太祖의 큰딸인 樂浪公主를 부인으로 얻어 살았다.

먼저

　　舅甥(장인과 사위)의 義를 지켰으면 좋겠다

고 한 것이 고려 태조였다. 그래서 태조는 경순왕의 伯父인 億廉의 딸을 또 아내로 삼아 신라의 宗室과 혼인을 맺는 것은 몸소 실천하였다. 나라의 王室이 이러해서 고려초기의 제도도 신라의 것을 그대로 이은 것도 많다.

法泉寺도 신라의 영화스러운 문화를 이어 발전시킨 가람이라고 하겠다.

이곳에 남아 있는 대부분의 석조유물은 조식수법이 신라문화의 숨결과 맥박을 간직하고 있다고 보아야겠다. 그래서 가람의 배치 문제도 이런 범위 안에서 해석해야 될 것 같다.

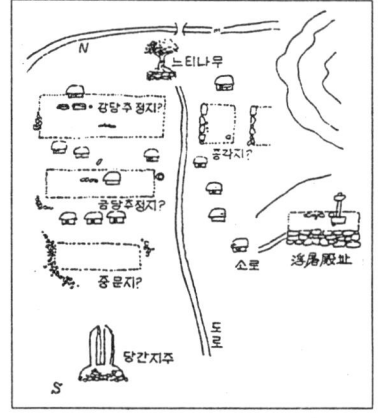

도판 ②. 法泉寺址 가람배치 추정도. 정남향을 한 사찰이다.

浮屠殿을 제외한 金堂, 講堂址 등은 현재 민가가 모두 차지해 그 실태를 파악하기가 매우 어렵게 되어 있다. 그러나 민가에 수없이 산란한 석재와 초석 등으로 짐작, 그 위치를 어렴풋이 알아 보았다.

法泉寺는 정남향을 한 가람이었다. 丹岩나루와 마주 대하는 정면에 사역의 입구를 알려주는 幢竿支柱가 서 있고 그 북편으로 건물들을 배치하였다 (도판 ②).

중문지는 현장의 유지들이 교란되어 확인되지 않고 당간지주에서 약 2백m 지점 폐가 안에 다듬은 段階石群이 널려 있어 큰 건물이 있었음을 알려주고 있다. 이 지점이 법천사의 중심이었을 것으로 추정되는 이유는 석재 주위에서 찾아진 旧井(도판 ③) 때문이다.

이 옛 우물은 정연한 잡석을 다듬어 쌓아올린 것인데 현재는 우물을 사용했던 초가가 폐가되어 쓰지 않고 있으나 오래 전에 조성된 것임을 쉽게 알 수 있게 해주고 있다.

도판 ③. 民家 안에서 발견이 된 旧井. 잡석을 정연하게 다듬어 쌓아 올리고 나무로 井을 만들어 올려 놓았다.

   지금은 우물 주변에 널려 있는 각종 화강암돌들을 모아 놓고 통나무로 井을 만들어 올려놓았는데 이 지점에서 약 5~6m 되는 곳에 다듬은 많은 건물 石材들이 산란하여 있다. 석재는 민가의 초석으로 혹은 뜰의 디딤돌로 담장의 받침돌로 이용되고 있다.
   우물과 가까운 초가자리가 法泉寺의 금당지로 추정되는데 거의 교란되어 그 규모를 파악할 수는 없다.
   이곳에 널려 있는 방형의 초석으로 미루어 건물은 매우 컸음을 알 수 있

도판 ④. 法泉寺址의 智光國師 浮屠殿. 가공된 화강석을 정연하게 축성하였다.

게 해준다.

이 초가에서 북편으로 약 20~30m 거리에 역시 많은 석재를 초석으로 하여 지은 건물이 있는데 이 지점이 혹시 강당지가 아닌가 내다보여진다. 농업을 하고 있는 文봉산 씨(84) 집으로 되어 있는 이 건물 주변에서는 장방형의 석재를 다듬어 몰딩으로 처리한 기단하대석 등이 보여 주목되고 있다.

文봉산 씨의 집주변을 강당지로 본다면 法泉寺는 남북 일직선상에 金・講堂을 배치한 전형적인 가람이었음을 알 수 있게 해준다.

강당지 주변의 석재나 초석의 교란이 심하여 규모를 파악할 수는 어렵게 되어 있다. 이 건물지 주변 경작지에서는 다수의 와편이 교란하고 있다.

金堂址로 추정되는 건물지 동편으로 정방형의 臺地를 만들고 정연한 화강암 석재로 축대를 쌓은 곳이 있는데 혹시 鐘閣址가 아닌가 보여진다.

이 마을 진한섭 씨 소유로 되어 있는 이 유지는 8m20cm×9m60cm의 크기고 徑 44cm 크기의 원형 초석이 남아 있다.

주민들 얘기로는 이곳이 강당지로 전해 내려오고 있다고 하나 믿을 수 없는 얘기이고 臺地를 高峻하게 한 것을 감안한다면 鐘閣址로 보는데 타당할 것 같다.

이 유지와 나란히 또 하나의 축대를 쌓은 정방형에 가까운 유물지가 있는데 山麓과 연결된다는 점에서 혹시 山神閣址가 아닌가 내다보여진다.

이 두 정방형에 가까운 건물지는 모두 前面 外面에 크기가 일정하지 않은 긴 화강암을 다듬어 4段으로 쌓아올리고 그 內面에는 잡석을 넣어 견고하게 하였다.

이 유지는 그 축성방법으로 보아 法泉寺에 대규모 불사가 이루어진 宣宗 2년 1085 A.D.에 이루어진 것이 아닌가 보여진다.

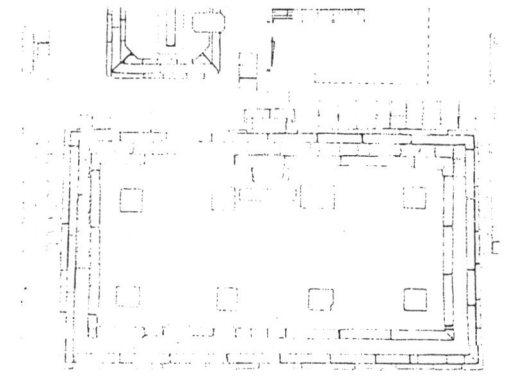

도판 ⑤. 중앙 건물지 復元圖. (金東賢. 塔碑殿 報告書 66. 考古美術會刊).

이밖의 유지로는 川辺을 끼고 있는 지점이 주목되는데 瓦片만이 산란하여

옛 黃驪縣의 大刹 法泉寺址 299

도판 ⑥. 浮屠殿 西建物址. 화려한 초석이 주목된다.

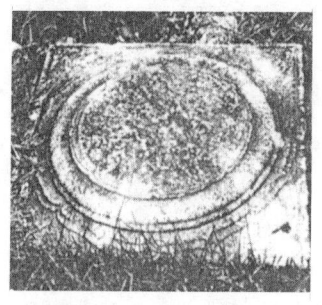

도판 ⑦. 西建物址의 蓮華文 초석

주변의 석재들이 동구 느티나무 등으로 옮겨져 이용되고 있다.

法泉寺址에서 가장 주목되는 것은 바로 浮屠殿址(혹은 玄妙塔殿)다(도판 ④). 이곳에는 국보로 지정된 智光國師玄妙塔이 있었고 (景福宮 庭園에 옮겨져 安置됨) 지금은 塔碑가 남아 있다. 지난 66년도 문화재관리국의 도움으로 浮屠殿址 일대가 발굴 보수되었고 보고서가 간행된 바 있다. 그래서 여기서는 대략 개관만을 소개하는 것으로 그친다.

2층의 基壇은 각기 여러 화강석으로 이루어졌으며 상층기단면석에는 탱주와 隅柱를 조각하였다. 기단의 크기는 前面 13m, 側面 7m50cm이며 건물 크기는 正面 3間, 側面 1間 규모이다. 초석의 크기는 69×69cm의 정방형이며 側面柱間의 거리는 3m25cm가 된다(도판 ⑤).

동서 건물지 중에서 주목되는 건물지는 西建物址(도판 ⑥)로 중앙건물지와 같이 가공된 석재를 사용했으며 2중 면석 위에 갑석을 놓고 있다.

이 浮屠殿은 智光國師의 玄妙塔과 塔碑를 안치하기 위하여 새운 건물로 중앙건물을 중심으로 東西左右에 크기가 비슷한 건물을 배치한 특수한 예이다.

塔碑는 현재 중앙 건물지 전면에 서향하여 안치되어 있으며 그 앞에 玄妙塔이 있었던 것으로 보고서는 밝히고 있다.

중앙 건물지 기단은 흡사 신라석탑의 기단을 보는 것처럼 잘 조성되어 있다.

이 건물지도 正面 3間 側面 1間 규모인데 重瓣의 蓮華文을 조식한 초석을 사용, 화려함의 극치를 이루고 있다(도판 ⑦).

이 초석은 방형의 화강석 위에 2중의 연꽃을 8瓣으로 돌렸고 그 위에 원형의 柱座를 彫出시킨 것으로 고려대의 주초석으로는 그 섬세함이 대표적인 것 같다.

이 건물지의 기단 크기는 10m 30cm× 5m85cm인데 건물 크기는 柱間 거리로 미루어 正面 6m35cm 側面 3m13cm로 밝혀졌다.

浮屠殿址에 안치된 塔碑(도판 ⑧)와 智光國師玄妙塔은 이미 널리 소개된 바 있어 설명은 피하겠다. 이 두 유물은 고려초기 塔·碑 예술의 극치라 하겠다.

그러나 그중 塔碑가 한가지 아쉬운 것은 塔身上段부분이 균열되어 있다는 점이다. 도괴가 우려되고 있어 주의가 요청되고 있다.

도판 ⑧. 國寶로 지정된 智光國師玄妙塔碑. 탑비의 측면에는 섬세하게 龍이 양각되어 있으며, 塔碑의 龜趺에는 龜甲文 안에 「王」字가 선명하다.

아름다운 石造遺物들

30년전 浮屠殿址에 대한 발굴조사때 사지 주변에 산란하였던 각종 석조유물들이 서편 건물지로 옮겨져 보존조치를 받게 되었다. 근년에는 사지 동편 민가에 굴러다니던 배광도 당국에서 매입, 西건물지로 옮겨 놓았다.

이곳에 보존된 유물 중에는 부도전이 지어진 고려 宣宗代 이전의 것도 있으나 대략 통일신라 조각수법을 이은 것들이 대부분이다.

①石塔(도판 ⑨)

민가에 있던 것을 옮겨온 것으로 거의 결실되어 있으나 일부 부재가 잘 남아 있다. 현재 탑의 부재는 上層基壇 上臺甲石과 2개의 옥개석, 옥신석이 하나이다.

도판 ⑨. 민가에 있던 것을 옮겨온 石塔의 部材. 고려 초기의 유행수법이 나타나고 있다.

上臺甲石의 하면은 알 수가 없고 상면에는 탑신을 받기 위한 괴임으로 2단 조출시켰다. 괴임을 몰딩으로 처리한 것은 신라의 양식을 이은 것이라 생각된다. 갑석 위에 올려놓은 옥개석은 파손도가 심하나 외형으로 미루어 처마는 반전이 경쾌했던 것으로 짐작이 간다.

층급받침은 4단을 이루고 있으며 낙수면은 급경사를 이루지 않고 있다.

역시 옥개석상면에는 옥신석을 받기 위한 2단의 괴임이 양출되었다. 옥신석은 1매석으로 되어 있으며 각 면에는 우주가 조각되어 있다.

이 석탑은 신라석탑의 일반형을 따른 것으로 보인다.

②석조불상과 불두(도판 ⑩, ⑪)

역시 西건물지 위에 안치되어 있으며 하나는 불두를, 하나는 불신을 잃었다.

불신은 結跏趺坐한 如來坐像으로 오른쪽 팔이 떨어져 나가는 등 파손도가 심하다. 66년도 浮屠殿址를 발굴할 당시 중앙건물지 앞에 방치 되었던 것을 西건물지에 옮겨 보존하고 있다.

법의는 右肩偏袒이며 어깨가 당당한 대신 허리가 가늘어져 시대적인 특징을 잘보여주고 있다.

왼쪽 어깨에 걸쳐 아래로 흐른 법의는 정좌한 양 무릎을 덮고 있는데 형식화에 흐른 느낌이 든다.

手印은 左手는 왼쪽 무릎에 얹어 上掌한 듯하나 마멸이 심하고 右手는 오른쪽 무릎을 잡아 降魔觸地印을 결하고 있으나 엄지와 검지를 잡은 것이 주목된다. 實測値는 全高 57cm, 肩幅 42cm, 胸幅 29.5cm, 厚 19cm.

연화대석 위에 놓여 있는 불두(도판 ⑪)는 머리를 결한 불상의 짝으로 생각되나 비례를 맞추어 본 결과 제 짝이 아니었다.

이 불두는 素髮의 頭頂에 관모를 썼는데 그 모양은 圓筒形에 가까우며 네모진 얼굴과 더불어 고려때 조성된 시대적 특징을 잘 보여주고 있다. 이마는 넓고 양귀는 길게 늘어져 있으며 비록 相好는 마멸이 심하나 아직도 자비스러운 모습이 넘치고 있다. 全高 38cm, 耳長 17cm, 顔幅 17.5cm.

도판 ⑩. 佛頭를 잃은 石造如來坐像. 고려 초기의 것으로 추정된다.

③光背(도판 ⑫)

西건물지에 보존되고 있으며 민가에 굴러다니던 것을 매입 현장에 옮긴 것이다.

이 광배는 두광만을 나타낸 寶珠形 背光으로서 역시 고려초기에 만들어진 것으로 보인다.
 淺刻으로 양출시킨 1條의 중심원을 중심으로 2條의 큰 두광을 배치하였고 그밖으로 上段에 3軀의 化佛을, 아래에는 양쪽으로 각 1軀씩 2軀의 化佛을 배치하였다. 化佛 주위로는 流麗한 火焰文이 있어 통식을 따르고 있다.
 상단의 三尊像은 모두 연화좌 위에 結跏趺坐한 坐像이며 手印이 모두 틀린 것이 주목된다. 主尊은 降魔觸地印을 결하고 있으며 脇侍坐像은 두 손을 모은 合掌印을 맺고 있다.
 右脇侍坐像은 두광과 擧身光이 표현되어 있고 素髮의 머리에 肉髻

도판 ⑪. 蓮花臺石 위에 올려 놓은 佛頭

가 큼직한 것이 눈에 띈다.
 아래 2軀의 化佛은 하나는 智拳印을, 하나는 참선하는 禪定印을 결하고 있어 그 나타낸 바가 모두 틀린 점이 주목된다. 全高 1m33cm, 下幅 1m11cm, 厚 26cm.

④奉爐臺石(도판 ⑬)
 역시 사지에 유존한 것을 이곳으로 옮긴 것인데 拜禮用으로 사용되었던 臺石으로 보인다.
 장방형의 화강석으로 다듬어 만들었으며 전면에는 3軀, 측면에는 2軀씩의

眼象을 배치하였고 상면 중앙에 8瓣 연화문을 조각하였다.

연꽃은 花形의 자방 안에 모두 13顆의 연자를 배치하였고 그 주위로 살이 찌고 瓣端이 뾰족한 素文의 8瓣 연화문을 조각하였다. 연판 주위에 새긴 간판도 끝은 뾰족하게 양출시켰다. 1m27cm×63cm, 高 23cm, 蓮華文徑 44cm, 子房徑 15.5cm.

⑤기타 石彫物
(도판 ⑭-A, B, C)
이밖에도 西건물지에는 도판 ⑭-A, B, C와 같은 수작의 석조물이 남아 있다. A는 그 용도에 대해서는 불명이나 아치형인데다 그 外緣

도판 ⑫. 민가에서 옮겨온 寶珠形光背. 5軀의 仙佛이 주목된다.

에 화려한 당초문을 조각하고 그 중심부에 연꽃과 줄기를 양출시켜 조각예술의 극치를 이루고 있다.

玄妙塔碑를 만든 당대의 巨匠솜씨가 아닌가 보여진다. 實測値 99×96cm.

도판 ⑭-B는 浮屠部材가 아닌가 추정되는데 외면에 寶珠形의 감실이 조각되어 재미있다. 實測値 高 54cm, 幅 59cm, 감실高 31cm, 幅 29.5cm.

도판 ⑭-C는 龜趺의 頭部로 짐작되는데 玄妙塔碑의 귀부 머리와 흡사하다. 큰 이빨과 如意珠를 문 수법 등 고려초기 성대의 모습이 나타나고 있다.

옛 黃驪縣의 大刹 法泉寺址 305

도판 ⑭-B. 寶珠形 감실의 외면에 조각된 浮屠部材.

도판 ⑬. 끝이 뾰쪽한 연꽃을 잘 配置한 奉爐臺石.

도판 ⑭-C.

도판 ⑭-A. 화려한 唐草文이 조각된 아치형 석조물.

各種 瓦片들

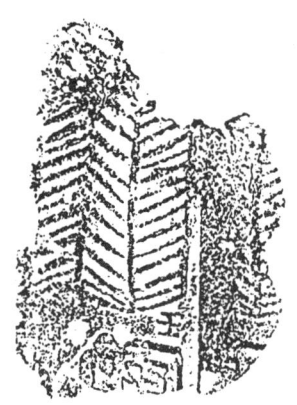

도판 ⑮-A. 法泉寺址에서 출토된 「王」字銘 기와.

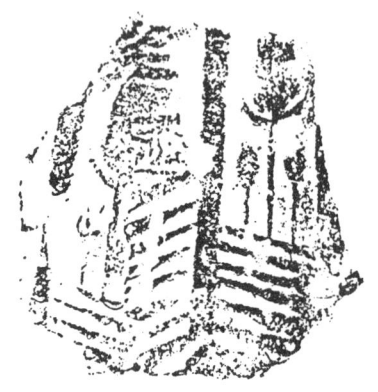

도판 ⑮-B. 나무모양이 보다 寫實的으로 표현된 평기와.

도판 ⑮-C. 연꽃무늬를 새긴 평기와. 고려 중기 이후에 만들어진 것으로 추정된다.

지난 66년도 발굴 당시 法泉寺址에서는 蓮華文塼, 細瓣蓮華文와당, 망새편 등이 수습되어 옛 가람의 영화를 짐작시켜 주었다. 이때 수습된 기와들이 거의가 고려대의 것들로서 忠淸北道 忠州市 東良面 荷川面의 淨土寺址 등 고려초 사지에서 나온 기와들과 비슷한 유형이 많았다.

이 사지에서는 최근 필자에 의해 도판 ⑮-A와 같은 「王」字銘평기와가 수습되어 王師와 大道場이었음을 알려주었고 도판 ⑮-B, C와 같은 문양이 있는 평기와도 수습되었다.

이들 기와는 거의 고려초기~하대의 것으로 法泉寺의 숱한 중창을 얘기해주는 자료가 되겠다.

도판 ⑮-B 기와는 평기와이나 나무(樹)文을 사실적으로 표현한 드문 예이고 도판 ⑮-C는 평기와에 연꽃을 장식한 기와이다.

방치된 寺域, 보존조치들

法泉寺는 백제가 개척한 한강변 요지에 羅末~麗初에 창건되어 고려 全代에 번성을 누리다가 조선개국 이후 폐사된 것임을 알 수 있겠다. 고려대에 번성한 것은 智光國師가 原州人이었고 그가 만년에 이곳에서 세상을 떠났기 때문인데 후에는 王이 행차할 정도의 國刹로서 중시되었던 것이다.

法泉寺도 고려의 개국의지를 지닌 다른 사찰과 마찬가지로 조선개국 이후 폐사된 것은 안타까운 일이 아닐 수 없다. 그러나 浮屠殿에 있었던 智光國師 玄妙塔과 塔碑가 없어지지 않고 하나는 경복궁에 이전되고 하나는 현지에 안치된 것은 다행한 일이라 할 수 있겠다.

한가지 지적하고 싶은 것은 사찰의 심장부였던 金·講堂址가 침식으로 거의 교란되었고 주요 건물지들이 하나도 보존조치를 받지 못하고 있다는 사실이다. 浮屠殿을 제외한 주요 건물지 일대의 보존조치도 필자는 시급하다고 생각한다.

옛 黃驪縣, 고려 국찰 法泉寺址. 이젠 대찰지를 찾는 이들은 적어지고 암나루(丹岩) 주변에 수석을 모으려는 인파가 片舟에 몰리는 데에는 좀 서글퍼지지 않을 수 없다.

傳品官寺址
(충북 영동군 영동읍 부용리 소재)

吉同郡과 錦城

충북 永同은 고대 백제, 신라가 쟁패하던 곳으로 고대사를 연구하는데 매우 중요한 지역이 된다. 위치가 錦江 상류가 될 뿐만 아니라 小白山脈을 인접한 곳이기 때문에 삼국시대에 서로 충돌을 피할 수 없었다.

이 지역 일대에서 조사되고 있는 많은 성곽은 古代史의 기록을 입증하고 있으며 여러 유적 중에서도 주요한 연구대상이 되고 있다. 永同 助川城과 沃川의 古利城(環城)은 삼국사기에 기록되는 성으로 신라, 백제간의 대표적인 충돌 記事가 된다.

永同읍 부용리 永同郡廳 북편에 있는 土城(錦城으로 불림)은 신라 吉同郡이 治所로 비정되고 있다.

이 土城은 旧 永同郡誌(全)에 다음과 같이 기록된다.

山川條에

　錦城山 一名 芙容山 又品官山 在郡西二里 自夫摩山來東出一枝爲邑城古基 令鄕校所在地 山地北有落花臺

錦城山은 일명 芙容山이라고 부르며 이곳에 邑城의 古基가 있다는 내용이다.

또 永同郡誌 城郭條에

邑城 一名 芙容城 石築周二千四百十尺高七尺 內有二井城堞今無

라 기록되어 芙容城이 읍성임을 알려준다.

　永同郡誌의 기록을 감안하면 이 土城이 錦城이었으며 고대 永同-吉同의 治所였음을 알 수 있게 해준다. 특히 이 성은 돌과 흙을 다져 쌓은 版築型城으로서 고대의 성임을 알 수 있다.

　이 錦城은 水口가 永同川과 접하고 있다.

　徐居正은 이같은 모습을 詩로 적었다.

　　芙容山 밑 외로운 城
　　한줄기 물 잔잔하여 거울처럼 맑네
　　교룡(蛟龍)이 못 속에서 들을까 두려워
　　詩를 써도 목소리 높여 말하지 못하네
　　(輿地勝覽 永同縣樓·亭條)

芙容城-錦城이 永同川 위에 있었음을 알려주는 詩라고 하겠다.
신라의 吉同郡은 이 성을 중심으로 문화의 꽃을 피웠을 것이다.
錦城에는 落花臺가 있었다.

　輿地勝覽에

　　城 서쪽에 있다. 속담에 전하기를 계주(稽州·고려대의 永同명)때 사람들이 서로 전송하고 작별하던 곳으로 기생이 어느 남자와 헤어지기가 서러워서 떨어져 죽었기 때문에 후세 사람들이 이로 인하여 이름지었다.

라고 기록된다.

　이 落花臺는 錦城의 西쪽 제일 고준하게 잡석을 다져 쌓은 將臺로 추정되는데 한 눈에 永同 시가지가 내려다 보인다.

　永同郡誌 古跡條에도

落花臺 在郡西二里 世傳稽州刺使 所送別之地 有妓惜別墜死 後人因名焉
云云

이라 기록되어 錦城에 낙화대가 있음을 알려준다.

이 落花臺 아래에 佛寺가 있었다. 이 절 이름은 品官寺라고 전해져 오고 있으며 지금은 古址에 근년에 錦城寺를 復建하여 香火를 올리고 있다.

이 절 이름을 品官寺라고 한 것은 品官山에 연유한 것이 아닌가 생각된다.

역시 永同郡誌 古跡條에

落花臺……古有小庵 今無

라 되어 佛庵子가 있었음을 알려준다. 이 절터는 통일신라~고려대, 永同에 문화의 향훈이 피었을 때의 소산으로서 연구대상이 된다.

永同은 고려초기에 竹州라고 했다. 竹州라고 하는 명칭은 高麗史나 輿地勝覽에는 보이지 않으나 永同郡誌에 다음과 같이 기록된다.

郡名條에

吉同 稽州 永山 稽山 竹州 唐大平興國 年間此號

라 나오는 것이다.

傳品官寺址는 이 시대에 興刹로서 존속이 됐던 것 같다. 사지에서 출토된 기와 중에 이곳이 고려 초기에 竹州였음을 알려주는 銘瓦가 발견되기 때문이다. 이 사지에 대해선 忠北道가 발행한 三大史誌 寺誌에 소략히 기록될 뿐 사지에 대한 개관이 소개된 바 없다.

初創은 羅末~麗初

傳品官寺址의 초창은 통일신라말~고려초로 추정되고 있다.

吉同郡의 治所로 비정되고 있는 錦城과 인접해 있고(이같은 예는 신라 屈

山城과 가까운 沃川 靑城 山桂里寺址에서도 찾을 수 있음) 통일신라말~고려초기에 만들어진 다수의 瓦片·石造物이 보이기 때문이다.

특히 이 사지에서는 大平興國名 기와가 수습되어 이때에 가람의 창건, 혹은 번와가 이루어졌음을 알려준다. 大平興國은 宋나라 年號로서 高麗 景宗 年間(976~981 A.D.)에 해당된다.

이 사지의 이름은 品官寺로 전해오고 있으나 정확한 것은 알 수가 없다. 그것은 史蹟碑도 없을 뿐 아니라 고문헌에도 보이지 않기 때문이다.

品官寺라는 구전은 사지와 가까운 錦城에 내려오는 신라 品釋 장군과 官昌과의 설화에서 나온 듯한데(忠北道 발행·三大寺誌·永同篇) 무리가 없지 않다.

이 사지는 고려대에 한때 흥성했다가 조선 초기에 이르러 폐사된 것이 아닌가 생각된다. 유지에서는 다수의 와편이 산란하고 있으나 조선시대의 것은 눈에 띄지 않는다. 대부분 통일신라말~고려대의 것으로서 錦城에서 출토되고 있는 기와와 동일하다. 이 사지는 興地勝覽에 보이지 않아 이 책이 완성된 그 이전에 이미 폐사된 것으로 보아야겠다. 韓末 旧址에다 錦城寺가 세워졌으며 지금에 이르고 있다.

伽藍배치

발굴이 이루어지지 않았으므로 정확한 가람배치는 알 수 없으나 사지에 유존한 일부 초석과 기와가 출토되는 것으로 미루어 금당·강당을 일직선상에 둔 동남향한 가람이었지 않았나 생각된다(도판 ①). 유지의 서편에 현 錦城寺의 대웅전·요사 등이 자리잡고 있으며 중요 건물지는 경작지가 되었다.

건물이 자리잡았던 臺地는 芙容山과 錦城이 맞닿은

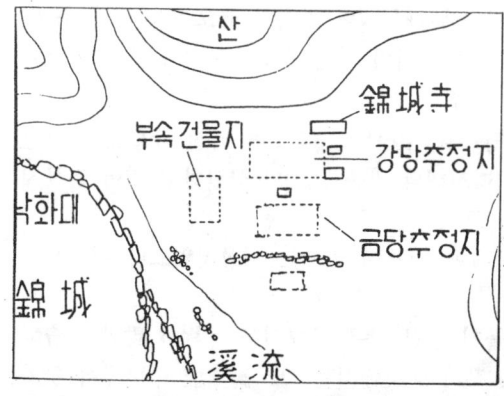

도판 ①. 傳品官寺址 가람배치 추정도.

협곡으로 비교적 좁은데 흔히 트인 동편으로 통로를 마련하였던 것으로 짐작할 수 있겠다.
 이 사지의 金堂址는 寮舍 전면에 있는 1단의 臺地를 마련한 곳으로 추정되고 있으며 이곳에서는 다수의 瓦片이 산란하고 있다.

도판 ②. 傳品官寺址 全景.

 특히 외면에 아무런 彫飾이 없는 덤벙 초석이 남아 있어 건물지임을 쉽게 알 수 있다. 遺構가 교란되고 지하에 매몰되어 정확한 규모를 파악할 수 없으나 비교적 큰 건물이었을 것으로 보이며 이는 주변에서 수습되는 치미편·막새편 등 유물로 짐작할 수 있겠다(도판 ②).
 대웅전이 들어선 전면이 강당지로 추정되고 있으며 역시 규모는 파악할 수 없다. 그러나 주변에서는 고려시대의 많은 瓦片이 산란하고 있어 건물지임을 알 수 있겠다.
 이 사지의 부속 건물지는 남쪽에 있는데 현재는 매몰되었으나 경작으로 많은 와편이 출토되고 있다.
 금당지로 추정되고 있는 건물지 전면 낮은 곳에서도 瓦片이 많이 수습되고 있어 건물지로 내다보인다. 특히 이곳에서는 金·講堂址 주변에서 찾기 힘든 線條文 평기와가 많이 산란하여 주목되며 錦城 내의 유지출토기와와 同類라는 점에서 재미있다.

이 건물지도 遺構가 드러나지 않아 그 규모를 파악할 수 없으며 中門址였는지도 알 수 없다.

遺物

이 사지에는 당초 격식을 갖춘 석탑과 불상 등이 있었을 것으로 생각되나 현재는 石蓮華臺座의 破材만이 남아 있다.

도판 ③의 연화대좌 하대석은 근년에 조성된 석탑 전면에 안치됐으며 8각의 中臺石 위에 놓여 있다. 지대석은 결실되어 알 수 없으며 중대석은 후보한 것이 아닌가 생각된다.

下臺石은 8각이며 8판의 伏蓮을 彫飾했는데 연판은 複葉이다.

연판과 연판 사이에는 간판이 마련되어 통식을 따르고 있다.

도판 ③. 석조연화대좌 下臺石.

상면에는 角·弧形의 2段 중대석 괴임을 마련했는데 중대석은 결실되었다. 徑 1.34cm, 高 22cm, 蓮瓣長 25cm.

도판 ④의 仰蓮石은 하대석 남쪽 약 10m 지점에 있으며 도판 ③의 제짝인지는 알 수 없다. 이 상대석은 원형으로 하면은 알 수 없으며 모두 8판의 仰蓮을 조식했다. 판 사이에는 간판이 있어 앙련석의 전형을 따르고 있다.

상면은 불상을 안치할 수 있도록 판판하게 다듬었으나 별다른 조각이 없다.

이 석조 蓮華臺座의 下·上臺石은 그 조각수법으로 보아 통일신라

말~고려초의 조성으로 추정된다. 徑 144cm, 高 18cm, 蓮瓣長 22cm.

각종 기와류

이 사지에서는 시대를 달리하는 비교적 많은 기와가 수습되고 있다. 통일신라말~고려대의 興

도판 ④. 연화대좌의 仰蓮石.

刹로서 많은 번와가 이루어졌기 때문이라고 보아야겠다.

도판 ⑤의 연화문수막새는 금당지로 추정되는 건물지 주변에서 수습된 것으로 반파됐으나 子房과 蓮瓣, 周緣을 잘 남기고 있다.

자방은 1條의 동심원을 돌기시켰으며 안에는 모두 4顆의 연자를 배치하였다. 자방 주위로는 8瓣의 複葉 연화문을 돌렸고 간판은 생략되었다. 瓣 안에는 忍冬과 같은 장식이 있으나 정연하지 못하고 周緣은 높고 聯珠文 흔적이 보인다.

자방은 약간 고식

도판 ⑤. 古式의 子房을 보이고 있는 연화문 수막새.

을 따랐으나 연판 등 모두 도식화되어 고려대의 소작으로 봄이 어떨까 생각된다.

드림새와의 각은 직각이고 수기와가 남아 있으나 기와 등에는 아무런 무

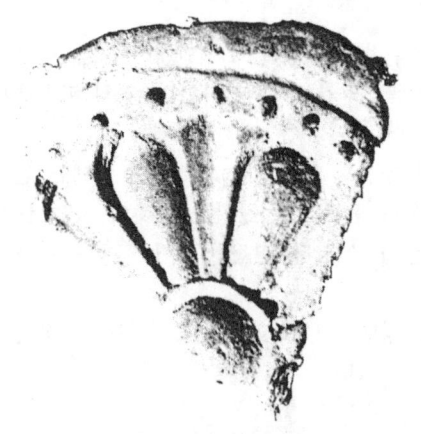

늬가 없는 素文이다. 모래가 많이 섞인 硬質이고 색깔은 회흑색이다. 現徑 13cm, 子房徑 3cm, 蓮瓣長 3.5cm, 周緣幅 0.8cm, 厚 1.4cm.

도판 ⑥의 기와는 金堂址로 추정되는 건물지 주변에서 수습한 것으로 거의 파손되었으나 연판의 일부와 주연이 잘 남아 있다. 자방은 알 수 없으며 연판도 3葉만을 남기고 있다. 연판은 瓣端이 뾰죽하며 날카로운 인상을 주

도판 ⑥. 瓣端이 뾰쪽한 연화문 수막새.

고 있는데 하나는 음각으로, 하나는 양각으로 표현, 대조를 이룬다. 양각의 연판은 후육하며 음각은 다이아몬드형을 보여준다. 음각의 연판은 양각보다 약간 작아 間瓣으로 보는 것이 어떨까.

周緣은 二重으로 2段을 이루며 外緣은 아무런 무늬가 없는 素文인 대신, 內緣에는 크기가 일정한 정연한 聯珠文을 배치했다.

도판 ⑦. 돌기된 子房을 보여주고 있는 연화문 기와.

이 사지에서는 이 기와와 동형의 막새가 많이 발견되고 있다. 모래가 적은 연질이고 색깔은 황갈색이다. 現徑 10.5cm, 蓮瓣長 3cm, 周緣幅 4cm(내연

1.2cm, 외연 0.8cm), 厚 1.2cm.

　도판 ⑦의 막새는 역시 금당지로 추정되는 건물지 주변에서 수습한 것으로 도판 ⑥과 비슷하나 細部 手法에서는 약간 다른 기와이다. 거의 파손됐으나 자방과 연판, 2중의 주연이 잘 남아 있다.

　자방은 1條의 선문으로 된 돌기된 동심원 안에 배치되었으며 안에는 연자가 생략되었다. 연판은 2葉만 남았으나 음각으로 표현된 間瓣이 있고 끝은 間瓣이 뾰죽한 대신 부드러운 인상을 주고 있다. 연판은 또 厚肉하나 아무런 장식이 없다.

　內緣에는 일정하지 않은 간격으로 정연한 聯珠文이 있으며 外緣은 장식이 없는 素文이다.

　자방의 표현과 퇴화한 연판, 주연의 배치에 있어 시대의 하한을 나타내 고려중기 이후에 제작된 것이 아닌가 추정된다.

　모래가 많이 섞이지 않은 軟質이

도판 ⑧. 도판 ⑦과 동형의 수막새.

며 색깔은 회흑색이다. 現徑 9.5cm, 子房徑 2.5cm, 蓮瓣長 3cm, 幅 1.5cm, 周緣幅 2.2cm, 聯珠徑 0.5cm.

　이와 동형의 기와(도판 ⑧)가 역시 강당지로 추정되는 건물지에서 수습되었다. 이 기와는 자방을 결실했으나 연판과 2중의 주연을 잘 보여주고 있다.

도판 ⑨. 銘文이 있는 鬼目文암막새.

　도판 ⑨의 기와는 금당지로 추정되는 건물지 주변에서 錦城寺側에서 수습하였다가 필자에 전해진 것으로 이곳에서 많이 보이는 鬼目文암막새이다. 이 기와는 거의 파손되었으나 鬼目文이 하나 잘 남아 있고 內區에 銘文이 있다.

　명문은 어려운 글씨가 되어 판독이

되지 않으나 이 사지의 이름을 규명하는 단서가 될지도 모를 자료라고 하겠다. 명문 자방 중 제일 右端에 있는 글씨는 「寺」가 아닌가 생각된다. 이 기와는 통식대로 주연을 높게 돌기시켜 정연한 聯珠文을 배치하여 고려시대 기와의 특징을 잘 보여주고 있다. 모래가 많이 섞인 경질이다.

도판 ⑩의 기와는 이 사지에서 출토된 기와 중 가장 주목되는 명문기와로 이 사지의 역사를 규명하는데 결정적인 단서가 되고 있다.

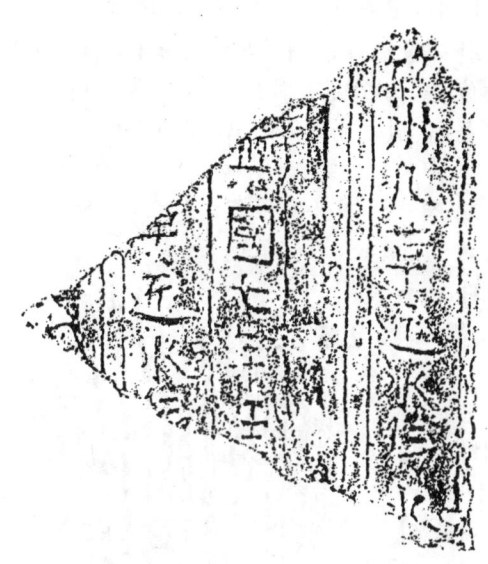

도판 ⑩. 「竹州」와 「大平興國 7年」이 새겨진 銘文기와.

이 기와는 많이 파손되었으나 약 18字에 달하는 명문을 보여주고 있다. 二重의 細線으로 긴 口廓을 만들고 그 안에 다음과 같은 내용을 正書로 陽出했다.

  竹州几草近水與(?)水
  興國七年壬○
  　○○草近水與○

이 명문 내용은 비록 缺字가 있으나 大平興國 7年 竹州(永同)의 ○水 가까운 곳에서 구웠다라는 뜻으로 해석되는 바 기와의 編年을 考究하는데도 좋은 자료가 되겠다.

모래가 섞인 경질이고 색깔은 황갈색이다. 字徑 1.4×1.8cm, 厚 1.2～1.6cm.

도판 ⑪. 가장 오래된 線條文평기와.

이 사지에서는 무늬가 다양한 여러 종류의 평기와가 수습되었다.

도판 ⑪의 기와는 이 사지에서 가장 오래된 평기와로 太彫의 線條文기와이다. 흡사 삼국시대 백제의 線條文을 닮았다고 하겠다. 이 기와는 이 사지의 上限을 통일신라대까지 올려볼 수 있는 자료로서 고려초 大平興國銘기와와 비교된다.

모래가 섞이지 않은 軟質이고 색깔은 회색이다. 線條文 0.3~0.5cm, 厚 1.1cm.

도판 ⑫의 기와는 線條文보다는 조금 시대가 떨어지는 평기와로 線條文과 井字文을 혼용한 것이다.

태조의 선조문 옆에 역시 굵은 정자문을 양출시켜 단조로움을 피하고 있다. 이 기와도 통일신라대의 것으로 추정되는데 이와 동형의 기와가 錦城 안 유지에서도 많이 수습되고 있다.

모래가 많이 섞인 경질이고 회흑색이다.

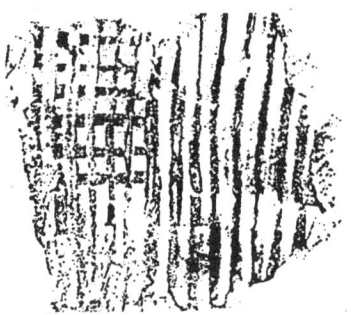

도판 ⑫. 線條文과 井字文을 混用한 평기와.

도판 ⑬의 기와는 縱線과 平行線, 斜線을 자유자재로 구사한 기와로 역시 단조로운 선조문기와를 변형시킨 것이다. 선조문은 세장하나 사선문은 굵어 입체감을 주고 있다. 모래가 섞인 경질이며 색깔은 회흑색, 두께 1.8cm.

도판 ⑭의 기와는 강당지로 추정되는 건물지 부근에서 수습한 것으로 고려대에 유행했던 무늬를 보여준다.

線文의 중첩된 方廓文 상단에 연꽃을 양출하였고 하단에는 명문을 새겼으나 아깝게 결실되었다.

도판 ⑬. 線條文을 변형시킨 평기와.

연꽃은 선문으로 처리한 것도 도판 ⑤와 비슷하고 大平興國銘 기와와 두께도 비슷해 이 시대의 作이 아닌가 생각된다. 색깔은 회흑색이며 모래가 섞인 경질이다. 厚 1.8cm.

도판 ⑮의 기와는 평기와에 당초문을 새긴 예로서 이 사찰이 번성 당시에는 매우 美麗했음을 알려주는 자료라고 하겠다.

2條의 橫線帶로 나누고 그 안에 고려시대 특유의 굵은 唐草文을 양출시켜 아름다움을 보여주고 있다. 이 기와에 보이는 당초문은 細長한 신라 기와의 당초문과 비교되는데 고려초기를 조금 지난 시기의 작이 아닌가 생각된다. 모래가 약간 섞인 경질이 아닌가 생각된다. 모래가 약간 섞인 경질이고 색깔은 회흑색이다. 厚 1.8~2cm.

이밖에도 이 사지서는 도판 ⑯, ⑰과 같은 자유스러운 무늬의 평기와가 수습되어 여러 대에 걸쳐 번와가 이루어졌음을 알려주고 있다.

도판 ⑭. 중첩의 方廓文평기와.

맺는 말

충북 永同에 있는 傳品官寺址는 백제의 고토인 신라 때 吉同郡 治所에 가장 가까운 곳에 만들어진 祈願道場이었다. 이 사지의 초창은 통일신라말~고려초로 추정되며 이는 고지에서 수습된 여러 가지 명문기와, 혹은 유존한 석조물을 통행 알 수 있겠다.

이곳에서 수습된 「竹州」와 「大平興國 7年」이 正書로 양출된 銘瓦는 이 사지의 고려초 흥성을 알려주는 중요 자료가 된다고 하겠다. 또한 平瓦에 대한 編年연구에도 좋은 유물이 될 것이다.

永同郡誌에만 소략히 기록되었던 永同의 高麗初名이 이 기와의 발견으로 「竹州」임이 확인된 것은 수확이라고 하겠다. 高麗시대에는 竹州였음을 알 수 있겠다.

이 사지는 사명을 구전에 品官寺라고 하나 이는 부회된 것이 아닌가 생각되며 옛이름을 규명하는 것도 하나의 과제가 될 것이다.

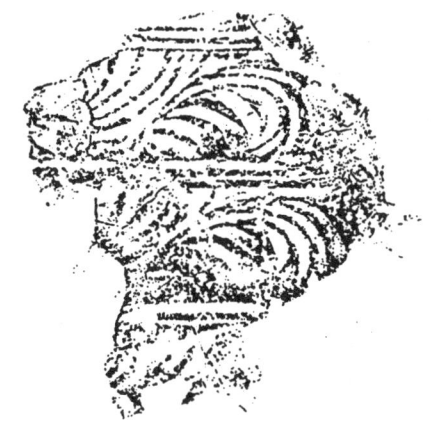
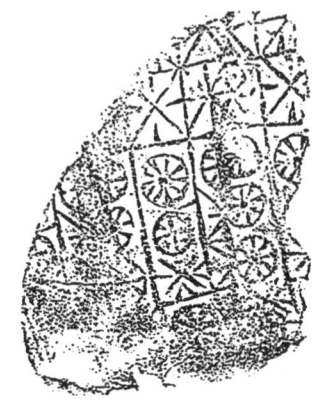

도판 ⑮. 太彫의 唐草文평기와.   도판 ⑯.

　가람은 협소한 臺地 때문에 큰 규모는 아니었을 것으로 보이며 중앙에 金堂을, 뒤에 講堂을 둔 동남향한 一塔式 가람으로 추정되고 남쪽에 부속건물이 있었지 않았나 생각된다. 그러나 건물지가 산 위에서 내려오는 토사로 매몰이 심한데다 초석의 노출 등이 이루어지지 않아 정확한 것은 발굴 등 확대된 조사에 기대할 수밖에 없다고 하겠다.

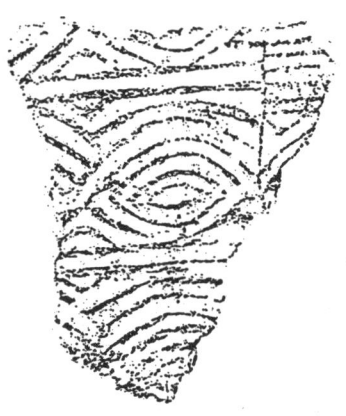

　　　　　　　　　이 사지에서는 통일신라말~고려하대에 이르기까지 유행한 여러 종류의 막새・기와가 수습되고 있으며 吉同郡의 治所였던 錦城출토 기와와 동형이 많은 것은 이 시대 治所와 가람의 건설・관계 등을 연구하는데 좋은 자료가 된다고 하겠다.

도판 ⑰.

加耶寺址 小考

Ⅰ. 序言

溫泉地인 禮山郡 德山面소재지에서 西便으로 약 4km 지점에 伽倻寺址가 있다.
淸潭 李重煥은 擇里志에다

> 海美 伽倻山의 동남쪽은 토산이고 서북쪽은 돌산이다. 동쪽에 있는 伽倻山 洞壑은 곧 상고 때 象王[1]의 궁궐터이고 서쪽에 있는 수렴洞은 바위와 폭포가 뛰어나게 기이하다[2]

라고 적어 加耶寺의 存在를 알리고 있다.

가야사터는 현재 上伽里 마을 西南쪽 약간 地臺가 높은 곳에 위치하며 현재는 모두 耕作地가 되어 礎石과 瓦片이 散亂하다.

절터의 서쪽 끝은 韓末 高宗의 祖父인 南延君의 묘소가 자리잡고 있으며 절터의 北便 약 200m 지점 으르재 계곡에는 石造菩薩立像 1軀, 北便山麓에는 龜趺 1基가 남아 있어 옛 榮華를 알려 주고 있다.

주민들 말에 따르면 加耶寺가 한창 번성했을 때는 寺域入口인 玉溪里에서 上伽里에 이르는 지역에는 「八萬九庵子」가 있었고 玉溪里에서 버선발로 들어서야 했다는 것이다.

이 寺址에 대해선 아직 본격적인 學術조사를 통한 報告書가 없으며 禮山

---

[1] 涅槃經에서 나온 말로 모든 부처를 뜻하는 것. 즉 큰 열반은 오직 큰 상왕이라야 능히 그 뜻을 다 알 것이다(是大涅槃, 唯大象王, 能盡基底, 大象王, 謂諸佛也)라는 데서 유래한 것.
[2] 李重煥 擇里志 忠淸道篇.

郡誌(87. 8. 18) 등에 소략 소개된 바 있고 지난 81年 筆者의 現地를 踏査한 拙稿3)가 있다. 최근 再踏査결과 耕作으로 인한 절터의 破損度가 날로 더 심하고 그나마 남아 있던 礎石 등 遺物의 일실이 심하므로 寺址에 대한 文化財당국의 保存대책이 절실하다. 寺址에서 여러 점의 기와가 다시 수습되었기에 拙稿를 補充한다는 뜻에서, 寺址의 중요성을 다시 학계에 報告한다는 의미에서 그 槪觀을 소개하고자 한다.

II. 歷史的 考察

도판 ①. 기와 탑본.

加耶寺址가 있는 德山땅은 본래 百濟의 今勿縣이었다.4) 그후 新羅統一後에는 今武라 고치고 伊山郡의 속현으로 만들었으며 高麗 때 와서 德豊縣으로, 朝鮮太宗 5年에 지금의 德山으로 改名했다.5)

가야사의 初創은 절터에서 收拾되는 平瓦로 보아 이미 百濟 때에 이루어진 것이 아닌가 推定된다(도판 ①). 이 寺址의 平瓦는 忠南 扶餘 定林寺址, 全北 益山 蓮洞里 寺址에서 조사되는 平瓦와 동일한 太彫의 線條文기와로 시대적 특징을 잘 보여주고 있다.

出典이 명확하지 않은 禮山郡誌에도

百濟 聖王 계묘(522 A.D.) 謙益大師의 창사

라고 기록하고 있다.

---

3) 空間(SPACE) 81.5. p.38~47. 拙稿 韓國의 廢寺 4) 象王의 宮址, 가야산의 加耶寺址.
4) 東國輿地勝覽卷第十九 德山縣 建置沿革條에 — 德禮縣 本百濟 今勿縣 新羅改今武爲伊山縣云云 — 이라 보인다.
5) 上同條 —前略… 本朝太宗五年以伊山人物彫弊乃幷二縣改今名云云—

李重煥이 擇里志에 기술한

　　加耶寺洞壑 卽, 上古 象主宮闕基址云云

도 이 寺址의 오랜 역사를 알려주는 기록이다.

　百濟가 멸망한 후에도 이 절은 法統이 끊어지지 않았으며, 統一新羅時代에는 佛敎의 盛勢에 힘입어 大道場으로 발전했다. 寺址 곳곳에 남아 있는 統一新羅盛代의 瓦片, 柱礎石은 이를 알려주고 있다.
　이 寺址에서는 銘文기와가 다수 수습되고 있는데 그 중에서 寺名을 증명하는「加耶寺」銘은 매우 注目되는 바라 하겠다.
　筆者가 수습한 圖版 ②의 기와에는

　　○月三日 元 加耶岬
　　四月三日 元 加耶○

라 보이고
　도판 ③의 기와에는

　　元 加耶岬
　　加○

라 나타내고 있다.
　이 銘文기와는 두께가 얇은 평기와로 간격이 넓고 섬세한 細條의 樹枝文 옆으로 공간을 만들고 그 안에 正書陽出시킨 것이다.
　新羅 때는 三山과 五岳 이하의

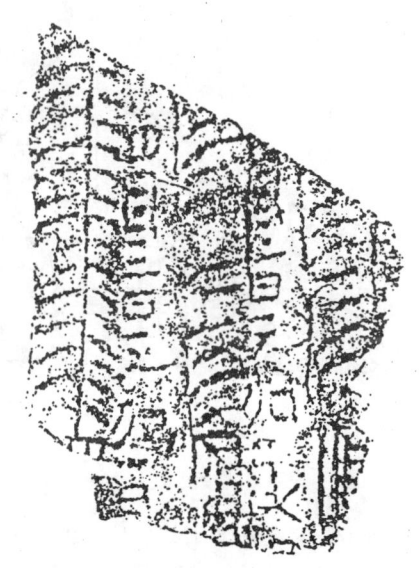

도판 ②. 명문기와 탑본.

명산대천에 大祀, 中祀, 小祀의 제사를 나누어 지냈는데 加耶山에서는 四鎭祭를 지냈다.
　즉 三國史記 卷第三二 雜志第一 祭祀條에

中祀, 五岳, 東 吐含山(大城郡)… (中略) 四鎭. 東 溫沫懃. 南, 海恥也里 (一云 悉帝, 推火郡) 西, 加耶岬岳(馬尸山郡)云云

라 기록된다.

즉 加耶岬岳은 馬尸山郡 즉 德山[6])에 있음을 알 수 있게 해준다.

또 東國輿地勝覽第十九卷 德山縣 祠廟條에 보면

伽倻岬祠 在縣西三里, 新羅爲西鎭載. 中祀 本朝令其官春秋祭之

라 기록돼 加耶岬祠가 덕산현의 서쪽 三里에 있고 신라때 西鎭으로 기록되

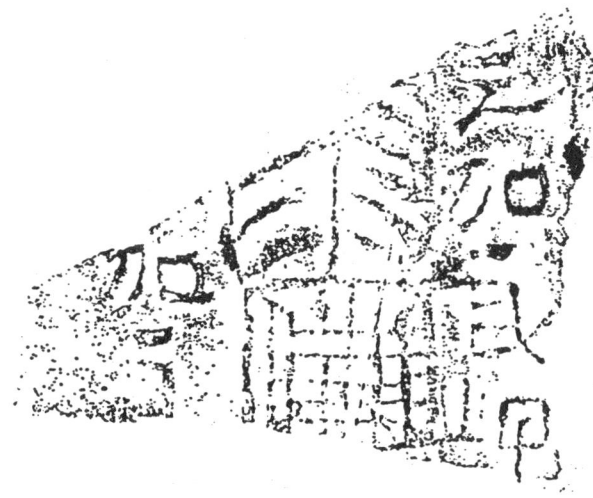

도판 ③. 명문기와 탑본.

며, 中祀로 삼아 本朝에서도 官에서 令을 내려 봄과 가을에 제사를 지냈음을 알 수 있다.

이같은 기록을 감안할 때 加耶寺는 신라가 四鎭祭를 지낸 名刹로서 조선시대에 이르기까지 그 맥락이 이어져 왔음을 알 수 있게 해준다.

가야사는 高麗代에도 중시되었고 수차에 걸친 重修가 이루어졌던 것으로 보인다. 寺址에서는 高麗盛代의 瓦片이 가장 많이 출토되고 있는 것은 이 사

---

6) 三國史記卷第三七 雜志第六 地理四에―熊川州(日云熊津), 中略― 馬尸山郡, 牛見縣, 今勿縣… 下略이 보이고
東國輿地勝覽卷十九 德山縣 建置沿革條에―前略 …伊山縣 本百濟 馬尸山郡 新羅改伊山仍爲郡高麗顯宗屬洪州云云―이라 보임.

실을 알려준다 하겠다.
 高麗明宗代 가야사는 公州 鳴鶴所의 백성인 亡伊, 亡伊所 등이 도당을 몰고 침입해 오는 등 수난을 겪기도 했다.7) 숭유억불책이 강조되던 朝鮮초기에도 이 가야사는 廢寺되지 않았고 이 시대의 문헌에는 「伽倻寺」로 기록되어 存續되고 있음이 나타난다.
 이 점은 韓末 高宗의 實父인 홍선大院君이 부친인 南延君의 묘소를 寺域에 쓴 1865年8)까지 존속되다 이해 인근의 輔德寺로 옮겨진 후 廢寺된 것으로 보인다.

III. 伽藍配置

 加耶寺는 가야산과 象王山을 병풍으로 두고 德山 넓은 들을 바라본 東南向의 伽藍이었다. 寺域의 규모는 수천坪에 달하며 山間의 협곡마다 庵子가 있었던 것으로 보인다.
 寺域의 양편은 天然的으로 계곡을 이루었으며 가야산에서 發源한 玉水가 절 주위를 흐르고 있다.
 韓末에 廢寺하고 쓴 南延君 묘소 바로 전면이 加耶寺의 講堂址로 추정된다. 강당지는 현재 遺構가 모두 교란되어 설령 발굴작업이 있다 하더라도 실체를 파악하기가 어렵게 됐으며 重創 당시 사용되었을 것으로 보이는 圓形의 초석이 남아 있다(도판 ④, ⑤).
 이 주초석은 現徑 71cm, 高 15cm의 화강암 조성이며 2段의 원형桂座를 陽出시킨 것으로 統一新羅盛代에 유행했던 양식을 보여주고 있다. 이 講堂址로 추정되는 건물지 주변에는 다수의 長大石과 段階石이 群을 이루고 있는데 墓所 진입로의 층계석으로 이용된 것도 있다.

---

7) 高麗史節要卷地十二 明宗光孝大王丁酉七年… 前略 …亡伊等, 復叛, 寇伽倻寺云云— 이라 보인다.
8) 寺址 앞에 있는 南延君神道碑銘에 崇禎紀元後四乙丑五月日立이 보이고 내용 중에… 前略 …改葬又德山, 伽倻山北麓 丙午三月十八日遂緬奉云云…이 나타난다. 당시 南延君묘소를 쓴 상황에 대해선 禮山郡誌 p.950. 홍선대원군과 가야사편에 상세히 記錄되어 있다.

도판 ④. 폐사지 전경.

이 건물지 주변에서는 百濟, 統一新羅, 高麗朝鮮시대의 瓦片이 散亂하고 있다.

가야사의 제일 중요한 法堂址는 강당지로 보이는 건물지 약 20m 전면 遺址로 推定되며 이곳에서도 상당한 양의 瓦片이 수습되고 있다.

이 건물지 앞으로는 耕作시 노출과 기와를 한데 모아 더미를 이루어 놓았는데 그 크기는 長徑 10m 短徑 6m이고 주변에는 無文塼이 상당량 출토되고 있다.

도판 ⑤. 주초석.

대부분 礎石은 지하에 매몰돼 건물의 크기는 파악할 수 없으며 人工을 가한 長大石 등이 보여 雄麗했던

法堂이 아니었다 생각된다. 이 長大石은 길이 2m, 幅 50cm의 크기로 잘 다듬은 흔적을 보여주고 있다.

金堂址로 추정되는 건물지 전면에도 큰 건물지가 확인되고 있으며 자연석을 다듬지 않은 초석들이 정연하게 배치되어 있다.

이 건물지 앞으로 中門址로 추정되는 遺址가 있으나 정확하지가 않다. 金堂·講堂址로 추정되는 건물지 주변으로 다수의 建物址가 보이

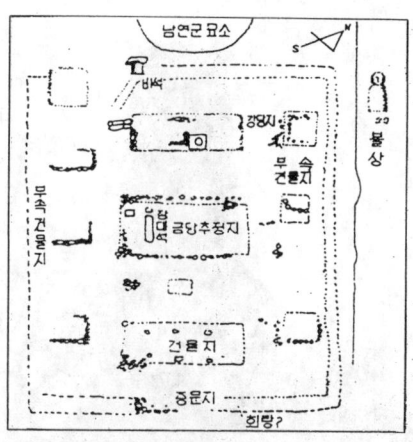

도판 ⑥. 가람배치 추정도.

나 거의 埋沒되어 크기를 實測할 수가 없다. 부속건물지 주변에서도 新羅·高麗시대의 瓦片과 蓮華文瓦當이 수습된다.

이 가야사지에서 塔址는 확인되지 않고 있으며 住民들 얘기로는 南延君묘소 자리가 塔址라고 하나 정확한 調査를 실시해야 가능할 것 같다.

이 가야사의 伽藍배치는 金堂를 중심으로 그 후면에 講堂을 배치하고 그 주변에 부속건물 등을 건립한 單塔式伽藍배치가 아니었다 推定된다(도판 ⑥).

Ⅳ. 遺物

가. 石佛立像(도판 ⑦)

가야사터에서 北便으로 약 200m 지점에 石佛立像 1軀가 남아 있다. 이 石佛立像은 그 원래의 위치가 이 곳인지는 명확하지 않으나 으름재 계곡에 우뚝 서 北向하고 있다.

이 佛像은 화강암 동일석으로 조성되었으며 자연석으로 基壇을 삼은 위에 세워 놓았으나 하체의 일부가 지하에 매몰되었다.

머리에는 원통형의 관모를 썼는데 이같은 양식은 高麗下代에 유행했던 佛像에 보인 수법이다. 한 가지 주목이 되는 것은 관모정면에 結跏趺座한 如來像一軀를 배치하였다는 점이다. 이 여래상은 蓮華座 위에 앉았으며 머리에는

도판 ⑦. 석불입상.

頭光이 나타나 있고 手印은 立像과 같은 형태를 취하고 있다. 관모에 새긴 여래상 주변에는 唐草文을 양각하여 장식을 가미하고 있으며 2條의 관띠가 사실적으로 표현되었다. 관밑으로는 寶髮이 보이며 양귀는 어깨까지 닿고 있어 자비가 넘치고 있다. 이마는 넓으며 눈은 半開하였고 코는 오똑한 편이나 왼쪽 일부가 마멸되어 존용을 그르치고 있다. 입가에는 잔잔한 미소가 어리며 얼굴은 肥滿하여 德스러움이 넘친다. 목은 짧고 두거우며 三道가 뚜렷하고 어깨에까지 寶髮이 흘렀다.

어깨는 당당한 편이나 부드러움이 강조되었고 法衣는 右肩偏袒으로 왼쪽 어깨로부터 가슴 아래로 流麗하게 흘러내렸다.

手印은 오른손은 가슴에 대고 엄지와 中指를 모은 阿彌陀印을 結하고 左手는 腹部에 대고 上掌하였는데 작은 藥盒같은 장식이 들려 있다. 아래로 흐른 法衣는 얇게 표현이 되었으나 下體에서는 圖式化되어 시대가 떨어짐을 보여주고 있다. 하체의 일부가 매몰되어 무릎 이하는 알 수가 없고 뒷부분에는 조각이 많이 마멸되었다.

이 石佛立像은 관모와 寶髮의 표현, 相好 등으로 미루어 菩薩立像으로 명칭을 붙여야 할 것 같으며 시기는 高麗中期 이후로 봄이 옳을 것 같다. 이 佛像의 實測値는 全高 2m67cm, 冠高 30cm, 頭高 40cm, 扁幅 78cm, 胸幅

46cm, 厚 37cm이다.

나. 龜趺(도판 ⑧)

가야사의 北便 山麓에 있는 龜趺는 碑身과 螭首를 잃었지만 가야사가 高麗代에 크게 盛하였으며 대찰이었다는 것을 알려주는 유물이다.

현재 반쯤이 땅에 매몰되어 마멸이 심한 편이고 龜背 중신에는 長方形의 碑座가 마련되어 있으며 그 안에 碑身을 세울 수 있도록 孔을 파놓았는데 孔의 크기는 102cm×27cm, 高 20cm이다. 碑座의 양외면에는 太彫의 唐草文帶를 돌려 高麗代에 유행하였던 양식을 보여주고 있다.

크기는 頭尾가 2m70cm, 幅 2m20cm이다.

도판 ⑧. 龜趺.

다. 瓦塼類

이 寺址는 大伽藍이었기 때문에 각종 기와가 多數 수습되었다. 비록 깨진 기와조각이지만 1천여년전 영화로왔던 모습을 한눈에 照明해 볼 수 있는 현란한 유물들이다.

가야사의 初創시기를 보이는 百濟시대의 기와조각에서부터 朝鮮末에 이르기까지의 蓮華文 수막새, 암막새, 平瓦의 파편이 수없이 산란하고 있는 것이다.

도판 ⑨의 塼의 金堂址로 추정되는 건물지에서 수습된 것으로 이곳 절터에서 나온 유일한 것이며 百濟 연화문을 계승한 주목되는 유물이다.

절반이 파손되었으나 문양부분을 잘 남기고 있다. 蓮꽃은 모두 7瓣이며 커다란 子房을 중심으로 약간 거칠게 배치하였고 원을 따라 작은 聯珠文帶를 돌리고 있다.

子房의 주변에도 聯珠文이 보이며 연꽃의 各瓣에는 아무런 장식이 없는

도판 ⑨. 蓮華文塼.

素文이다. 연꽃의 끝은 뾰족하지 않고 연꽃은 약간 돌기되어 있어 백제의 연화문을 보는 듯하다. 그러나 胎土가 거칠고 연꽃의 各瓣이 整濟되지 못했으며 聯珠文이 있는 것으로 보아 時代는 高麗代로 추정되고 있다. 이 蓮華文塼은 高麗代에도 백제의 연꽃무늬를 빌어 즐겨 사용하였다는 예를 보여주는 주목되는 유물이다. 實測値는 現徑 14cm, 蓮華文徑 7cm, 蓮瓣長 2cm, 厚 4.8cm.

도판 ⑩의 土製蓮華文장식은 金堂址 전면 부속건물지 주변에서 수습된 것으로 그 용도는 불명이다. 주연이 없는 점, 子房부분이 凹된 점으로 보아 서까래 기와가 아닌가 보이나 확실치는 않다. 1邊 모서리에 2瓣의 伏蓮이 배치된 점으로 보아 연꽃은 모두 6瓣이었을 것으로 보이며 各瓣 사이에는 돌기된 間瓣을 배치, 古式을 보이고 있다.

이 蓮華文장식도 百濟의 소박한 양식을 계승하고 있으며 瓣端이 反轉된 모습은 扶餘 전성시대 연화문기와의 모습을 닮고 있다. 이 연꽃은 瓣중심을 날카롭게 陰刻線文으로 나타내 장식성을 가미하고 있다. 現徑 15cm, 蓮瓣長 8cm, 厚 4.5cm.

도판 ⑪의 蓮華文수막새는 講堂址 주변에서 수습된 것으로서 역시 百濟기

도판 ⑩. 土製蓮華文장식.

와의 특성을 계승한 高麗初期의 기와이다.

돌기된 子房을 중심으로 寶相華文을 돌리고 다시 線文帶를 가미하였으며 그 밖으로 끝이 뾰족한 厚肉하고 날카로운 蓮瓣을 배치하였다. 間瓣도 돌기되었으며 ▽形을 이루고 있다.

주연에는 聯珠文을 돌렸고 시대의 특성을 나타내듯 線文을 돌려 장식성을 강조하고 있다.

이 기와의 특징은 돌기된 子房의 중심부분에 작은 孔을 만들었으며 그 주위에 寶相華文을 배치한 점이고 끝이 날카로운 짧은 素文의 연화문을 사용한 점이다.

도판 ⑪. 蓮華文수막새 기와.

이같은 기와는 그 출토 유례가 적어 瓦當의 변천연구는 귀중한 자료가 될 것 같다. 胎土는 곱고 모래가 거의 섞이지 않은 軟質이며 색깔은 회흑색이다. 現徑 9cm, 子房現徑 3cm, 蓮瓣長 3cm,

幅 2.8cm, 周緣徑 0.8cm, 厚 1.8cm.

도판 ⑫. 蓮華文수막새 기와.

도판 ⑫의 수막새도 高麗代의 것으로 추정이 되며 百濟末期 扶餘에서 한때 유행되었던 연꽃을 빌어쓴 예이다. 이 기와 역시 講堂址 주변에서 수습되었으며 거의 파손되었으나 일부가 남아 전체의 모습을 파악할 수 있게 해준다.

子房은 큰 線文을 돌기시켜 그 안에 장식을 陽出시켰고 子房 주위로 複辦蓮華文을 배치하였다. 蓮瓣 내에는 忍冬무늬를 넣어 百濟 말기 유행하던 기와양식을 계승하고 있다. 이같이 蓮瓣에 忍冬을 장식한 예는 扶餘의 王興寺址, 益山의 彌勒寺址 등지에서 볼 수 있는데 高麗代에도 그대로 이용되고 있음을 보여주고 있다.

이 기와는 間瓣이 거의 생략되었고 주연에는 정연한 聯珠文帶를 돌려 시대의 특징을 보여주고 있다. 現徑 9.5cm, 現子房徑 5.5cm, 蓮瓣長 2.2cm, 周緣幅 1.8cm, 聯珠徑 0.4cm, 厚 1.9cm. 이 기와에는 모래가 많이 섞이고 견고하며 색깔은 회흑색이다.

도판 ⑬의 수막새편은 講堂址 부근 건물지에서 수습된 것으로 高麗代所作의 細瓣蓮華文이다. 이 기와는 가야사지가 1천여년 내려오는 가운데 숱한 重

도판 ⑬. 蓮華文수막새 기와.

修가 이루어졌음을 알려주는 유물이 된다.
　이 기와는 거의 파손되어 子房부분은 알 수 없으나, 細瓣의 연꽃부분이 잘 남아 시대를 추정할 수 있게 해준다. 연꽃의 끝은 뾰족하나 線文으로 표현되어 略化되었고, 間瓣도 △形으로 圖式에 흐르고 있다.
　한가지 재미난 것은 周緣에는 연주문 대신에 唐草文을 배치하였다는 점이다. 이같이 주연에 唐草文을 장식한 예는 高麗代에 많이 유행하였다. 現徑 12.5cm, 蓮瓣長 3.7cm, 幅 1cm, 周緣幅 1.2cm, 厚 2cm.

　도판 ⑭의 기와는 朝鮮時代의 기와로 이 사찰이 朝鮮시대에도 重創되었음을 알리고 있다. 이 기와는 비록 朝鮮시대에 만들어진 기와이나 蓮瓣이 百濟양식을 닮고 있다. 연꽃은 厚肉하며 끝은 ?形으로 되어 있고 間瓣도 배치하였다. 주연은 素文이며 一條의 線文이 돌기되어 있다. 도판 ⑮의 암

도판 ⑭. 蓮華文수막새 기와.

막새는 銘文이 陽刻된 전형적인 기와로 그 양식으로 미루어 朝鮮前期의 所作이 아닌가 보여진다.

　이 기와에는

○卯春○
○施(?)主秋
○○○
○文○
○○○
朴○同
金○○
化主主-?

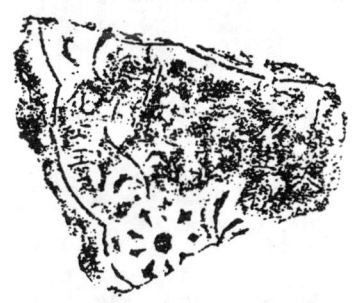

도한 ⑮. 암막새 銘文 기와.

라는 銘文이 있어 施主·化主의 이름이 밝혀지고 있다. 그러나 마멸이 심하

도판 ⑯. 鴟尾片.

여 그 내용을 정확히 판독할 수가 없다. 現徑 17.5cm, 字徑 1.5cm, 厚 2cm.

이 寺址에서는 도판 ⑯과 같은 망새(鴟尾)片이 수습되었으며 도판 ⑰·⑱·⑲과 같은 여러 종류의 唐草·鬼目文암막새가 조사되었다. 망새와 암막새도 高麗代의 소작으로 보이며 1천여년 존속된 가야사의 수없는 重修를 입증하는 유물이라 하겠다. 또한 도판 ⑳과 같은 平瓦도 수습되어 평기와에도 화려한 草文을 장식했던 「伽倻岬伽藍」의 멋스러움을 이해하는데 도움을 주고 있다.

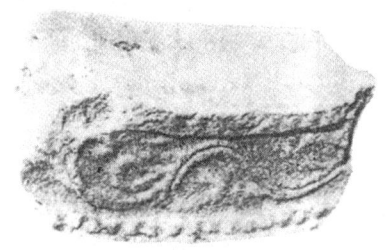

도판 ⑰. 암막새기와 편.

도판 ⑱. 암막새기와 편

V. 結語

加耶寺는 百濟 때 初創된 것으로 보이며 韓末까지 1천여년 香火가 올려진 大伽藍였음을 알 수 있겠다. 신라는 統一後 이곳을 重視, 祠堂을 세워 四鎭祭를 지냈고 그 위치는 寺址에서 收拾되고 있는 銘文瓦片으로 증명이 되고 있다. 三國史記에 보이는 加耶岬岳과 百濟 地理志에 나타나는 馬户山郡

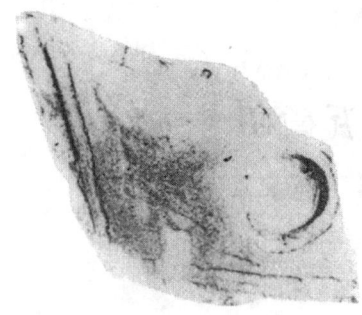 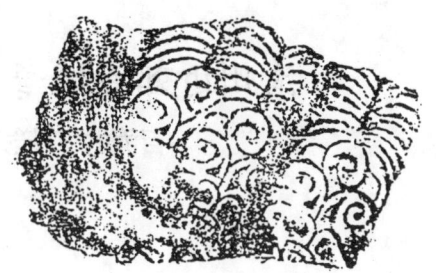

도판 ⑲. 암막새기와 편.　　　　도판 ⑳. 평기와 편.

의 정확한 위치, 東國輿地勝覽에 기록된 加耶岬祠의 내용을 확인할 수 있는 중요한 발견이라고 하겠다. 三國史記의 기록이 정확하다는 것은 이 자료로서 다시 한번 입증이 된 셈이라고 하겠다.

　특히 이 寺址에서는 학계에 알려지지 않은 高麗代 추정의 石佛立像이 조사됐으며 이는 文化財급으로 評價되어 지정 保存되어야 할 것으로 思料된다.

　또하나 廢寺된 建物址 주변에서는 百濟때부터 新羅, 高麗에 이어 朝鮮下代에 이르기까지 多數의 瓦片이 수습되어 화려했던 영고성쇠를 한눈에 보여주고 있다. 주목되는 것은 高麗代의 瓦片에서 百濟의 蓮瓣을 모방한 양식이 보인다는 점이며 이는 이 지방이 갖는 지역적 문화의 特性을 보여주는 예라 할 것이다.

　이 寺址는 古記錄에 보일 만큼 중요한 寺址임에도 불구 史蹟으로 지정받지 못해 매년 耕作으로 그 破損度가 심각한 실정이다. 現場에 遺存한 유물도 도난의 위기에 있으며 文化財 當局은 그 保存대책을 아울러 강구해야 할 것이다.

淸州近郊寺址出土瓦當研究 (Ⅰ)
-百濟的인 樣式을 中心으로

序

忠北지방에서 出土되는 瓦當이 주목된 것은 십수년 전의 일이나 아직 이 分野에 대해선 硏究가 소진한 형편이다. 筆者의 拙著「忠北의 기와」가 出刊된 것이 79年度로서 그 시기 일천하려니와 지방에서 이 分野에 대한 硏究論文이 거의 발표되지 않았다. 이같은 理由는 이 分野를 硏究하는 작업이 수월하지 않을 뿐 아니라 文獻의 미흡, 踏査의 어려움, 瓦當에 대한 몰이해가 그 요인이 될 것 같다. 筆者는 西原學會의 한 會員으로 道內 各寺址를 踏査하면서 寺址주변에 散亂한 瓦片을 수습하여 왔고, 그것을 整理한 것이 拙著인「忠北의 기와」이다.

淸州는 三國期 百濟가 차지했을 때는 娘子谷城[1] 혹은 上党縣이라 하였고 高句麗가 차지했을 때는 娘臂城[2], 후에 新羅가 차지했을 때는 西原京이 되었다.[3]

高麗史卷五十六雜志卷第十 地理 淸州牧條에도

---

1) 三國史記 卷第二三 百濟本記 多婁王條 -三十六年 冬十月 開拓地至 娘子谷城.遺使 新羅請會 不從-

2) 三國史記 卷四 眞平王條 -五十一年秋八月 王遺大將軍龍春 舒玄 副將軍庚信 侵高句麗 娘臂城云云-이 보이고 있다. 娘臂城은 忠北 淸原郡 北一面 釜淵里에 있는 속칭「남비성」으로 推定이 되고 있으며 이를 確認하는 데는 한국교원대 鄭永鎬, 李元根 교수 등의 勞苦가 컸다.

3) 同條・前略 …侵高句麗娘臂城 麗人出城列陣 軍勢甚盛 我軍望之懼 殊無用心 庚信曰 吾聞振領而裘正 提綱而網張 吾其爲網領乎 三跨馬杖劍. 向敵陣直前 三入三出 每入或斬將 或奪旗 諸軍乘勝 鼓噪進擊斬殺五千余級 其城乃降 九月 遺使大唐朝貢-이 보여 新羅 金庚信 장군에 의해 娘臂城이 함몰되었음을 알리고 三國史記卷第八 新羅本紀第八 神文王條에-五年 (中略) 三月 置西原小京云云이 보인다.

淸州牧 本上党縣 新羅神文王五年 初置 西原小京 景德王 西原京 太祖二
十年 改今 淸州云云

이라 보이고
新增東國輿地勝覽 卷十五 淸州牧 建治沿革條에도

本 百濟 上党縣 一云 娘臂城 新羅神文王五年 初置 西原小京云云

라 記錄하고 있다.
　이같은 記錄을 감안해 볼 때 淸州는 본래 百濟의 땅이었고 일시 高句麗가 南進[4]하였다가 후에 新羅에 의해 병합되었음을 알 수 있게 해준다. 그후 統一新羅는 7世紀에 이르러 湖西를 통치하기 위해 西原小京을 설치하였던 것이다.
　三國中 佛敎文化가 융성하였던 百濟가 淸州근교의 지역을 차지하였던 때는 4世紀 이전까지로 봄이 타당할 것 같다. 高句麗에 의해 娘臂城이 장악되고 北上하는 新羅에 의해 이 지역을 빼앗긴 것이 7世紀 전기 眞平王代였기 때문이다.
　百濟가 淸州 근교의 땅을 장악하였을 때 과연 佛敎의 布敎가 이루어졌느냐는 아직 分明한 解答이 나오지 않고 있다. 지금까지 淸州근교를 調査, 踏査하면서 三國期 百濟의 佛敎유적을 거의 찾지 못하였기 때문이다. 그러나 新增東國輿地勝覽 卷六十五 淸州牧 山川條에

儉丹山 在靑川縣 距州東六十四里 百濟僧 儉丹所居故名

---

4) 陰城郡 三成面 良德里에서 檀國大学술調査團(당시 團長 鄭永鎬 박사)에 의해 馬耳山城이 調査되었으며 東國輿地勝覽에 나오는「望夷城봉수」가 確認되었고 이 城이 高句麗의 南進本據地로 推定이 되었음.「望夷」는「오랑캐를 바라본다」는 뜻이며 高句麗가 新羅를 얘기할 때「東夷寐錦(中原高句麗碑)」이라고 한 점, 城의 水口가 東北쪽인 점 등이 注目이 됨. 同調査團은 이 城에 있던 高句麗의 세력이 淸州의 娘城으로 南進하였을 것으로 推定하였다.
(忠清日報 80年 4月・東亞日報 6月 月刊文化財 102号(1980. 8刊)<陰城 望夷城에 대한 小考 -高句麗南下 前進基地로서의 推定-> 등 참조).

이라는 記錄이 보여 매우 주목이 된다. 이 기록으로 보면 이미 三國期(아니면 統一 직후)에 百濟의 佛敎가 깊게 進入이 되었다는 것을 암시해 주고 있는 것이다.

儉丹山5)은 槐山郡 靑川面 平丹里에 위치하고 있는 해발 약 700m의 산으로 報恩郡과 境界를 이루고 있다.

淸州 근교에서 散見이 되는 佛敎유적은 統一新羅~高麗代의 것들이 대부분이다. 대개 高麗初期의 寺址. 佛蹟이며, 三國期의 造成 유물은 그리 흔하지 않다. 여기서 한가지 注目되는 것은 이들 寺址에서 간혹 收拾이 되는 瓦當 가운데 百濟의 古式을 따른 蓮華文이 다수 발견된다는 점이다. 淸州 근교의 伽藍들이 統一後 神文王代 西原小京 설치 후의 것들인데, 新羅의 통일된 양식을 따르지 않고 百濟의인 要素가 나타나는 것은 재미난 일면이라고 하겠다.

百濟的인 樣式의 要素가 後代에 이어진 것을 우리는 全羅道지방에서 散見이 되는 塔婆 등에서 찾아볼 수 있었으나 瓦當을 통해서는 아직 糾明을 하여 보지 못했다. 本稿는 忠北지방, 특히 百濟의 故土였던 淸州지방을 중심으로 나타나는 막새를 통해 百濟的인 요소가 얼마만큼 이어져 내려왔나를 구명해 보기 위한 것이다.

本論

淸州지방에서 가장 오래 되었다고 推定되는 佛蹟은 淸原郡 北一面 飛中里 寺址이다. 이 寺址는 全國 유적목록에도 언급이 없으며 일체의 文獻에도 누락된 逸名寺址로 지난 76年度, 西原學會6)에 의해 조사된 바 있다가 80年부

---

5) 儉丹山은 80年 4~5月, 당시 檀國大 鄭永鎬 博物館長, 筆者 등이 靑川面 平丹里에서 조사하였으며, 「평단」리가 속칭 「검단이」마을로 불려오고 있음을 확인하였다. 또 槐山 靑川面 沙潭里에 있는 空林寺 史蹟碑(高 2m80cm)에 一寺之西有 法華院. ?塏淸虛卽 羅之神僧黔丹禪師与 崔孤雲講論蓮之經處也 故黔丹之山 在其西孤雲之臺 在其下世云云ㅡ이 보여 주목이 된다. 이 史蹟碑에서는 儉丹山을 黔丹山이라고 보고 있으며 羅代神僧 黔丹과 崔孤雲과 더불어 蓮經을 강론하던 곳이라고 기록하고 있다. 이 史蹟碑는 康熙 27年 戊辰三月(1688・祖先肅宗 14年)에 세운 것이다. 이 空林寺에는 羅代~高麗때의 것으로 추정되는 柱礎石과 石槽, 浮屠, 맷돌, 金銅佛像, 一柱門 등 遺物이 남아 있다.

터 本格的인 학술調査가 실시된 곳이다. 이 寺域이 忠北의 初期佛蹟으로 推定이 되는 것은 여기에 남아 있는 三尊一光背형식의 石造破佛이 三國期에 造成된 것으로 보여지기 때문이다. 이 佛像은 本尊如來坐像과[7] 右脇侍菩薩[8] 등인데 各部의 양식이 三國期 高句麗의 조성으로 추정되고 있다.

이곳은 娘臂城이 위치한 淸原郡 北一面 釜淵里와 근거리이고 또 가까운 句麗山과 淸州市內와도 가까운 거리이므로 注目되는 바 크다. 그러나 이곳에서는 銘文瓦가 아직 出土되지 않아 正確한 時代파악이 이루어지지 않고 있다.

現存하는 遺物로 보아 그 다음 시기에 比定되는 寺域이 淸州근교에 있는 洛迦山 菩薩寺이다. 이 寺刹은 現存하며 境內에는 多數의 朝鮮시대 石造유물이 남아 있다. 이 寺刹에 소장된 遺物中 2尊竝立像[9]은 이 절의 時代를 統一新羅代로 올려 볼 수 있는 대표작이다.

이 菩薩寺는 文獻에도 나타나 新增東國輿地勝覽 卷六十五 淸州牧 佛宇條에

---

6) 西原學會는 지난 74年度 李元根(前 강릉 敎授), 李在俊(지방文化財委員) 등에 의해 창립되었으며 청주 근교는 물론 道內에 산재된 각종 유적을 踏査, 향토文化개발에 貢獻하기 위해 조직이 된 文化財애호가들의 모임이다. 西原學會는 그동안 약 10回에 가까운 학술講演會를 개최했으며 調査안된 城址, 寺址, 기타 佛敎유적, 각종 文獻 등을 찾는 功을 세웠다.

7) 寺址 가운데 높게 臺地를 이룬 곳에 倒壞되어 있으며 現高 120cm, 胸幅 86cm, 크기의 結跏趺坐한 坐像이다. 頭部는 마멸이 되어 알 수 없으며 手印은 흔적으로 보아 施無畏印을 한 듯하고 무릎 앞으로 흔른 層段形의 法衣가 典型的인 三國期 양식을 보이고 있다. 무릎 및 臺座 밑에는 大小 三軀의 坐像을 또 安置했다.

8) 全高 98, 厚幅 27, 胸幅 18cm의 크기로 머리의 破損이 있을 뿐 동체와 天衣는 완전하다. 豊滿한 相好와 衣文에서 典型的인 三國期 樣式을 찾을 수 있다. 목에 걸린 瓔珞은 가슴까지 흘러 장식되고 양쪽팔에 걸친 天衣가 左右로 펼쳐 흐르면서 三段을 이루었으며 양쪽 무릎 위에서는 交叉되는 天衣가 굵게 표시되고 그 밑으로 裙衣가 있다 머리에는 큼직한 圓型頭光이 있으며 그 內面 머리주변에 또 하나의 圓光을 마련하였다. 이 佛像들은 80年 6月初旬에 당시 檀國大 鄭永鎬 박사에 의해 實測調査되었으며 三國期 高句麗의 造成으로 추정된 바 있다.

9) 70年 寺域內 北便에서 出土되었으며 크기는 1.3m가 된다. 光背가 붙은 一石에 浮彫하였으며 2尊의 如來像은 均齊美가 넘친다. 相好는 원만하며 양쪽귀는 길어 어깨까지 와 닿았고 螺髮의 頭頂에는 낮고 넓직한 肉髻을 갖고 있다. 鼻樑은 약간 마멸이 되었으며 三道와 衣文 등은 뚜렷하다. 法衣는 通肩이고 手印은 向左像이 与願施無畏印, 向右像은 左手다 与願印이나 右手는 上掌하여 珠形을 받들었다. (忠北의 文化財 24. 菩薩寺 石造二尊並立如來像 p.158).

空林寺 在俗離山 應天寺 桐林寺 松泉寺俱在童子山 有李穡所撰 懶翁眞
堂記 東歡喜寺 菩薩寺 化林寺 靈泉寺 俱在 洛迦山

이란 記錄이 보인다.
　이 寺刹에 남아 있는 事蹟碑에는

前略. 洛迦山 其山險峻者崒 自然秀異有刹曰 菩薩寺 盖創自勝國至今爲佛
法大興之地麗之恭愍王 賜土田供香火費○○降云云

이라 보여 洛迦山에 있는 古刹임을 알려주고 있다.
　西原小京이 設置된 神文王 5年(685) 淸州지방에 多數의 佛事가 이루어졌음을[10] 감안할 때 이 寺刹도 그 당시의 初創이 아니었나 사료된다. 淸州 근교에 調査된 寺址 중「塔洞寺址」,「傳牧岩寺址」, 청주大博物館 뒤편 龍岩寺 古址」,「傳牧牛寺址」, 水沒이 된 文義面 德留里「金生寺址」, 槐山 靑川面「桃源里寺址」, 槐山文光面「逸名寺址」 등도 統一期 이후에 經營된 寺刹로 推定할 수 있겠다. 그러나 이들 청주근교의 寺刹 혹은 寺址에서는 統一新羅期의 銘文기와·遺物의 出土가 이루어지지 않아 시대가 正確히 判斷된 것은 극히 소수에 지나지 않는다.
　文化財管理局에 의해 78年度에 發掘작업이 이루어진 金生寺址에서는 多數의 막새와「太平銘(976~983)」에 左書로 陽刻된 평기와가 수습되었다.
　淸州市 壽洞 傳牧岩寺址에서「天曆三年」銘 암막새가 出土되었다.[11] 天曆三年은 高麗 忠肅王 15年(1327)에 해당되는 해이므로 이 시기에 傳牧岩寺의 重修가 이루어졌다고 짐작할 수 있겠다.
　淸州근교의 伽藍터는 이렇듯 創寺를 밝힐 자료가 稀貴한 형편이며 다만 얼마 되지 않는 現存 유물을 통해서 그 시대를 관련지어 생각할 수밖에 없다.

---

10) 拙稿「忠北의 기와」p.167 忠州지방.
11) 1970年께 前淸州女商 鄭찬경 敎師에 의해 收拾이 되었으며 크기는 徑 18cm, 天·地 7~8cm이다.「막새의 가운데 縱線으로 區劃線을 긋고 그 안에「天曆三年」을 陽刻하였으며 주위에 唐草文을 배치하였다. 이와 같은 瓦當과 同型의 瓦當片이 出著「忠北의 기와」p.100에 실려 있다.

却說하고 西原지방의 옛 伽藍건설은 西原小京이 설치된 7세기 중엽부터 全盛하였음을 알 수 있겠다. 三國期에 이미 飛中里佛蹟과 같은 조영이 이루어졌으나 극히 희귀한 예로서 이같은 이유는 이 地域이 갖는 特殊한 地理的 여건의 결과라고 하겠다.

옛 불자들이 가람을 建設하는데 있어 가장 중요시했던 것 중의 하나가 建物의 屋蓋面을 덮는 기와였다. 이 기와는 建物이 造營되던 그 時代 文化의 한 斷面을 보여 준다고 볼 수 있겠다. 百濟의 古瓦에서 나타나는 厚肉하며 溫雅한 美는 그 時代 百濟人의 意識을 대변하는 것이다.

新羅의 領域에 조영된 탑, 伽藍址에서 出土되는 多數의 화려한 蓮華文·唐草文·寶相華文기와는 또 신라의 美意識을 나타내 주는 것이다. 그러므로 기와에 나타난 文樣에서 당시 流行했던 意識의 흐름을 헤아려 볼 수 있다는 것이다.12) 다시 말한다면 新羅人은 新羅의 기와를, 百濟人은 百濟의 기와를 만들었다는 얘기가 된다. 그러나 한가지 재미난 現象은 統一 이후에 나타난 文化樣式의 回復이다. 즉 百濟의 故土인 扶餘와 益山 지방에서 후에 高麗時代에 이르러 百濟 定林寺址石塔을 模倣한 五層石塔이 造營되고, 扶餘, 益山 뿐만 아니라 더욱 넓은 지역에 이같은 手法이 이어진다는 얘기다. 이같은 현상은 기와에서도 例外일 수는 없다. 統一新羅盛代에 造營이 되었던 寺刹에서 百濟에 流行했던 蓮華文을 빌어 사용하고 高麗 때 建造된 寺域에서도 이를 모방하였다. 各論을 통하여 이를 고찰하여 보기로 한다.

①金生寺址출토 瓦類

이 寺址는 淸原郡 文義面 德留里에 소재해 있고 현재는 水沒이 되었으며 78년 당시 많은 瓦類가 출토되었다. 이곳에서 收拾이 된 銘瓦는 「金生寺」 「大平興國」「講堂草」등으로 모두 高麗 初期의 것들이다.

金生寺라는 記錄이 文獻에 나타난 것은 오직 東國輿地勝覽이다.

卷十四 忠州牧 佛宇條에

(前略) 金生寺 在北津崖 金生新羅人 父母微 不知其世系 生於景雲二年

---

12) 拙著「忠北의 기와」p.176.

自幼能書 平生不攻他藝 年踰八十 猶操筆不休 肄香行草皆入神至 今律往往有眞蹟 學者傳寶

여기서는 金生寺가 忠州의 北津(현 忠州市 金加面 遊松里)에 있다고 記錄이 되고 있는 것이다. 忠州에 있었던 金生寺는 지금은 폐허가 되어 遺址만 남아 있고 金生이 쌓았다고 전해 내려오는 築臺 등이 현존해 있다.

金生에 대한 三國史記 記錄은 列傳 第八 金生條에

金生 父母微 不知其世系 生於景雲二年 自幼能書 平生不攻藝 年踰踰八十 猶操筆不休 隸書行草皆入神 至今往往有眞蹟 學者傳寶之云云

이라 보이고 있다.

文義 德留里 金生寺의 銘瓦는 매우 중요한 의미를 갖는다고 할 수 있겠다. 그것은 人名을 빌어 쓴 寺刹의 이름이 우리나라에 드물기 때문이다. 發掘 당시 文化財管理局은 報告書를 통하여 忠州와 그리 멀지 않은 地域이고 또 高麗초기의 「大平興國」銘瓦가 나오는 점을 들어 金生과 관련지어 본 것이다.

文義는 원래 百濟의 旧土가 된다.
三國史記 卷第三十六 雜志 第五地理三에

燕山郡 本百濟一牟山郡 景德王改名 今因之 領縣二 燕岐縣 本百濟 豆仍只縣 景德王改名 今因之 昧谷縣 本百濟未谷縣 景德王改名 今懷仁縣

이라 돼 있고

東國輿地勝覽 卷十五 文義縣 建置沿革條에도

本百濟一牟山郡 新羅改燕山郡 高麗屬淸州 明宗二年置監務 高宗四十六年以衛社功臣朴希實之鄕 陞爲縣令 改今名 忠烈王倂于嘉林尋復旧本朝因之

그리고 郡名條에도

　　郡名 一牟山 燕山

이라 나타나 百濟의 옛 땅이었음을 알려주고 있다.

　그러므로 金生寺는 옛 땅에 세워졌던 統一新羅~高麗代의 伽藍인 셈이다.
　이 寺址에서 收拾된 圖版 ①의 瓦當은 文化財管理局에서 발굴할 당시 나온 것으로서 筆者 소장(圖版 ②)의 것과 같은 유형의 수막새 기와이다.
　이 기와의 특징은 百濟全盛期인 扶餘시대 佳僧里출토의 瓦當과 흡사하다[13]는 점이다.
　이 기와의 蓮瓣端은 뾰족하며 厚肉하고 葉의 모양은 약간 긴 대신 整齊된 느낌을 주고 있다. 百濟全盛期에 나타난 瓦當의 한 유례와 비슷한 모습을 보여주고 있다. 周緣은 素文帶이며 外區의 深度도 高麗代의 기와에서는 찾을 수 없을 정도로 깊은 것이 특징이다. 그리고 子房에는 수십 개의 蓮子를 배치, 三國期 막새의 모습을 잇고 있다고 하겠다. 蓮瓣은 百濟의 典型的인 八瓣을 넘고 있으나 子房의 테를 突起된 圓線으로 돌린 것은 益山 帝釋寺址 출토瓦當(圖版 ③)[14]에서 유례를 찾아볼 수 있어 주목된다.

②桂山里寺址 출토瓦當

　忠淸北道 淸原郡 加德面 桂山里에 逸名寺址가 있다. 이 寺址에는 寶物 第511號로 指定되어 있는 5層石塔[15]이 남아 있고 寺域의 거의가 耕作地로 변해 있어 多數의 瓦片이 散亂하고 있다.
　이 寺址는 峻嶺의 皮盤大嶺이 웅립한 前面에 支脈이 완만히 흐르는 丘陵

---

13) 拙稿 月刊忠淸「忠北지방의 出土기와(78.)」拙著「忠北의 기와」p.172.
14) 全羅北道 益山郡 王宮面 王宮里 帝釋寺址에서 出土된 수막새로 突起된 圓線으로 돌리고 그 안에 子房을 배치하였다. 이 막새의 크기는 現徑 11cm, 蓮瓣長 3cm, 蓮瓣幅 2.2cm, 子房徑 3.5cm, 蓮子徑 0.7cm, 두께 1.5cm, 색깔은 赤色이다.
15) 高約 5.2cm의 5層石塔으로 69年 7月 18日 寶物 511號로 指定되었다. 이 石塔은 單層基壇 위에 세운 一般型 5層石塔이며 5層屋蓋石까지 모두 갖추고 있으나 相輪部가 없다. 屋蓋石의 층급받침은 初層・二層이 5段이며 3, 4層은 4段, 5層은 3段이고 上層으로 갈수록 遞減이 현저히 줄어 高峻한 느낌을 준다. 또한 各層의 身石에는 隅柱와 撑柱의 刻出이 없으며 屋蓋石의 反轉도없어 鈍重한 느낌을 준다. 建立年代는 高麗時代로 推定되고 있다.

에 위치하고 있으며 절터 아래로 작은 내가 마을을 끼고 흐르고 있다. 이곳에서 圖版 ④의 瓦當이 수습되었다.

　이 기와는 現在 半破되었으나 中房의 일부와 蓮瓣, 周緣 등이 잘 남아 있어 瓦當의 형태를 把握할 수 있게 해준다.

　蓮瓣은 厚肉한 편이며 끝은 反轉이 되어 있고 間瓣의 配置도 整濟되었으며 蓮瓣의 數는 8瓣으로 보아야 하겠다. 한가지 재미난 점은 突起돼야 할 子房과 周緣이 낮아져 二條의 線文을 두르고 聯珠文帶를 배치하였다는 점이다. 만약 이 蓮瓣에다 素文帶의 周緣과 子房을 약간 突起시켰다면 百濟瓦當이라고 斷定을 내릴 수 있을만큼 百濟的인 요소가 남아 있다.

　이같은 形態의 百濟瓦當은 扶余 定林寺 中門址 서북방출토瓦當(圖版 ⑤)[16]), 扶余軍守里寺址 출토(도판 ⑥[17]) 등이며 蓮瓣의 厚肉, 瓣端의 反轉형태가 거의 흡사하다고 하겠다.

　원래 이 寺址가 위치한 皮盤大嶺은 百濟의 故土였음이 고기록에 보이고 있다.

東國輿地勝覽 卷十六 懷仁縣 建置沿革條에

　本百濟未谷縣 新羅改昧谷 爲燕山郡領縣 高麗初改 今名 顯宗屬淸州 後懷德兼任官 辛禑時別置監務本朝

라 보이고 역시 山川條에

　皮盤大嶺 在縣北十五里 嶺路九折最爲高險

이라 돼 있다.

　이 記錄을 보면 懷仁에 있는 皮盤嶺이 百濟의 舊土였음을 알려주는 것이

---

16) 百濟瓦塼圖譜(忠南大 百濟硏究所) p.24 國立博物館扶余分館 소장.
17) 上同(忠南大 百濟硏究所) p.18. 圖版 18. 東亞大博物館所藏. 완형의 수막새이며 瓣端이 突起되어 있고 子房에는 9顆의 蓮子가 配置되어 있다. 同 p.29. 公州敎育大所藏 참조.

된다고 하겠다.

三國史記 卷第三十七 雜志 地理四에

百濟 熊川州(一云 熊津)熱也山縣 伐音支縣… (中略) 一牟山郡 豆乃之縣 未谷縣云云

이라고 보여 文義와 懷仁이 百濟의 옛터였음을 알리고 있다.

寺址에 있는 五層石塔의 시대를 高麗時代로 추정한다 하더라도 이곳 創寺에 참여한 瓦匠들이 百濟의 후예들이 아니었나 생각되는 것이다. 이 寺址와 文義 德留里 金生寺址와는 가까운 거리이므로 주목이 되어야 하겠다.

③桃源里寺址출토瓦當

槐山郡 青川面 桃源里 古寺址가 있으며 이곳에 다수의 瓦片이 산란하다. 그러나 지난 77년께 寺址의 가장 중요한 지역이 되는 遺址가 人蔘경작지화되어서 최근에는 寺址를 분간하는데 어려움을 겪고 있다.

이 寺址는 逸名寺址일 뿐아니라 古記에도 일체 언급이 없어 創寺年代나 그 廢寺의 연원을 알 수가 없다.

寺址는 青川에 접해 있으며 현재 寺址 안에는 다수의 石造遺物[18]이 남아 있어 절의 興亡에 대한 時代 추정에 도움을 주고 있다. 이 桃源里절터와 이미 言及한「儉丹」의 所居「검단산」과는 그리 멀지 않은 거리이므로 百濟의 故土로 볼 수 있겠다.

도판 ⑦의 수막새瓦當은 高麗 때 所作으로 추정되고 있으며 이곳에서 出土된 素瓣의 유일한 周緣을 가진 기와이다. 상태는 거의 깨졌으나 현재는 2葉을 남기고 있어 원래의 모습을 復元할 수 있게 해준다.

이 기와는 瓣端이 둥글게 처리됐으며 周緣이 陰刻으로 표현되어 있고 間瓣도 없어 퇴화된 인상을 풍기고 있다. 이같은 瓣端을 가진 기와는 扶餘에서 많이 볼 수 있으며 전체적인 모습이 百濟型을 닮았다고 얘기할 수 있겠다.

---

18) 이 寺址에는 石塔의 地臺石, 蓮華臺座의 下臺石, 기타 寺域에 쓰였던 長大石 등이 現存하고 있다. 蓮華臺座의 下臺石은 單瓣複葉의 伏蓮石으로 瓣端에는 三山形의 귀꽃을 장식 화려한 모습을 보이고 있다.

圖版 ⑧의 막새도 이 寺址의 人蔘耕作地에서 수습된 것으로서 子房을 비롯하여 여러 부분의 결실도가 심한 상태이다. 그러나 周緣의 일부와 2葉의 蓮瓣을 남기고 있어 復元에 도움이 크다. 瓣端은 부드러우며 反轉이 됐고 1條의 區劃線으로 나누어 瓣을 가르고 있다. 間瓣의 배치가 거의 略式化되었으나 瓣端이 突起되어 있어 注目된다.

周緣은 2條의 線文 안에 큰 聯珠文帶를 돌렸고 深度는 낮은 便으로 보아야 하겠다. 이같은 유형의 百濟系 瓦當은 圖版 ⑨[19]이며 扶余시대 전성기에 이루어진 것에서 많이 나타난다.

④淸州龍岩寺 出土瓦當

현 淸州市 牛岩洞 淸州大 뒤편에 古寺址가 있으며 築臺도 남아 있다. 이 寺址에는 地方文化財 23號인 石造 毘盧舍那佛坐像이 남아 있고 寺址의 주변에 多數의 瓦片이 산란한다.

이 寺址에 남아 있는 毘盧舍那佛坐像은 造成시대를 羅末~麗初로 보고 있으며[20] 이곳에 산란한 기와를 통해 이 시대에 創寺가 이루어지지 않았나 推定되고 있다. 지난 75年에 寺址 주변에서 圖版 ⑩의 瓦當(李在俊 所藏)이 수습되었으며 수점의 鬼目文수막새가 찾아졌다. 이 막새의 특징은 舌形의 무늬를 가지고 있다는 점이며 天地部가 突出되었고 태토가 연질이다.

蓮瓣은 厚肉하고 瓣端은 뾰족하여 百濟的인 요소를 물씬 풍겨준다고 하겠

---

19) 百濟瓦塼圖譜(忠南大 百濟硏究所) p.44. 圖版 75. 扶余官北里出土. 扶余 李夕湖 소장. 素文帶의 周緣을 가지고 있는 八瓣蓮華文瓦當이며 子房은 突起되어 있고 7顆의 蓮子를 配置한 흔적을 보이고 있다. 蓮瓣의 끝은 부드럽게 ❻모양으로 표시되며 厚肉한 것이 특징이다.

20) 淸州市 牛岩洞 4 龍岩寺에 安置되어 있으며 高 1.14m의 石造佛像이다. 원래 이 佛像은 1951年 淸州市內 東公園(堂山)에서 옮겨왔다는 說도 있다. 이 石造佛像은 光背가 缺失되어 있으며 臺座는 물론, 拜禮石까지 갖춘 거의 完形에 가까운 毘盧舍那佛이다. 螺髮의 머리에는 낮고 넓직한 肉髻가 있으며 목에는 三道다 돌려진 것이 완연하다. 그러나 相好는 眉間과 鼻樑 및 귀에 손상이 가 石灰로 보수하여 놓았다. 兩 眉眼과 口脣 등이 整濟되었고 원만한 相好가 時代的인 특징을 잘 나타내고 있다. 手印은 右手 示指를 잡은 智拳印을 結힌 毘盧舍那佛로서 通肩의 法衣는 양어깨에서 흘러 무릎을 덮었다. 臺座는 八角의 地臺石·下臺石·中臺石, 원형의 上臺石이 각 一枚씩으로 造成되었고 그중 8角의 中臺石 각면에는 隅柱와 香爐, 如來像이 조각되어 있다. 上臺石에는 重瓣仰蓮石이 화려하게 조식되었다.

다. 이같은 유형은 百濟瓦當은 圖版 ⑪21)과 圖版 ⑫22)로서 瓣端 등이 유사하다.
그러나 全體的으로 흐르는 文樣이 麗代로 밖에 볼 수 없다.

⑤觀音寺出土 瓦當
淸州市 龍岩寺에서 새로 개설된 牛岩山 우회道路를 따라 약 1백m 가량 南向하여 가면 近年에 다시 復建한 觀音寺가 있다. 현재의 法堂·塔·佛像 등은 近年의 所作이며 절 안에 잘 安置한 鐵鑊23)이 옛 寺刹의 것이다.
이곳에서도 瓦片이 다수 보이며 지난 74年께 圖版 ⑬(李元根 교수 所藏)의 수막새가 수습되었다. 이 기와의 특징은 八瓣蓮華文을 가지고 있다는 점이며 子房에는 7顆의 蓮子를 배치하였고 周緣에는 聯珠文帶를 돌렸다. 蓮瓣은 작으나 厚肉한 편이고 瓣端도 뾰족하지 않고 부드러운 印象을 주고 있어 羅末~麗初로 추정된다. 이와 같은 연꽃을 素材로 쓴 百濟瓦當이 扶餘지방에서 다수 찾아진다.
淸州의 牛岩山土城을 百濟의 上黨縣으로 해석하는 것을24) 연관시켜 본다면 이 寺址의 出土瓦當에서 百濟的인 要素를 찾을 수 있다는 것은 매우 주목되는 일면이라고 하겠다.

結語

지금까지 옛 百濟의 故土가 되는 忠北지역 寺址에서 출토된 일부의 蓮華文瓦當에 대하여 그 樣式面에서 알아 보았다. 이 같은 것을 검토해 볼 때 660年 A.D. 百濟가 滅亡한 후 新羅에 의해 合倂이 되었던 이 지역의 文化는 약 4~5세기를 지난 高麗代에서도 다시 회복되고 있음을 알 수 있겠다. 百濟

---

21) 百濟瓦塼圖譜(忠南大學敎 百濟硏究所) p.23. 扶餘佳塔里出土瓦當·忠南大學校博物館 所藏. 이 막새는 蓮瓣이 길고 끝이 뾰족하며 厚肉한 것이 특징이다.
22) 同 p.22. 扶餘 龍井里出土 扶餘 李夕湖 所藏. 끝이 다른 막새와 비교하여 뾰족하며 날카로운 인상을 준다. 中房에는 8顆의 蓮子를 배치하였다.
23) 忠淸日報 80.2.5 李元根 西原史 「前略…口徑 132m, 厚 2.5~2.7m, 本圓의 큰솥인데 鑊身의 上段에 높이 6.5cm가 밖으로 휘었고(外反) 그 위 口緣의 高 5~5.7cm가 수직을 이루었다. 바깥쪽에 갓을 달았던 흔적이 있으나 갓은 破損이 되었다.…下略」
24) 李元根. 三國時代의 山城硏究. p.53. 「臥牛山土城」.

의 厚肉하고 소박한 蓮華文이 高麗初期의 蓮華文수막새에서 그대로 반영되고 있음을 기와를 통해서 찾을 수 있는 것이다. 이같은 意識의 회복은 우리는 歷史에서 理解하여 왔다. 즉 高麗太祖王建이 高句麗의 舊土를 回復시키기 위해 그 이름을 高麗라고 定했던 것이라든지 後百濟의 甄萱이 百濟의 國號를 그대로 사용한 예 등이다. 高麗가 蒙古의 侵略을 받고 江華島로 수도를 옮겨 끝까지 抗爭한 것은 우수한 文化國이 오랑캐에게 유린을 당할 수 없다는 文化守護的인 의지에서 이루어진 것이라고도 생각할 수 있다.

그러므로 한 나라가 滅亡되었다고 해서 그 나라의 意識이나 文化가 전부 抹消되는 것은 아니라는 것이다. 오히려 더 强熱하게 住民들 사이에 자리잡았었는지 모른다. 우리는 百濟의 故土에서 出土된 忠北의 기와를 통하여 그 일면을 理解할 수 있다. 즉 統一盛代에 造營되었던 옛 백제터 新羅의 가람에서 百濟에 流行하였던 蓮華文을 빌어 사용하였고 高麗 때 建造된 寺域에서도 이를 모방하였다는 결론을 얻을 수 있겠다.

도판 ①. 淸原郡 文義面 金生寺址 출토.

圖版 ②. 金生寺址 출토(筆者 所藏). 圖版 ③. 全北 益山 王宮面 章釋寺址 출토.

淸州近郊寺址출도瓦當研究(Ⅰ) 349

圖版 ④. 淸原郡 加德面 桂山里寺址 출토.

圖版 ⑤. 扶余 定林寺址 中門址 출토.

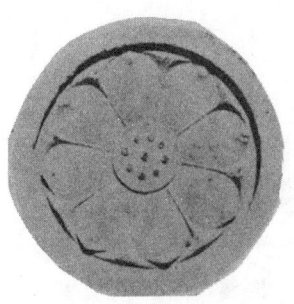

圖版 ⑥. 扶余 軍守里寺址 출토.

圖版 ⑦. 槐山郡 靑川面 桃源里寺址 출토.

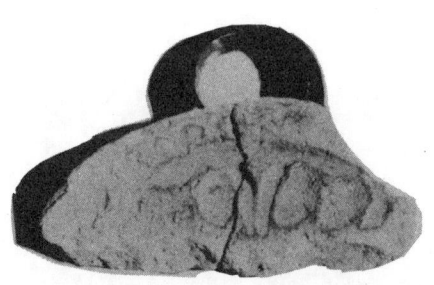

圖版 ⑧. 槐山郡 靑川面 桃源里寺址 출토

圖版 ⑨. 扶余 官北里 出土. 李夕湖 씨 所藏.

圖版 ⑩. 淸州 牛岩洞寺址 出土.

圖版 ⑪. 扶余 佳塔里寺址 出土.

圖版 ⑫. 扶余 龍井里寺址 出土. 李夕湖 씨 所藏.

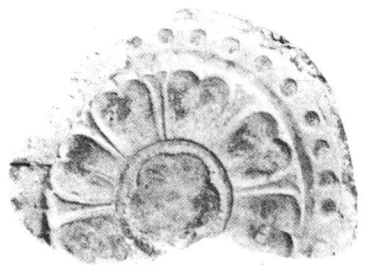

圖版 ⑬. 淸州 觀音寺址 出土. 李元根 씨 所藏.

◦ 필자 약력

충북 청원 출신.
동국대 대학원 한국사 전공.
충청일보 문화·편집·경제·정치 부장·부국장 등을 역임
(현) 編輯局長.

1981년 대한민국 신문상.
1995년 안종필 自由언론상 수상.
한국미술사학회, 동국사학회, 서원학회원으로 加耶寺址考(황수영 박사 고희 논총) 등 논문 다수와 저서로는 「忠北의 기와」, 「人脈千年」 등 전문서와 「湖西雜學」(칼럼집), 「이 역사의 아픔을 딛고」(〃), 「세태만필」(〃) 등이 있다.

한국의 폐사
— 百濟故土의 寺址를 찾아

1995년 11월 30일 인쇄
1995년 12월 10일 발행

저　　자　이재준
발 행 인　김진수
발 행 처　**한국문학사**
　　　　　서울시 성동구 성수 1가 2동 13-156
　　　　　전화 : 464-7708, 499-0846
　　　　　팩스 : 499-0846
등록번호　제2-1276호

값 8,000원

ISBN 89-7735-194-4